… LIS AUPIHO

BAGNOLS. — IMPRRIMERIE Vᶜ ALBAN BROCHE.
Même Maison à Pont-St-Esprit (Gard).

MARIUS GIRARD

(Dóu Félibrige)

LAURÉAT DES JEUX FLORAUX D'APT 1862, DE BÉZIERS 1863,
D'AIX 1864 ; CHEVALIER DE L'ORDRE ROYAL
ET DISTINGUÉ DE CHARLES III D'ESPAGNE 1871 ; ETC.

LIS AUPIHO

POÉSIES
ET LÉGENDES PROVENÇALES

(Traduction Française en regard du texte).

AVIGNON
J. ROUMANILLE, LIBRAIRE-ÉDITEUR

1877

LIS AUPIHO

> *En lo cim elevat de una alta serra,*
> *à la sombra de alzinas y de roures,*
> *passo las horas, mentres que divaga*
> *entre mil pensaments ma fantasia.*
>
> MANUEL DE LASARTE.

Ouvrage couronné au grand concours des Langues romanes, tenu à Montpellier, à l'occasion des Fêtes Latines, le 23 mai 1878.

Récompense exceptionnelle, un objet d'art : *La Diane de Gabies*, statuette en bronze.

AVANT-PROPOS

AVANT-PROPOS

« *A Madame X***, Faubourg St-Germain,*
 « *Paris.*

« Chère Madame,

« *Les journaux ont dû vous apprendre*
» *que la ville d'Avignon, se dispose à fêter*
» *d'une manière solennelle le 5ᵐᵉ centenaire de*
» *la mort de Pétrarque, l'illustre poète italien,*
» *le chantre inspiré de cette Laure bien aimée*
» *dont le souvenir est si vivace et le nom si*
» *populaire dans l'ancien Comtat-Venaissin.*

« *Aussi je n'hésite pas, je boucle mes malles,*
» *et je pars.*

« Lausanne, le 15 juillet 1874. »

Voilà, si je m'en souviens, ce que je vous écrivais il y a huit jours ; depuis lors, ma chère amie, il s'est passé bien des choses et j'ai hâte de vous les conter.

De la fête en elle même je ne vous dirai rien : vous trouverez, dans les journaux de Paris, des comptes-rendus complets et in-extenso, à côté desquels certainement mon humble prose vous paraîtrait froide et incolore.

Mais ce dont je vous entretiendrai avec un réel plaisir, c'est du *Félibrige* : c'est-à-dire des poètes provençaux à peu près tous présents aux fêtes, et pour la plupart venus pour être couronnés aux jeux floraux organisés pour la solennité.

Quelle verve endiablée, ma chère amie, quel entrain, parmi ces *Félibres* ! Il y a là des gens fort remarquables, je vous assure, et pour ma part, je me trouve très-heureux aujourd'hui d'avoir fait la connaissance de quelques-uns d'entr'eux.

A Paris, dans nos salons capitonnés, au milieu de notre étiquette froide et guindée, nous ne nous faisons pas une idée juste de la Provence, telle qu'elle est en réalité. C'est un pays charmant et de grand caractère.

Il est vraiment bien regrettable que nos habitudes mondaines et surtout routinières nous poussent si souvent à aller chercher au loin ce que nous avons là tout près.

Ainsi le veut la mode !.....

Nous partons pour la Suisse, et la Provence est à notre porte, avec sa langue vive et imagée, ses costumes ravissants, ses monuments splendides, ses sites pittoresques : La Crau, le Rhône, la Camargue, les Alpilles.....

A propos des Alpilles :

Figurez-vous, chère Madame, ce qui m'arrive.

Parmi les *Félibres* présents aux fêtes du Centenaire, se trouvait M. Marius Girard, de Saint-Rémy-de-Provence, pour lequel précisément le sculpteur C*** que je vois assez souvent à Paris, et qui est de nos amis, m'avait donné un mot d'introduction.

L'entrevue fut des plus cordiales. M. Girard, que je trouvai au Musée, me pria instamment de venir passer quelques jours chez lui ; j'acceptai, et au moment où je vous écris, je suis son hôte.

Avant-hier il a bien voulu me faire visiter les Baux. Chemin faisant, je l'ai prié de me dire quelques vers provençaux.

— Je vais, m'a-t-il dit, livrer sous peu à l'impression le recueil complet de mes œuvres, je viens d'en terminer le manuscrit. Vous comprenez combien il m'est facile d'accéder à vos désirs : plus que jamais j'ai la mémoire garnie de poésies et de légendes.....

Mais, mon cher ami, je mets à cela une condition expresse.

— Laquelle ?...

— C'est que mon pauvre livre venant au monde dans des circonstances pénibles et difficiles, vous voudrez bien lui servir de parrain, et le présenter au public dans un avant-propos que vous écrirez ce soir en rentrant.

Vous trouverez d'ailleurs ici tout ce qu'il faut pour venir en aide à votre inspiration : ruines majestueuses, paysages bizarres, vin exquis...

— Mon cher félibre, vous êtes vraiment trop exigeant. Je trouve du reste à tout ceci une difficulté que vous n'avez peut être pas prévue.

— Ah ! et quelle est-elle ?.....

— J'adore la langue provençale, je l'admire, je la comprends, soit ; mais je vous avoue en toute humilité ne pas savoir l'écrire assez purement pour mener à bien une semblable entreprise.

— Qu'à cela ne tienne ! mon cher hôte, vous l'écrirez alors en français. Il eut été sans doute préférable, le livre étant écrit en provençal, que la préface le fut aussi, mais qu'y faire ?.....

Vous le savez tout comme moi : *sans la langue, en effet, l'auteur le plus divin, est toujours quoiqu'il fasse*..... permettez-moi de ne pas achever.

— Flatteur !... Boileau a raison, je suis tout-à-fait de son avis.

— Ecrivez donc en français : c'est toujours pour nous *Félibres*, la langue nationale.

— Bien ! c'est entendu, j'accepte de grand cœur, alors.....

Et voilà comment, ma chère amie, je me trouve écrire aujourd'hui l'avant-propos des *Aupiho*.

*
* *

Marius GIRARD est âgé de 36 ans : il est né à Saint-Rémy-de-Provence, le 10 mai 1838. C'est un grand et solide gaillard, il porte toute sa barbe, et les cheveux coupés très-courts.

Son front large et bien développé, son regard empreint par moment de rêveuse tristesse, donnent à sa physionomie un certain cachet d'originalité qui ne manque pas de caractère.

Son père, un architecte de talent, fort connu dans ces pays-ci, lui inculqua de bonne heure le goût du Beau.

Sa mère, nature rêveuse et poétique, le berça dès son jeune âge avec des légendes et des chansons.

Devenu grand, il fut envoyé à Marseille pour y faire ses études, et tout jeune encore, révéla son goût, aujourd'hui sûr et délicat, pour tout ce qui touche aux choses de la littérature et de l'art.

Détail caractéristique : à l'école, il fut toujours le premier de sa classe pour les compositions littéraires et le dessin.

Il dessine d'ailleurs fort bien ; j'ai vu chez lui divers croquis des monuments antiques de Saint-Rémy, qui dénotent une grande sûreté de main et une certaine habileté.

L'apparition de *Mirèio* en 1859, le poème célèbre de Mistral, jeta Girard, alors revenu du collége, dans un profond étonnement qui ne tarda pas, il faut le dire, à faire place à une grande admiration, — elle ne s'est jamais démentie depuis, — pour l'œuvre et l'écrivain qui devint plus tard son maître et son ami.

En 1861, épris d'un violent amour pour la langue provençale, dont il venait pour la première fois de comprendre la grandeur et la beauté réelles ; il rima quelques vers de jeunesse qu'il envoya à Mistral, avec un petit croquis à la plume représentant une tête de chien de berger.

Il reçut la lettre suivante qu'il a bien voulu me montrer et que je reproduis ici :

Maiano, 1^é d'avoust 1861.

Vous remèrcie, galant felibre, di poulidi causo que venès de me manda : de voste chin, de vòsti vers, e de vosto bono letro. Voste chin es bèn aquéu dóu Mas di Falabrego, ie manco rèn ; vòsti vers soun plen de gràci, de sentimen, e de musico ; e li chatouno pèr quau lis avès fa n'auran pas dre, segur, se vous refuson un poutoun.

Tenès-vous siau e gaiard, e cresès-me tout vostre.

F. MISTRAL.

A partir de ce moment, Girard donna un libre essor à son imagination, et se révéla poète.

En 1862, il était couronné aux jeux floraux d'Apt pour une ode, *Prouvènço*, et Roumanille lui écrivait :

Al. 14 de setèmbre 1862.

Ah! lèi de Diéu! moun brave Marius, vène eici que t'embrasse! as gagna 'n pres en At.
Mistral a legi éu-meme tis estrambord, e l'an aplaudi à tout roumpre.
Counfraire, tout vai bèn : sies un felibre de la bono, es iéu que te lou dise !...
Adiéu! lou bonjour en tóuti.

J. ROUMANILLE.

En 1863, l'Académie de Béziers lui donnait son Rameau d'Olivier pour sa légende *La Crous dis Aubespin* ; et en 1864, le jury des jeux floraux tenus à Aix lui décernait une médaille d'argent pour son ode *Au rèi Reinié*.

Girard avait fait ses preuves. Devenu l'un des collaborateurs ordinaires de l'*Armana prouvençau*, il travailla alors pour lui, et écrivit peu à peu le livre des *Aupiho*.

Voici comment :

Sa mère malade reçut du médecin qui la soignait l'avis de se retirer à la campagne et d'aller y vivre en compagnie du soleil, des arbres et des fleurs.

M. Girard père afferma, tout près des Monuments romains, une vaste maison bourgeoise que toute la famille habita neuf ans.

Les Alpilles étaient là, devant la maison, à quelques centaines de mètres ; Girard alla donc courir la montagne. Peu à peu il se prit à l'aimer, et en fin de compte, peu de jours se passèrent sans que notre jeune rêveur ne grimpât sur les mornes ou ne dormît sous les pins.

Les Alpilles : il en étudia l'entomologie, la flore, la botanique, la géologie ; il dénicha les œufs pour les collectionner ; il entassa sur son bureau des fossiles, des minerais, des plantes...

Pendant neuf ans, il observa la montagne sous tous ses aspects ; causant tantôt avec les pâtres, tantôt avec les bûcherons, qu'il rencontrait sur son chemin.

AVANT-PROPOS

C'est ainsi qu'il recueillit, des lèvres même de ces habitués de la montagne, la plupart des légendes qui composent la deuxième partie du livre.

En 1866 la Société Archéologique dont il fait partie ayant décidé de faire fouiller l'intérieur du Mausolée romain, il dirigea lui-même les travaux, et écrivit à la *Gazette du Midi* les intéressantes lettres qui figurent à la fin du volume.

Rentré en ville après la mort de sa mère qu'il chérissait, il épousa mademoiselle L***, jeune personne distinguée et fort instruite ; fut l'un des principaux organisateurs des fêtes littéraires internationales devenues célèbres, qui eurent lieu à Saint-Rémy-de-Provence les 13, 14 et 15 septembre 1868, et reçut en récompense du Gouvernemeut espagnol la croix de Chevalier de l'Ordre de Charles III.

*
* *

Voilà l'homme ; voyons maintenant le livre.

Lis Aupiho sont divisées en deux parties : la première, qui a pour titre *Souto li pin*, contient des poésies de jeunesse, des odes, des élégies, des sonnets, des rondeaux, etc. ; la deuxième, désignée sous celui de *Sus li Moure*, se compose de ballades et de légendes alpestres du pays et des environs.

Ce livre s'adressant à toutes les personnes qui s'occupent de littérature, il a été fait une traduction française placée en regard du texte.

Enfin il se termine par des commentaires et des notes scientifiques et archéologiques du plus grand intérêt.

Les poésies de jeunesse sont chaudement rimées : c'est le jeune homme ardent et passionné, lâchant la bride à son imagination de vingt ans.

Les odes, les ballades et les légendes, sont plus sérieusement écrites ; quelques-unes surtout ont réellement de l'attrait ; elles sont généralement bien conçues : tout y est soigneusement observé, langue, rhythme, couleur locale.

Dans la plupart d'entre elles, Girard a fait intervenir des barons, des seigneurs, des nobles ; tout ceci étant, bien entendu, de pures fictions poétiques, on serait mal venu à chercher là autre chose que ce que l'auteur a voulu y mettre. Il s'est borné à faire de la littérature et pas autre chose.

D'ailleurs, chère madame, je vous engage vivement à lire ce livre, et vous vous assurerez par vous-même — qui aimez tant la littérature de notre Midi ensoleillé, la comprenez et l'appréciez si bien, — que les Félibres sont de vrais poètes et la Provence un pays privilégié et aimé du bon Dieu.

Adieu, je vous baise les mains, et je signe

MAURICE DE CHALUS.

Les Baux, 26 juillet 1874.

A MOUN PAIRE

L'ARCHITÈITE GIRARD, MORT LOU 18 DE JANVIÉ 1875.

I.

O paire, es dounc verai ! à l'oumbro de ta crous,
    Dins la niue frejo e fousco,
Pecaire, sies jasènt, e dormes benurous
    Coume lou lioun rous
    Dor à l'oumbro di tousco.

O, coume lou lioun, noublamen, fieramen,
    Alin, quand lou jour toumbo,
S'alongo sus lou flanc, — fin-qu'au darrié moumen
    As courajousamen
    Fissa la negro toumbo.

Repauso dins la pas !... Toun noble cor d'elèi
    N'a 'issuga de tant duro
Que, trafiga, saunous, coume gens d'autre l'èi,
    (Es la coumuno lèi)
    Mor de si blessaduro.

II.

La mort que t'a coucha, — noun talo que la fan —
    Cencho de lausié-flòri,
La mort que te ravis a nàutri tis enfant,
    Roudarello qu'a fam,
    T'a mes un rai de glòri.

A MON PÈRE (1)

L'ARCHITECTE GIRARD, MORT LE 18 JANVIER 1875.

I.

O père, c'est donc vrai ! à l'ombre de ta croix, dans la nuit froide et sombre, hélas ! tu es gisant, et tu dors bienheureux, comme le lion fauve dort à l'ombre des taillis.

Oui, comme le lion, noblement, fièrement, là bas quand le jour tombe, s'allonge sur le flanc, jusqu'à ton dernier souffle, tu as courageusement fixé le noir tombeau.

Repose dans la paix !.... Ton noble cœur d'élite, a essuyé de telles déceptions, que, percé, saignant, comme aucun autre ne l'est — c'est la commune loi — meurt de ses blessures.

II.

La mort qui t'a couché — non telle qu'on la fait — ceinte de laurier-rose, la mort qui te ravit à nous autres, tes enfants, rodeuse qui a faim, t'a mis un rayon de gloire.

---

(1) Voir pour cette note, et celles qui suivent, à la fin du livre.

Vuei, dins l'inmensita que n'a pèr tout counfront
    Que lis estello en flamo
Vives, — e davans Diéu courbant toun vaste front,
    Vierge de tout afront
    Trèves emé lis amo.

Coume l'aiglo eilamount plano dins lou cèu blu,
    Mespresant li coulobro,
Toun noum plano estela de rai e de belu,
    E tu mountes, alu,
    En nous leissant toun obro.

MARIUS GIRARD.

Sant-Roumié de Prouvènço, 18 de Jancié 1875.

Aujourd'hui, dans l'immensité, qui n'a pour toutes limites que les étoiles en flammes, tu vis, — et devant Dieu, courbant ton vaste front, vierge de toute souillure, tu erres avec les âmes.

Comme l'aigle là haut plane dans le ciel bleu, méprisant les couleuvres, ton nom plane, étoilé de rayons et de lueurs, et tu montes, ailé, en nous laissant ton œuvre.

MARIUS GIRARD.

Saint-Rémy de Provence, 18 janvier 1875.

A MA MAIRE

LIBRE I

SOUTO LI PIN

POUESIO

1860 - 1875.

A MA MÈRE

LIVRE I

SOUS LES PINS

POÉSIES

1860 - 1875.

A MI COUMPAN

DOU FELIBRIGE

Fraternita.

De Catalougno, de Prouvènço,
  Valènt marin plen de jouvènço,
Ensèm, e longo-mai, canten sus nosto nau !
  Vièi quartié-mèstre, jóuini mòssi,
  Mourgant la mar e si trigòssi,
Courounen lou batèu d'oulivié freirenau.

  De la Patrio fièrs amaire,
  Canten la terro nosto maire
Qu'adus l'òli, lou blad, lou rasin agradiéu,
  Alin, perdu sus la mar semo,
  Au brut galoi de nòsti remo,
Canten la liberta, l'amour, e lou bon Diéu !

  Se de la mar lou flot s'enarco
  E l'erso fouito dur la barco,
Ami, remembren-nous noste passa reiau !
  E nosto nau embandeirado
  Que pèr l'Envejo es aqueirado,
Siavo, veira passa l'aurige e li caiau !

A MES COLLÈGUES

DU FÉLIBRIGE

Fraternité.

De Catalogne et de Provence vaillants marins pleins de jeunesse, ensemble et toujours, chantons sur notre nef ! Vieux quartiers-maîtres, jeunes mousses, narguant la mer et ses rafales, couronnons le bateau d'olivier fraternel.

De la Patrie fiers amants, chantons la terre notre mère, qui produit l'huile, le blé, le raisin charmant Là-bas, perdus sur la mer calme, au bruit joyeux de nos rames, chantons la liberté, l'amour et le bon Dieu !

Si de la mer le flot se hérisse, et si la vague fouette dur la barque, amis, rappelons-nous notre passé royal ! Et notre nef pavoisée, qui par l'Envie est lapidée, calme, verra passer l'orage et les cailloux.

PROUVÈNÇO

Pèço courounado i Jo Flourau de Santo Ano d'At (1862).

A. F. MISTRAL.

> Lou prouvençau pòu pas mouri.
> J.-B. Gaut.

I.

Prouvènço, aubouro-te ! drèisso ta bruno tèsto
    Entre li pin e lis avaus :
Vuei nous sian acampa pèr celebra ta fèsto ;
I'a de flour dins li prat, d'aucèu dins li genèsto,
    D'estello sus li baus.

    Canten lou vin, canten li fiho
    Di bord dóu Rose, e lèu, lèu, lèu,
    Canten la mar e lis Aupiho (2),
    Diéu, la patrio e lou soulèu.

    D'aut! e courage, gai felibre !
    Roumaniho, Aubanèu, Mistrau,
    E vàutri qu'adoubas lou libre *
    Qu'adus la joio i mestierau.

    E tóuti vous gènt de Prouvènço,
    Qu'amas la glòri e li cansoun,
    Dis Aup blaven enjusqu'à Vènço.
    Trefoulissès de fernisoun.

---

* Armana prouvençau.

PROVENCE

Pièce couronnée aux jeux floraux de Sainte Anne d'Apt (1862).

A. F. MISTRAL.

> La langue provençale ne peut mourir
> J.-B. Gaut.

I.

Provence, lève-toi ! dresse ta brune tête, entre les pins et les chênes à kermès : aujourd'hui nous nous sommes assemblés pour célébrer ta fête ; il y a des fleurs dans les prés, des oiseaux dans les taillis, des étoiles au-dessus des montagnes.

Chantons le vin, chantons les filles des bords du Rhône, — et vite, vite, chantons la mer et les Alpilles, Dieu, la patrie et le soleil.

Debout ! et courage, gais félibres ! Roumanille, Aubanel, Mistral, et vous qui rédigez le livre * qui donne joie aux ouvriers.

Et vous tous, **gens** de Provence, qui aimez la gloire et les chansons, des Alpes bleues jusques à Vence, tressaillez d'enthousiasme.

---

* Almanach provençal.

II.

Parisen, dreissas-vous ! Vès, regardas Mirèio :
    Coume es bello !.... e pameus
Porto ni faus tignoun, ni sedo, ni daurèio,
Ni fanfarlucarié que fan li fiho vièio
    Rèn que dóu pensamen.

Adusès de mourven (3), pourgès de ferigoulo (4),
    Adusès de bruscas (5),
De branco de lausié, de vièi tros de piboulo,
E liga pèr la man acampen-nous à foulo
    Au pèd di vièi roucas.

Fasen lou fio de joio e canten, o troubaire,
    E tourna-mai canten !
E zóu ! canten l'amour coume an fa nòsti paire,
    Au soulèu avousten.

III.

Quand Mai jito de flour à la bruno pastresso
    Que se souleio en pleno Crau,
Quand l'ardènt pescadou caligno sa mestresso,
La mar enamourado — e que de si caresso
    Naisson lou pèis e lou courau ;

Digas-me, Franchimand, digas se la Prouvènço
    Es pas superbo, talo qu'es ?....
Digas-me s'ei!amount, coume fai la Durènço,
Carrejo voste flum, pouësìo e jouvènço
    Ounte à plesi vous refresqués ?....

II.

Parisiens, levez-vous ! voyez, regardez Mireille : comme elle est belle !.... et cependant, elle ne porte ni faux chignon, ni soie, ni bijoux, ni fanfreluches, qui vieillissent les filles rien que du seul penser.

Apportez des genévriers, donnez du thym, apportez des bruyères, des branches de laurier, de vieux éclats de peuplier ; et liés par la main, assemblons-nous en foule au pied des vieux rochers.

Faisons le feu de joie et chantons, o trouvères, et de nouveau chantons ! allons, chantons l'amour comme firent nos pères, au soleil d'août !

III.

Quand Mai jette des fleurs à la brune bergère qui s'ensoleille en pleine Crau, quand l'ardent pêcheur courtise sa maîtresse, la mer énamourée, — et que de leurs caresses naissent les poissons et le corail ;

Dites-moi, gens du Nord, dites si la Provence n'est pas superbe, telle qu'elle est ?.... Dites-moi si là-haut, comme ici la Durance, votre fleuve charrie poésie et jeunesse, où à plaisir on puisse boire ?...

Digas-me s'amoundaut avès li farandoulo
Au son galoi di tambourin ?
S'en cantant longo-mai vosto vido s'escoulo ?
E se metès souvènt la galino dins l'oulo ,
   Coume disié lou rèi d'alin ?

   Avèn de flour de touto meno ;
   Diéu à bèl èime eici sameno
   Margarideto e gau-galin.
   Avèn de casso, avèn de pesco,
   E se voulès d'amelo fresco,
   Poudès pourgi de gourbelin.

         IV.

   Avèn d'arange à canestello,
   Avèn de mèu, avèn de blad,
   Un cèu tout blu clafi d'estello,
   Qu'aperamount Diéu empestello
   A vòstis iue sèmpre nebla.

   Avèn d'anchoio e de poutargo (6),
   D'oulivié gris, de bon maiòu,
   Avèn la lucho, avèn la targo (7),
   E dins lis erme de Camargo
   Erron li vaco emé li biòu :

   Assóuvagi, quand vèn l'eigagno,
   Chasque matin dins la palun,
   Paisson pèr orto dins li sagno :
   An la mar soulo pèr baragno,
   Dirias un negre revoulun.

Dites-moi si là-haut vous avez les farandoles au son joyeux des tambourins ?..... Si toujours, en chantant, votre vie s'écoule ?.... Et si vous mettez souvent la poule au pot, comme disait le roi de là-bas ?....

Nous avons des fleurs de toute espèce ; Dieu, à profusion ici, sème marguerites et coquelicots. Nous avons du gibier, nous avons du poisson, et si vous désirez des amandes fraîches, vous pouvez apporter des corbillons.

IV.

Nous avons des oranges à corbeillées, nous avons du miel, nous avons du blé, un ciel tout bleu semé d'étoiles, que là-haut Dieu ferme à clef à vos yeux, toujours voilés par les brouillards.

Nous avons des anchois et de la boutargue, de gris oliviers, de bons plants de vigne.... Nous avons la lutte, nous avons la joute, et dans les landes de Camargue errent les vaches et les bœufs :

A l'état sauvage, quand tombe la rosée, chaque matin, au marécage, ils paissent libres dans les tiphas.... Ils ont la mer pour seule barrière, on dirait un noir tourbillon.

De vin, n'avèn à damo-jano,
Castèu-nou, Tavèu, Frigoulet ;
Avèn pebroun e merinjano....
Sian li fiéu de la rèino Jano (8),
Ardènt, leiau, e risoulet.

V.

Escouto-me, Mathiéu Ansèume :
  Dins li bouscas de Roumanin,
Estefaneto de Gantèume (8),
  Coume uno flamo de Sant-Èume
Trèvo la niue souto li pin.

Vène emé iéu, anen la vèire,
  De retour de Santo Ano d'At,.
E nous dira se nòsti rèire
  Arnaud Daniel, Cardinau Pèire (9),
Mies que nautre sabien canta !

I Peiròu, 12 de juliet 1862.

Du vin, nous en avons à dame-jeannes, Châteauneuf, Tavel, Frigoulet.... Nous avons piments et aubergines...... Nous sommes les fils de la reine Jeanne, ardents, loyaux et rieurs.

V.

Ecoute-moi, Mathieu Anselme : dans les bosquets de Romanin, Estefanette de Ganthelme, comme une flamme de Saint-Elme, erre la nuit sous les pins.

Viens avec moi, allons la voir, au retour de Sainte-Anne d'Apt, et elle nous dira si nos aïeux Arnaud Daniel, Pierre Cardinal, mieux que nous autres savaient chanter !

Aux Peyrols, 12 juillet 1862.

COUNVIDACIOUN

AU TROUBAIRE F. AUBERT (10).

Venès !

D'abord que vuei sias un pau libre,
En coumpagnié de quàuqui libre
Gandissès-vous de-vers moun trau :
Venès, ami, venès me vèire !
Venès, me iéu tusta lou vèire !
N'en ai dóu bon, e de la Crau !

Adounc venès, galoi bevèire !

Mas de Genèsto, 15 de Mai 1860.

INVITATION

AU POÈTE F. AUBERT.

Venez !

Puisque aujourd'hui vous êtes libre, en compagnie de quelques livres dirigez-vous vers la maison. Venez, ami, venez me voir !.... Venez avec moi trinquer le verre !.... J'en ai du bon !.... et de la Crau !....

Venez donc, gai buveur !....

Mas de Genèste, 15 mai 1860.

L'AUBO

LI MEISSOUNIÉ.

> Auses lou gau que canto.
> T. Aubanel.

Lou blad madur espèro, e se degaio...
Despachen-nous, jouvènt, veici lou jour !
Coume uno nòvio enamourado e gaio,
L'aubo a vesti sa raubo de sentour.

Veici lou jour ! au champ tout es en aio !
Jun a 'spandi soun grand tapis de flour.
Veici lou jour ! an d'aut ! quitas la paio !
La niue fugis davans l'eigagno en plour.

Levas-vous lèu ! Abas, long de la colo.
S'ausis lou cant di ligarello follo....
Vuei fau pamens fini de meissouna !

Ausès lou gau ?... Es l'ouro, a di lou mèstre :
Lou soulèu mounto alin dins lou campèstre...
An ! d'aut ! jouvènt, tres ouro van souna !

Vau de la Barro, 5 de jun 1861.

L'AUBE

LES MOISSONNEURS.

> Oyez le coq qui chante.
> T. AUBANEL.

Le blé mur attend et périclite... Dépêchons-nous, jeunes gens, voici le jour ! Comme une jeune mariée amoureuse et gaie, l'aube a vêtu sa robe de parfums.

Voici le jour ! au champ tout se meut !.... Juin a déployé son grand tapis de fleurs. Voici le jour ! debout ! quittez la paille ! La nuit disparaît devant la rosée en larmes.

Levez-vous vite ! — Là-bas, le long de la colline, on entend le chant des folles-lieuses..... Il faut aujourd'hui finir de moissonner !

Oyez le coq !.... C'est l'heure, a dit le maître ; le soleil monte là-bas dans la plaine... Allons, debout ! jeunes gens, trois heures vont sonner !

Val de la Barre, 5 juin 1861.

L'ERROUR

LI SEGAIRE.

> Ai ! vèngue lèu lou calabrun !
> R. Anaïs Roumanille.

Di blound mouissau l'eissame nous dardaio,
La terro abrado a besoun de frescour.
Veici la niue !... Leissas aqui li daio !...
Lou soulèu tenc li nivo de l'errour.

Veici la niue !... Abas, dins li grand draio,
S'enauro au cèu coume un long cant d'amour.
Aut et póussous, lou grand càrri trantraio ;
Lis ome las s'entournon dòu labour.

L'enfant galoi arribo de l'escolo ;
Di bouvatié la cantadisso molo.
Au bram di biòu se vai embessouna.

L'ase, jouvènt ! an, zóu ! que s'encabèstre !...
Veici l'errour : es l'ouro dòu bèn-èstre...
D'aut ! que matin se fau destrassouna !

Vau-Biloun 8 de Setèmbre 1861.

LE CRÉPUSCULE

LES FAUCHEURS.

> Ah ! vienne vite le crépuscule.
> R. Anaïs Roumanille !

Des blonds moustiques l'essaim nous aiguillonne, la terre embrasée a besoin de fraîcheur. Voici la nuit !... Laissez-là les faulx !... Le soleil teint les nuages du crépuscule.

Voici la nuit !... Là-bas dans les chemins, monte vers le ciel tout un long chant d'amour ; haut et poudreux, le grand chariot vacille ; les hommes las reviennent du labour.

L'enfant joyeux arrive de l'école ; des bouviers les molles chansons aux mugissements des bœufs vont se joindre....

L'âne, garçon ! allons, qu'on le bride !... Voici le crépuscule : c'est l'heure du repos. Allons car demain il faut se lever.

Val-Bilon, 8 Septembre 1861.

(11) 'LOU BÈ-DE-PASSEROUN

A. L. LEGRÉ.

> Espandis sa desco
> Sèns cregne jamai la dènt di cabrit.
> A. MATHIEU.

A Sant-Clergue, (12) su'n baus crema, de coulour
    Sabe une flour que vèn   [sauro,
Dins l'asclo dóu roucas: un blound soulèu la dauro:
    I fres poutoun de l'auro,
    S'espandis, o jouvènt !

Quand l'aubo trais pèr sòu si perlo d'eigagnolo,
    L'enamourado flour,
Sus soun ro negrinèu coume un sen d'espagnolo,
    Rèino di mountagnolo,
    S'entre-duer touto en plour...

Quand pièi lou parpaioun s'enauro dins l'Aupiho
    E vanego amoundaut,
Lèu la pichoto flour, amigo dis abiho,
    Alor s'escarabiho
    E met soun blu fóudau.

Coume elo, fres boutoun, uno Sant-Roumierenco,
    Liuen dis àspri galant,
S'espandis au soulèu: jitello proumierenco.
    Poulidamen s'atrenco
    E flouris i calanc.

Sant-Clergue, 23 de Febrié 1863.

LA GLOBULAIRE

A. L. LEGRÉ

> Elle épanouit sa corolle
> Sans craindre jamais la dent des chevreaux
> A. Mathieu.

A Saint-Clerc, sur un escarpement brûlé, de couleur fauve, je sais une fleur qui croît dans la fente du roc. — Un blond soleil la dore ; aux frais baisers de la brise elle s'épanouit, o jeunes gens !

Quand l'aurore jette à terre ses perles de rosée, l'amoureuse fleur, sur un roc bruni comme un sein d'espagnole, reine des collines, s'entr'ouvre toute en larmes...

Puis quand le papillon s'élève dans l'Alpille et vole vers le ciel, vite la petite fleur, amie des abeilles, alors s'ouvre en plein et met son bleu vêtement.

Comme elle, frais bouton, une Saint-Rémoise, loin des âpres galants, s'épanouit au soleil : rejeton printanier, artistement elle se vêt et fleurit aux montagnes.

Saint-Clerc, 23 fevrier 1863.

MIOUNETO

A T. AUBANEL.

Ai las !

Ai pèr vesino uno chatouno
Qu'ai las ! n'a rèn de fouligaud :
Amourousido e malautouno,
Es bloundo coumo un espigau.

Chasque dimenche, à la grand messo,
Vau espincha soun biais candi :
A Diéu la chato s'èi proumesso.
Se fara mourgo ! Me l'an di.

Emé ta fàci blanquinello
Coume uno flour d'avelanié :
O ma vesino palinello,
Coungreies la malancounié !

Vau-menu, 6 d'Abrieu 1863.

MIONETTE

A. T. AUBANEL.

Hélas !

J'ai pour voisine une fillette qui, hélas ! n'a rien de bien gai. Amoureuse et maladive, elle est blonde comme un épi.

Tous les dimanches à la grand'messe, je vais épier sa grâce candide. A Dieu la fille s'est promise : elle se fera religieuse ! On me l'a dit.

Avec ta face blanche, comme une fleur de noisetier, o ma voisine pâle, tu fais naître.... la mélancolie.

Val-menu, 6 avril 1863.

(13) L'ESMERAUDO

A MADAMISELLO C. R.

Hanneton, vole, vole, vole....

— Ountèi que vas ? e d'ounte vènes,
Verd tavan à cuirasso d'or ?
Digo-me lèu, se t'ensouvènes,
Ounte repauses, quand tout dor ?...

— Tre que li pin e lis éusino
An mès si raubo cremesino
Tencho di fio óu calabrun,
    Dins l'oumbrun
Sus uno roso palinello
Espère l'aubo clarinello...

— Bèu tavan verd, ami di flour,
Aro que sabe d'ounte vènes,
Digo-me lèu, se t'ensouvènes,
Ounte varaies tout lou jour ?

— Dintre la colo abouscassido,
De fueio en flour passe ma vido,
E vau pèr orto emé lou vènt,
    O jouvènt,
Tant que d'amount lou jour s'escampo
E de trelus dauro li pampo.

Peiro-malo, 7 de Jun 1863.

LA CÉTOINE

A MADEMOISELLE C. R.

> Hanneton, vole, vole, vole....

— Où vas-tu ? et d'où viens-tu, vert scarabée à cuirasse d'or ?... Dis-moi vite, s'il t'en souvient, en quel endroit tu reposes, quand tout dort ?...

— Dès que les pins et les yeuses ont vêtu leur robe rougeâtre, teinte des feux du soleil couchant, dans l'ombre, sur une rose pâle j'attends l'aurore lumineuse...

— Beau scarabée vert, aimé des fleurs, maintenant que je sais d'où tu arrives, dis-moi vite, s'il t'en souvient, en quels lieux tu voles tout le jour.

— Dans la colline boisée, de feuille en fleur je passe ma vie, et je vole à tout hasard avec la brise, o jeune homme, tant que du ciel la clarté s'épand et de reflets dore les pampres.

Peyre-male, 7 juin 1863.

A MOUSSU M***

Bravo !

De tout segur, pouèto devinaire,
Noun sias nouvèu pèr enrega l'araire
Dins li gara dóu franchimand parla,
E, pèr ma fé ! poudès vous n'en mescla !
Avès l'estè !.. Toucas-aqui, counfraire !
Se vosto muso, amistadous troubaire,
Front descubert camino de tout caire,
Es que i'avès fa béure de bon la
      De tout segur !

Finalamen n'i'a pau que sachon faire
Roundèu, sounet, e coume vous retraire
De pantaiage en vers escrincela :
Voste esperit que dison entela,
Quand lou voulès, saup prouva que l'èi gaire
      De tout segur !

Lanfrin, 7 de Mai 1864.

A MONSIEUR M***

Bravo !

Assurément, poète-devin, point n'êtes novice pour diriger la charrue dans les friches de la langue française.... Et, par ma foi !... vous pouvez vous en mêler ! Vous avez le fion !... Touchez-là, confrère ! Si votre muse, aimable troubadour, front découvert chemine en tous lieux, c'est que vous lui avez fait boire de bon lait assurément !

Finalement, il en est peu qui sachent faire rondeaux, sonnets, et comme vous écrire des vers ciselés. Votre esprit que l'on dit voilé, lorsqu'il vous plait, sait prouver qu'il l'est peu assurément !

Laufrin, 7 mai 1864.

A MADAMISELLO X***

> Lou diable dins la fango a chaucha ta courouno.
> J. ROUMANILLE.

Qu'au m'aurié di, ai las ! o gènto Adèlo,
Nascudo, abas, au founs d'uno pradello
Dins un maset, sus lou bord d'un camin,
Qu'un jour auriés e titre e pergamin !..
Tu qu'àutri-fes n'aviés pèr escudello
Que ti dos man, e que di cabridello
Ères, la sorre, ai las ! ai las ! crudèlo,
Que counchariés toun front de jaussemin
   Quau m'aurié dit !

Aviés alor dos labro de grounsello,
Front courouna d'espigo de tousello ;
Noun te falié de raubo de satin...
Ai ! dins li ple d'un mantèu de catin
Te vèire un jour faire la... damisello
   Quau m'aurié di !

Mount-frin, 16 de Jun 1864.

A MADEMOISELLE X***

> Le diable dans la boue a foulé ta couronne.
> J. ROUMANILLE.

Qui m'aurait dit, hélas ! o gentille Adèle, née là-bas au fond d'une prairie, dans une chaumière, sur le bord d'un sentier, qu'un jour tu aurais et titres et parchemins ! Toi qui jadis n'avais pour écuelle que tes deux mains — et qui des marguerites était la sœur, — hélas ! hélas ! perfide, que tu souillerais ton front de jasmin, qui m'aurait dit !

Tu avais alors deux lèvres de groseille, front couronné d'épis de blé ; point ne te fallait des robes de soie. Ah ! dans les plis d'un manteau de catin, te voir un jour faire la . . . . demoiselle, qui m'aurait dit !

Montfrin, 16 juin 1864.

COUNFIDÈNCI

AU MUSICAIRE G. P. ILTIS.

> La pauvre fleur disait. . . . . .
> V. Hugo.

Sus l'umide velout de ma raubo de nèu,
E dins lou blu mirau dóu riéu que m'enfres-
[quèiro
    Tre que lou jour se guèiro,
Un verd damiselun que trèvo li canèu
    Long di mouloun de pèiro
      Se pauso, e tristo pènse à n'èu !...
Bèu parpaioun de fio qu'as tant richo liéuréio.
Vous, parpaiolo d'or amigo di rousié,
Digas-ié que pèr èu, palo flour de ninfèio,
    Me passisse de jalousié !

Font de la Vau-Croso, 10 d'Avoust 1864.

CONFIDENCE

AU MUSICIEN G. P. ILTIS.

> La pauvre fleur disait . . .
> V. Hugo.

Sur l'humide velours de ma robe de neige, et dans le bleu miroir du ruisseau qui me baigne, dès que le jour se mire, une verte libellule qui hante les roseaux, le long des tas de pierres se pose. — et triste je pense à elle !... Beau papillon de feu à la riche livrée, vous, coccinelles d'or amies des rosiers, dites-lui que pour elle pâle nénuphar, je me flétris de jalousie !...

Fontaine de Val-Croze, 10 Août 1864.

JAN DE VILASSOLO

AU PINTRE P. PIQUET.

Viens, gentille dame.
. . . .
E. Scribe

De Pie-Redoun (14) subre li colo
Lou jour parèis : dins l'erbo molo,
   Bagnado coume ti bèus iue,
   La ferigouleto oudourouso,
   La sauro (15), flour dis amourouso,
   Sus la ribo seco e peirouso
Bevon l'eigagno de la niue.

Veici tourna lou tèms di pruno...
Bello, l'estiéu nous adus mai
Lou roussignòu... Quand vèn la bruno,
   S'ausis lou cant di cantabruno;
   Sian tourna-mai,
   O bello bruno,
   Au mes de Mai!

Lou péu au vènt, l'èso duberto,
   O segnouresso disaverto,
A travers lou perfum e l'or di argelas.
   Ensèn perdu souto li roure,
   Barrularen rountau e moure...
Vène : t'espère amount au pèd dóu Castelas !

La Galino, 6 de Mai 1875.

JEAN DE VILLASSOLE

AU PEINTRE P. PIQUET.

> Viens, gentille dame.
>
> E. Scribe.

De Pierredon, sur les collines, le jour paraît : — dans l'herbe molle, humide comme tes grands yeux, le serpolet odorant, l'immortelle, fleur des amoureuses, sur la rive sèche et empierrée boivent la rosée de la nuit.

Voici venir le temps des prunes… Belle, l'été nous ramène encore le rossignol ! — Quand vient le soir, on entend le chant des chalumeaux : nous sommes de nouveau, belle brune, au mois de mai !

Cheveux au vent, casaque ouverte, o folle suzeraine, à travers le parfum et l'or des genêts, ensemble perdus sous les grands chênes, nous parcourons tertres et mornes….. Viens : je t'attends là-haut au pied du manoir.

La Galline, 6 mai 1875.

MARTOUN DE ROUMANIN

A A. B. CROUSILLAT.

> Ah ! mounto, mounto à la grand tourre,
> Mounto-ie, bèu, e me veiras.
> R. Anaïs ROUMANILLE

L'oumbro davalo dins la plano,
Bèn lèu lou jour aura fini :
Aniue, moun page dèu veni
Dins lou bousquet di Castelano...

I

— Bello ! m'a di, noun fagues cas,
    Long di roucas,
Au cant pietous de la tourtouro :
    Mai au bouscas,
Vène-t'en lèu, quand sara l'ouro.

Bello, amoundaut, de Roumanin (16)
    Entre li pin,
Rous e crema 'mé si grand tourre
    Veiras alin
Moun castelas entre li moure.

Tre que lou jour aura fini,
Que i'aura l'oumbro sus la plano
Moun galant page dèu veni
Au bos ama di Castelano.

MARTHE DE ROMANIN

A A. B. CROUSILLAT.

> Ah! monte, monte à la grande tour!
> monte, ami, et tu me verras.
> R. Anaïs Roumanille.

L'ombre descend dans la plaine, bientôt le jour aura fini : ce soir mon page doit venir dans le bosquet des Châtelaines.

I

— Belle ! m'a-t-il dit, point ne t'arrête à ouïr, le long des rochers, le chant plaintif de la tourterelle : mais au bosquet viens t'en vite, quand sera l'heure.

Belle, là-haut, de Romanin, entre les pins, fauve et brûlé avec ses grandes tours, tu verras au loin mon vieux manoir entre les mornes.

Dès que le jour aura fini, que l'ombre couvrira la plaine, mon galant page doit venir au bois aimé des Châtelaines.

II

Bello ! l'angelus dóu couvènt
Emé lou vènt
Plouron abas dins la ramado.
Vers toun jouvènt,
Vène-t'en lèu, ma bèn-amado !

Bello Martoun ! vène-t'en lèu,
Que lou soulèu
Trecolo alin darrié l'Aupiho :
Coumo un calèu
Amount deja la luno viho.

Es niue ! lou jour vèn de fini,
L'oumbro davalo dins la plano...
Dins lou bousquet di Castelano
Lis amourous soun reüni.

Roumanin, 16 de Setèmbre 1865.

I l

Belle ! l'angelus du monastère, avec la brise, pleurent là-bas dans la ramée, vers ton amant, viens-t'en vite, ma bien-aimée !

Belle Marthe, viens promptement ! car le soleil disparaît là-haut derrière l'Alpille : comme une lampe, au ciel déjà la lune veille.

Il est nuit, le jour vient de finir, l'ombre descend dans la plaine..... Dans le bosquet des Châtelaines les amoureux sont réunis.

Romanil, 16 septembre 1865.

AILAS !

A J. ROUMANIHO.

> Et rose elle à vécu ce que vivent les roses
> L'espace d'un matin.
> MALHERBE

Vers la capello de Sant-Pèire (17)
Amount à Roumanin, entre de reganèu (18),
   Long d'uno ribo de canèu
Sourgènto uno aigo bluio e lindo coume un veire...
    Ausès ! car anas vèire.

Prenès lou dòu, jouvènt ! chatouno, plouras-la !
De sa mort, desempièi, rèn pòu lou counsoula !

Un sèr, lou soulèu trecoulavo
Sus un cèu rouginas. — Un pastre mau vesti,
   Que lou maucor avié couti,
  Abéuravo si fedo a l'aigo que coulavo,
    E lou paure sousclavo :

« Prenès lou dòu, jouvènt ! chatouno, plouras-la !
« De sa mort, o moun Diéu, rèn pòu me counsoula !

   « Roso, lavant sa canestello,
« Esperavo au raiòu soun calignaire Jan,
« Venié ansin ; i'a d'acò sege an :
« Ma migo, que Sant-Pèire amount gardo e pestello.
   « Anè dins lis estello . . .

HÉLAS !

A J. ROUMANILLE.

> Et rose elle a vécu. . . . .
> MALHERBE.

Vers la chapelle de Saint-Pierre, là-haut à Romanin, entre des chêneteaux, le long d'un tertre planté de cannes, surgit une eau bleue et limpide comme du verre. Écoutez, car vous allez voir.

Garçons, prenez le deuil ! fillettes, pleurez-la !
De sa mort, depuis lors, rien ne peut le consoler !

Un soir, le soleil se couchait sur un ciel rougeâtre. Un pâtre mal vêtu, que la douleur avait maltraité, abreuvait ses brebis à l'eau courrante, et le pauvre gémissait :

« Garçons, prenez le deuil ! fillettes, pleurez-la !
« De sa mort, ô mon Dieu ! rien ne peut me con-
« soler !

— « Rose, lavant sa corbeille d'osier, attendait
« au ruisseau Jean, son promis », disait-il, « il y
« a de cela seize ans : ma mie, que Saint-Pierre
« là-haut garde et ferme à clef, alla dans les
« étoiles ! »

« Prenès lou dòu, jouvènt ! chatouno, plouras-la !
« De sa mort, es fini ! rèn pòu me counsoula !

 « Tambèn, pecaire, quand vèn l'ouro,
« L'ouro dóu calabrun, l'ivèr coume l'estiéu
 « Lou paure pastre èi pensatiéu,
« Car morto es sa mestresso, e i a sege an que
[plouro !

« Prenès lou dòu, jouvènt ! chatouno, plouras-la !
« Jamai d'aquelo mort poudrai me counsoula ! »

Moure dis Eusino, 26 de Setèmbre 1863.

« Garçons, prenez le deuil ! fillettes, pleurez-la !
« De sa mort, c'est fini, rien ne peut me consoler !

« Aussi, pauvret, quand vient l'heure, l'heure du crépuscule, l'hiver comme l'été, le pauvre pâtre est soucieux, car morte est sa fiancée, et il y a seize ans qu'il pleure !

« Prenez le deuil. garçons ! fillettes, pleurez-la !...
« Jamais de cette mort je ne pourrai me consoler. »

Mornes des Yeuses 26 septembre 1863.

L'ESPÈRO

A A. MICHEL

> Lorsqu'on doit voir le soir la femme qu'on
> aime, l'attente d'un si grand bonheur rend insup-
> portable tous les moments qui en séparent.
> STENDHAL.

Fai fre : lis aubre an gens de fueio :
Lou passeroun s'es acata
Souto li téule ; sus la sueio
Lou chin renous jais amata.

Davans lou fio lou vièi se caufo,
Lou pichot dor, es negro niue ;
La chato treno un trihau d'aufo
Lou paire, las, barro lis iue

Subran lou chin japo e varaio...
Margai s'aubouro tout-d'un-tèms,
E vai tout dre vers la sarraio,
Li gauto en fio, lou cor countènt

Pièi plan-planet durbènt la porto,
Sus lou lindau la chato sort :
Lou tèms es siau, e Diéu pèr orto
A bóudre trais d'estello d'or.

— Ai ! chut ! me sèmblo que me sono,
En plaço noun pode teni :
Es lou signau, la miejo sono !
Es èu ! l'ausisse, vai veni...

L'ATTENTE

A A. MICHEL

> Lorsqu'on doit voir le soir la femme qu'on aime, l'attente d'un si grand bonheur rend insupportables tous les moments qui en séparent.
> STHENDAL

Il fait froid : les arbres n'ont plus de feuilles ; le passereau s'est blotti sous les tuiles ; sur la litière le chien hargneux dort accroupi.

Devant l'âtre l'aïeul se chauffe ; l'enfant sommeille, il fait nuit sombre ; la fille tresse une corde de sparterie ; le père fatigué ferme les yeux.

Soudain, le chien aboie, va et vient... Margaï se lève tout à coup, et s'en va droit à la serrure, les joues en feu, le cœur content.

Puis doucement ouvrant la porte, sur le seuil sort la jeune fille : le temps est calme et Dieu dans l'espace jette à profusion des étoiles d'or.

« Ah ! chut !... Je crois qu'il m'appelle, je ne puis tenir en place : c'est le signal, la demie sonne ! c'est lui ! je l'entends ! il va venir !

Velou ! — Subran arribo en aio
De la masiero l'amourous ;
Pale, esmougu, ie pren la taio
E se poutounon bènurous . . . .

— Vai èstre jour ! laisso qu'espinche,
Se tóuti dormon dins l'oustau,
Elo ie fai tourno deminche !
Adiéu ! . . . fuge pèr lou pourtau . . . ·

Vau de la Cardiroto, 7 d'Outobre 1863.

Le voilà !... Soudain arrive haletant l'amoureux de la paysanne : pâle, ému, il lui prend la taille et ils s'embrassent bienheureux...

« Il va être jour ! laisse que j'épie si tous dorment dans la maison, dit la fillette, retourne dimanche !... Adieu !... fuis par le portail ! »

Val de la Cardirotte, 7 octobre 1863.

SOUVENÈNÇO

A MADAMISELLO T. D'A***

> Combien j'ai douce souvenance.
> CHATEAUBRIAND

D'aquélis ouro encantarello
Que veguerian trop lèu fini,
Iéu ai garda lou souveni,
Bèn l'ai garda, madamisello !

Aqui, grava dintre moun cor,
L'ai pièi rejun dins aquest libre ;
E voste noum, umble felibre,
Iéu l'ai escri en letro d'or.

Fai tant de bèn de se 'n pau vèire
O ! cresès lou ! — fai tant de bèn
La charradisso ! — Ei bon tambèn
De rire e de turta lou vèire.

Bonur verai, franco amista,
Despièi longtèms n'en ai la provo,
Dins voste oustau acò s'atrovo...
Longtèms ansin pousqués ista !...

Cadun eici seguis sa voio,
Dins li espino, o dins li flour :
Pèr la pauriho i a li plour,
E pèr li riche i a li joio !

SOUVENANCE

A MADEMOISELLE T. D'A***

> Combien j'ai douce souvenance.
> CHATEAUBRIAND.

De ces heures enchanteresses, que nous vîmes trop tôt finir, moi, j'ai gardé la souvenance, bien l'ai gardée, mademoiselle !

Là, gravée dans mon cœur, je l'ai consignée dans ce livre. et votre nom, humble poète, je l'y ai écrit en lettres d'or.

Il est si bon de se voir quelquefois, o croyez-le ! — la causerie fait tant de bien ! — Il est bon aussi de rire et de trinquer le verre.

Bonheur vrai, franche amitié, depuis longtemps j'en ai la preuve, se trouvent dans votre maison. Longtemps ainsi puissiez-vous rester !

Ici-bas chacun suit son impulsion, dans les épines ou dans les fleurs : Pour les pauvres il y a les larmes, et pour les riches les plaisirs.

Urouso, en mars, coume en avoust,
Vers vosto maire rèn vous manco ;
Un anjounèu is alo blanco
D'en paradis a l'iue sus vous.

A vosto porto es èu que mando
Lou maucoura qu'a set o fam ;
Tambèn, o gènto e bruno enfant,
Baias au paure que demando.

Mé voste fraire, ami tant dous,
Souvènt, amount long dis Aupiho,
De vous parlan, o jouino fiho,
Mé voste fraire amistadous.

Vivès en pas, madamisello,
Tranquilo dins voste saloun
Coume lou pin dins lou valoun,
Coume un blavet dins li tousello.

De voste paire trespassa,
Aqui, vesènt sus la muraio
Lis espaleto, li medaio,
La crous d'ounour qu'avès plaça,

Souvenès-vous, madamisello,
Qu'eici-debas tout dèu fini,
E gardas bèn lou souveni
D'aquélis ouro encantarello !

Is Antico, 8 d'outobre 1865.

Heureuse en mars comme en août, près de votre mère rien ne vous manque ; un séraphin aux blanches ailes, du Paradis, a l'œil sur vous.

A votre porte c'est lui qui envoie le mendiant qui a soif ou faim. Aussi, gentille et brune enfant, vous donnez au pauvre qui demande.

Avec votre frère. ami si doux, souvent là-haut le long des Alpilles, de vous nous parlons, ô fillette, avec votre aimable frère.

Vivez en paix, mademoiselle, tranquille dans votre salon, comme le pin dans le vallon, comme un bleuet dans les blés.

De votre père qui n'est plus, là voyant accrochées au mur les épaulettes, les médailles, la croix d'honneur que vous avez placée,

Souvenez-vous, mademoiselle, que dans ce monde tout prend fin, et gardez bien le souvenir de ces heures enchanteresses !

Aux Antiquités, 8 octobre 1865.

GRAMACI

A A. B. CROUSILLAT

Quatren escri au revès d'uno carto de vesito pèr lou remercia de m'agué manda lou recuei de si pouësio.

Adessias, ami, e bon an !
Bèn gramaci de vosto Bresco.
Oudourouso, poulido, e fresco
Coume li flour de mi calanc.

Sant Pau, lé de Janvié 1865.

MERCI

A A. B. CROUSILLAT

Quatrain écrit au dos d'une carte de visite pour le remercier de m'avoir envoyé le recueil de ses poésies

Bonjour ami, et bonne année!... je vous remercie de votre Bresco (1), odorante, jolie et fraiche, comme les fleurs de mes rochers.

Saint-Paul, 1ᵉʳ janvier 1865.

---

(1) Bresco. — *Rayon de miel.* — Titre du livre.

A V. BALAGUER

> Bono annado
> Acoumpagnado . . . .

Dintre lou viage d'aquest mounde,
Mounde de dòu, e de plourun,
Que longo-mai, Dieu vous semounde
La fe, la pas e lou clarun.

Que tour-namai lou tèms apounde
De lume à voste calabrun,
E que, pèr fin, a bèl abounde ;
Visqués de jour sèns amarun ;

E pèr acoumpli grand troubaire,
Aquest souvèt de bout de l'an,
Veguessias-ti tenènt l'araire (19),

Ilustre fiéu di Catalan,
La liberta qu'aro vous fougno
Reveni dins la Catalougno !

Vau-rugo, 1e de janvié 1867.

VA. BALAGUER

> Bonne année
> Accompagnée . . .

Dans le voyage de ce monde, monde de deuil et de larmes . . . que toujours Dieu vous donne, la foi, la paix, et la clarté.

Que, derechef, le temps ajoute de la lumière à votre crépuscule, et qu'enfin, en abondance, vous viviez des jours sans amertume ;

Et, pour accomplir, ô grand trouvère, ce souhait de bout de l'an, vissiez-vous, étant au pouvoir,

Illustre fils des Catalans, la liberté qui maintenant vous boude, revenir dans la Catalogne !

Val rugues, 1ᵉʳ janvier 1867.

A P. PIQUET

Per lou remercia de m'agué craiouna e douna moun retra-cargo.

Ausès eiçò, pintre Piquet !
De vin de Baumo un bon chiquet,
D'un garrigaud de Sant-Benòni,
Esvarto liuen la malancòni.

De vous lou gàubi bouniquet
Nous rènd galoi, — e crese que
Aurias fa rire Sant-Antòni
E beleu rire . . . si demòni.

Tambèn quand ma cargo-retra
Sus la muraio se metra,
Tout moun quartié la voudra vèire ;

Vesin e chato bèn riran,
E li couneissèire diran
Que dessinas qu'èi pas de crèire.

I Peiriéro, 14 de Desembre 1864.

A P. PIQUET

Pour le remercier de m'avoir fait et donné mon portrait-charge.

Oyez ceci peintre Piquet ! de vin de Baume un petit verre— d'un solitaire de Saint-Benoit chasse loin la mélancolie.

De vous le talent joyeux — nous rend gais — et je crois que vous auriez fait rire Saint-Antoine et peut être rire ses . . . démons.

Aussi quand ma charge-portrait au mur s'accrochera, tout mon quartier viendra la voir ;

Voisins et filles bien riront, et les connaisseurs diront que vous dessinez on ne peut mieux.

Aux Carrières, 14 décembre 1864.

AUTRI-FES (20)

A MOUN AMI ROUMIÉ MARCELIN

—

> La jeunesse n'a qu'un temps.
> H. MURGER.

I' aura dès an, vèngue li pruno,
Iéu la vesiéu souvènti-fes,
Ma bono amigo d'àutri-fes...
O qu'èro bello ! o qu'èro bruno !

   Tèms dis amour, dous souveni,
   Perqué tant lèu avès fini ?...

E ie disiéu : « Caudo chatouno,
Subre toun sen sarro moun cor ;
Iéu t'amarai fin-qu'à la mort,
Coume la vigno amo l'autouno.

   Tèms dis amour, dous souveni,
   Perqué tant lèu avès fini ?...

L'auro de jun courbo l'espigo,
Lou tèms èi bèu... l'amour tambèn...
Sarro me mai, Sarro me bèn !...
E fasen qu'un, o moun amigo ! »

   Tèms dis amour, dous souveni,
   Perqué tant lèu avès fini ?...

AUTREFOIS

A MON AMI RÉMY MARCELIN

> La jeunesse n'a qu'un temps.
> H. Murger.

Il y aura dix ans, viennent les prunes, je la voyais souventes-fois, ma bonne amie d'antan... O qu'elle était belle ! O qu'elle était brune !

Temps des amours, doux souvenirs, pourquoi sitôt avez-vous fui ?

Et je lui disais : « Chaude fillette, sur ton sein presse mon cœur, je t'aimerai jusqu'à la mort, comme la vigne aime l'automne.

Temps des amours, doux souvenirs, pourquoi sitôt avez-vous fui !

La brise de juin courbe les blés, le temps est beau, — l'amour aussi ! — presse-moi encore ! étreins-moi bien ! et ne faisons qu'un, o ma mie ! »

Temps des amours, doux souvenirs, pourquoi sitôt avez-vous fui ?

E dins mi bras la chato enclauso,
Un cop plouravo, un cop risié ;
Me poutounan pièi me disié :
« Coume la vido èi pau de causo !

 Tèms dis amour, dous souveni,
 Perqué tant lèu avès fini !...

Tourment d'amour, fòli caresso,
Perqué, perqué nous fugissès !
O tèms, perqué nous vieissès
'Me li trebau de l'amaresso ?

 Tèms dis amour, dous souveni,
 Perqué tant lèu avès fini ?...

Jouvènço, rèino tant lèu palo !
Sus noste front deman passi
Pèrqué, mescla l'or di souci,
Au blu satin di prouvençalo ! »

 Tèms dis amour ! dous souveni !
 Perqué tant lèu avés fini ?...

E ie disiéu : « O gènto fiho,
Glòri, bonur, amour, perfum,
Tout s'esvalis coume lou fum
D'uno flamado de broundiho.

 Tèms dis amour, dous souveni !
 Perqué tant lèu avès fini ?

Et dans mes bras la fille close tantôt pleurait, tantôt riait, puis me disait en m'embrassant : « Comme la vie est peu de chose !

Temps des amours, doux souvenirs, pourquoi sitôt avez-vous fui ?...

Tourments d'amour ! caresses folles ! pourquoi, pourquoi nous fuyez-vous ? O temps ! pourquoi nous vieillis-tu dans les troubles de l'amertume ?...

Temps des amours, doux souvenirs, pourquoi sitôt avez-vous fui ?

Jeunesse, reine sitôt pâle ! sur notre front demain ridé, pourquoi mêler la jaune fleur des soucis aux pétales bleus et satinés des pervenches ? »

Temps des amours, doux souvenirs, pourquoi sitôt avez-vous fui !...

Et je lui disais : « O gente fille, gloire, bonheur, amour, parfums, tout s'évanouit comme la fumée d'un feu de brindilles.

Temps des amours, doux souvenirs, pourquoi sitôt avez-vous fui ?...

Mai que nous fai, o bruno folo,
Que li bèu jour siegon nebla !...
Lou grihet canto dins di blad...
Anen amount subre la collo.

 Tèms dis amour, dous souveni,
 Perqué tant lèu avès fini ?...

Amount, béuren à l'escudello
Que la jouvènço nous pourgis ;
Car lou tèms passo e s'enfugis
Coume l'aigo dins li pradello...

 Tèms de bonur ! fres souveni !
 Ai las ! trop lèu avès fini !...

Mas-dóu-Rouge, 12 *d'outobre* 1864.

Mais que nous fait, o brune folle, que les beaux jours soient nuageux ! le grillon chante dans les blés... Allons là-haut sur la colline.

Temps des amours, doux souvenirs, pourquoi sitôt avez-vous fui ?...

Là-haut nous boirons à la coupe que nous tend la jeunesse ; car le temps passe et s'enfuit comme l'eau dans les prairies.

Temps de bonheur ! frais souvenirs ! Hélas ! trop tôt vous avez fui !

Mus-du-Rouge, 12 octobre 1864.

BONUR

A J. MONNÉ

> Je ne saurais pour un empire
> Vous la nommer.
> A. DE MUSSET.

I

'Mé si long brout galant
L'espinouso tapeno (21)
    A peno
Flouris long di calanc.

Plen d'aigo bluio e lindo
S'encour lou riéu d'argènt
    Que dindo
Regretous dóu sourgènt.

La bruno cacalauso
Dins l'erbo se rejoun ;
La toro sus li jounc
    Se pauso.

II

Souto aquest petelin (22)
Asseten-nous, ma bloundo.
    Dins l'oundo
S'abéuron li piéulin.

BONHEUR

A J. MONNÉ

> Je ne saurais pour un empire
> Vous la nommer.
> A. DE MUSSET.

I

Avec ses longs rameaux réguliers, le capre épineux, à peine, fleurit le long des rochers.

Plein d'eau bleue et claire, s'en va le ruisseau d'argent qui bruit regrettant sa source.

L'hélice brune, — dans l'herbe se cache ; la chenille sur les joncs, repose.

II

Sous ce thérébinthe asseyons-nous, ma blonde : dans l'eau s'abreuvent les pipits.

Entre mi dos man blanco
Ah ! laisso me, 'strema
    Tis anco
E toun bèu cors crema.

Ardènto e malautouno
E follo de plesi,
Espaces mi lesi,
    Chatouno.

III

Apielo sus moun coui
Toun bèu front d'alabastre :
    Moun astre,
Ai ! tout lou sang me boui.

Cencho ta bloundo tèsto
De flour de cabro-fiò (23)
    E rèsto
Sus ma peitrino en fiò.

Ansin, à te bèn dire
Iéu voudriéu mouri,
De poutoun devouri,
    Martire !...

La Gàrdi, 10 de Setèmbre 1865

Entre mes deux mains blanches, ah ! laisse-moi prendre ta taille, et ton beau corps embrasé.

Ardente et maladive, et folle de plaisirs, tu égaies mes loisirs, fillette.

III

Appuie sur mon cou ton beau front d'albâtre, mon astre!... Ah ! tout mon sang bouillonne.

Ceins ta blonde tête de fleurs de chèvre-feuille, et demeure sur ma poitrine en feu.

Ainsi, à te bien dire, je voudrais mourir, dévoré de baisers, martyr !...

La Gardi, 10 septembre 1865.

REMEMBER!

A A. MATHIEU

> T'ame de tant d'amour que te devouririéu
> F. Mistral.

Ero un dijòu, à la vesprado,
A l'ouro ounte l'estiéu s'acampon li perdris ;
    l'avié de flour dedins la prado,
    Au cèu i' avié de nivo gris.

Em'uno chato, souto uno aubo,
Espinchavian alin veni la palo niue ;
    Agroumouli subre sa raubo
    Poutounejave si grands iue.

Rouge soulèu e vous, bèu nivo,
Que nous vesias ensèn subre lou verd margai,
    Rapelas-vous coume èro vivo !...
    Remembras-vous coume ère gai !. .

Aquelo chato que vous dise,
Desempièi aquéu jour, l'ame de moun senet,
    Coume la souco amo soun vise,
    Coume Mirèio Vincenet.

O ! t'ame iéu, ma gènto Roso,
Perlo de mi calanc, bruno à l'aire agradiéu,
    Coume l'abiho amo la roso !...
    Coume ma maire ! coume Diéu !

Vau dóu Pous, 10 *d'avoust* 1865.

REMEMBER !

A A. MATHIEU.

> Je t'aime comme un fou !
> F. Mistral.

C'était un jeudi, à la vesprée, à l'heure où en été se couchent les perdrix. Il y avait des fleurs dans les prés, au ciel il y avait des nuages grisâtres.

Avec une fille, sous un peuplier blanc, nous épiions là-bas venir la pâle nuit ; accroupi sur sa robe, je baisais ses grands yeux.

Rouge soleil, vous, beaux nuages, qui nous voyiez ensemble sur la verte ivraie, rappelez-vous combien elle était vive !... Souvenez-vous combien j'étais gai...

Cette fille dont je parle, depuis ce jour-là je l'aime de tout mon cœur, comme la vigne aime ses rameaux, comme Mireille aimait Vincent.

Oui ! je t'aime, ma gente Rose, perle de mes montagnes, brune, piquante et gracieuse, comme l'abeille aime la rose sauvage ! comme ma mère ! comme Dieu !...

Vallon-du-Puits, 10 *août* 1865.

AMARESSO

A A. TAVAN

> Hélas ! elle a fui comme une ombre.
> MARIE STUART.

Sian tourna-mai au mes de Jun,
Long di clot verd de prouvençalo ;
Lou roussignòu di brùnis alo
A fa soun nis, e l'a rejun,..,
Sian tourna-mai au mes de Jun !
Di peno de l'amour sènte la marridesso,
Car èi partido ma mestresso !...

Veici tourna lou tèms di flour,
Veici l'estiéu e si beloio :
Pèr li droulas adus la joio,
E pèr li chato adus l'amour.
Veici tourna lou tems di flour !
Pèr iéu sèmpre li plour e l'amaro tristesso,
Car èi partido ma mestresso !...

Dins li blad rous tant agradiéu,
La ligarello fouligaudo,
'Mé la cigalo garrigaudo,
Canton l'amour e lou bon Diéu.
Dins li blad rous tant agradiéu !...
Pamens tout moun cor èi clafi d'amaresso,
Car èi partido ma mestresso !...

Vau' nosco, 1é de Jun 1865.

AMERTUME

A A. TAVAN

> Hélas ! elle a fui comme une ombre.
> Marie Stuart.

De nouveau nous voici au mois de juin ; le long des verts buissons de pervenches, le rossignol aux brunes ailes a fait son nid et l'a soigneusement caché. De nouveau nous voici au mois de juin !

Des peines de l'amour je sens tout le mal, car ma maîtresse est partie !...

Voici venir le temps des fleurs, voici l'été et ses récoltes : aux gars il apporte la joie, aux filles il apporte l'amour. Voici venir le temps des fleurs !

Pour moi toujours les pleurs et l'amère tristesse, car ma maîtresse est partie !...

Dans les blés murs si joliets, la folle lieuse de gerbes et la cigale solitaire chantent l'amour et le bon Dieu, dans les blés murs si joliets !

Cependant tout mon cœur est rempli d'amertume; car ma maîtresse est partie !...

Val-Nosco, 1er juin 1865.

L'AMOUR

A MADAMISELLO X***

> En amour, tout est vrai, tout est faux,
> et c'est la seule chose sur laquelle on ne
> puisse pas dire une absurdité.
> CHAMPFORT.

L'amour !... Escouto, gènto dono : —
    Es un printèms
Que passo lèu... mai, que nous dono
    Flour e bon tèms.

L'amour !... Pantai e refoulèri,
    Ni mai, ni mens,
Adus, maucor e treboulèri
    E pensamen.

L'amour !... Coungreio malancòni,
    E blànqui niue
E d'un ange fai un demòni
    D'un vira d'iue.

L'amour !... Fai naisse mai de peno
    Que de jour gai,
E sus de roso plan nous meno
    Au garagai.

L'amour !... Mignoto, nous enausso
    Vers l'ideau,
Pièi d'un cop d'alo nous desbausso
    Deilamoundaut...

L'AMOUR

A MADEMOISELLE X***

> En amour, tout est vrai, tout est faux,
> et c'est la seule chose sur laquelle on ne
> puisse pas dire une absourdité.
>
> CHAMPFORT.

L'Amour !... Ecoute, gentille demoiselle : c'est un printemps qui passe vite, mais qui nous donne, fleurs et bon temps.

L'amour ! Rêverie et caprice, ni plus ni moins, amène, peines de cœur, et troubles, et soucis.

L'amour !... Engendre mélancolie, et nuits blanches, et d'un ange fait un démon, en un clin d'œil

L'amour !... Fait naître plus de peines que de jours gais ; et sur des roses doucement nous conduit au précipice.

L'amour !... Mignone, nous élève, vers l'idéal, puis, d'un coup d'aile, nous précipite du haut des cimes ..

L'amour !... Pèrfin, o bastidano.
    Aco's lou vin
Que nous empego e que nous dano
    Dès cop sus vint.

Eh ! bèn, despièi que ièu t'ai visto,
    Subre toun lié...
Pèr un poutoun, fariéu, ma fisto.,.
    Milo foulié !

Vau-petiero, 10 de Mai 1866.

L'amour !... Enfin, o métayère, c'est le vin qui nous en ivre, et qui nous damne dix fois sur vingt!

Eh bien, depuis que je t'ai vue sur ta couchette... pour un de tes baisers, je ferai, ma foi, mille folies !

Val-petière, 10 mai 1866.

LA CABANO

AU MUSICAIRE A. FLEGIER

> J'ignore ici la servitude
> De louer qui je dois haïr.
> CHAULIEU.

Au mitan d'uno terro esterlo,
Ounte lou grame e la fóuterlo
Vènon à bóudre e pousson drut
Ai eireta d'uno cabano...
Aqui ma vido se debano
Liuen de la vilo e de si brut.

Dous o tres èuse, un pin, gens d'aigo ;
L'estiéu, là jauno bourtoulaigo
Flouris au pèd dis óulivié.
Long d'uno ribo quàuqui souco,
Ounte lou crèu de fes s'ajouco...
Dóu tèms que moun rèire vivié,

Es mort, pecaire, alin Eiguiéro !...
Ié plantè, dison, la figuiéro
Que nous fai oumbro aqui davan,
Quand pièi li figo soun maduro,
Que lis amelo se fan duro,
Coume au soulèu vai lou tavan,

Lou dimenche, soulet iéu 'm'elo,
Venèn i figo em'is amelo...
Aqui, l'arrape tremoulant,

LA CABANE

AU MUSICIEN A. FLÉGIER.

> J'ignore ici la servitude
> De louer qui je dois haïr.
> Chaulieu.

Au milieu d'un clos stérile, où le chiendent, et l'aristoloche, sortent à profusion et croissent dru, j'ai hérité d'une cabane... Là, ma vie s'écoule loin de la ville et de ses bruits.

Deux ou trois yeuses, un pin, point d'eau ; l'été, le pourpier jaune, fleurit au pied des oliviers. Le long d'un talus quelques ceps de vigne, sur lesquels la sauterelle parfois se juche... pendant que mon aïeul vivait,

— Il est mort hélas ! là-bas à Eyguières, — il planta, dit-on, le figuier qui nous fait ombre là-devant. Lorsque puis les figues sont mures, que les amandes sont à point, comme au soleil va l'insecte,

Le dimanche, seul avec elle, nous venons aux figues et aux amandes... Là je la prends tremblant,

Enliassa, sarra, cauto-cauto,
Man dins la man, gauto sur gauto,
M'embarre dins si bras galant.

Fouligaudo coume uno cabro,
— De fes m'escapo — sus si labro,
Pause li miéuno, e bèn souvènt,
S'enanan pièi à courso folo,
Courre la vau, courre la colo,
Urous, libre coume lou vènt.

O ma divesso mourachouno,
Dintre mi càudi caranchouno,
Que de fes aqui ai sarra
Toun bèu cors souple coume un vise...
Mai teisen-nous que iéu m'avise
Que nous escouton... Passara.

Passara coume un jour de fèsto
Toun galant biais ! Ta bruno tèsto
Qu'ai tant cuberto de poutoun,
Toun còu uscla, ma bello bruno,
Se frounsiran coume li pruno !...
La flour, qu'aièr èro bouton,

Vuei se passis, e deman toumbo !
Ansin, nous-àutri, dins la toumbo
Davalaren... Mai cadenoun !
En esperant, ma douço amigo,
Amen-nous bèn : i'a nca de figo
Emai d'ameló au cabanoun ! ..

Mourtissoun, 8 de Juin 1866.

enlacés, serrés l'un contre l'autre ; main dans la main, joue sur la joue, je m'emprisonne dans ses jolis bras.

Folâtre, comme une chèvre — parfois elle m'échappe — sur ses lèvres je pose les miennes, et bien souvent, nous nous en allons à course folle, courir le valon, courir la colline, heureux, libre comme le vent.

O ma déesse basanée, dans mes chaudes étreintes que de fois ici j'ai serré ton beau corps souple, comme une branche de vigne... Mais taisons-nous, car je m'aperçois qu'on nous écoute... Elle passera,

Passera comme un jour de fête, ta bonne grâce ! — Ta brune tête que tant j'ai couverte de baisers, ton cou hâlé, ma belle brune, se rideront comme les prunes !... La fleur, qui hier était bouton,

Aujourd'hui se fane, et demain meurt ! Ainsi nous autres, dans la tombe nous descendrons... Mais morbleu ! en attendant, ma douce mie, aimons-nous bien : il y a encore des figues et des amandes à la cabane.

Mortisson, 8 juin 1866.

VÈNE !

A J. BRUNET.

> Amour, substantif des deux genres:
> échange de deux fantaisies.
> E. JOUY.

Migo, vìci l'autouno :
Di chato malautouno
Es la sesoun... Chatouno,
 Dins li colo di Baus (24),
Subre li roucas rouge,
Li brun reinard ferouge,
Li capoun-fèr (25) aurouge,
 Trèvon sènso repaus.

Perdu, sus uno roco,
A l'oumbrino di broco
D'un cade (26) ounte s'acroco
 La lano di móutoun,
Leissaren, o poulido,
Moun amo enfestoulido,
La tiéuno trefoulido,
 Mescla si caud poutoun.

Enliassa de la sorto,
Palinello e pau forto,
Dins mi bras mita morto,
 Te tendrai barbelant...

VIENS !

A J. BRUNET

> Amour, substantif des deux genres :
> échange de deux fantaisies.
> E. Jouy.

Amie, voici l'automne : des filles maladives — c'est la saison. — Fillette, dans les collines des Baux, sur les rochers rougeâtres, les renards fauves et farouches, les sacres ombrageux, courent et volent jour et nuit.

Perdus, sur une roche, à l'ombre claire des branches d'un genèvrier où s'accroche la laine des moutons, nous laisserons, o ma belle, mon âme réjouie, la tienne tressaillante mêler, leurs chauds baisers.

Enlacés de la sorte, pâle et maladive, dans mes bras évanouie, je te tiendrai haletant... o ma folle

O ma folo mestresso !
Liuen de touto amaresso,
Manjarai de caresso
Ti gauto e ti bras blanc.

Toun còu, de mi poutouno,
Lou curbirai ... Chatouno
Vène, veici l'autouno,
Dins li colo di Baus :
Subre li roucas rouge,
Li brun reinard ferouge ,
Li capoun-fèr aurouge,
Trèvon sènso repaus.

Baus de Sarragan, 6 de Juliet 1866.

maîtresse ! loin de tout chagrin je mangerai de caresses, tes joues et tes bras blancs.

Ton cou, de mes baisers je le couvrirai ! Fillette, viens, voici l'automne, dans les collines des Baux : sur les rochers rougeâtres, les renards fauves et farouches, les sacres ombrageux, courent et volent jour et nuit.

Roc de Sarragan, 6 juillet 1866.

AI FAM !

A L. ROUMIEUX

> Il est impossible d'être amoureux
> et sage en même temps.
> Bacon.

Vènno d'adurre uno becasso,
'M'uno dougeno de rigau ;
Ai pastissoun, ustri, rabasso (27),
Blóundi gounesso que fan gau ;

Ai de lebraud, fiéu dis Aupiho,
D'anguielo, fiho dis estang ;
Finalamen, ai proun manjiho
Pèr empli sièis grand plat d'estam.

Ai de vin vièi dedins mi bouto ;
Ai rasin, frago, e cacho-dènt ;
Dos damo-jano d'aigo ardènt,
Pèr, lou matin, béure la gouto...

Eh bèn. mai rèn siegue rejun,
Ai fam de longo ! e si éu à jun !...

Es que iéu ai fam de caresso !...
Ai fam d'amour, fam de plesi,
Fam di poutoun de ma mestresso,
De soun amo, e de si lesi !

J'AI FAIM

A L. ROUMIEUX

> Il est impossible d'être amoureux
> et sage en même temps.
> BACON.

On vient d'apporter une bécasse et une douzaine de rouge-gorges ; j'ai pâtés, huîtres, truffes, et blonds pains — de Gonesse — qui font plaisir à voir.

J'ai des levrauts, fils des Alpilles, des anguilles, filles des étangs ; enfin j'ai assez de mets pour remplir six grands plats d'étain.

J'ai du vin vieux dans mes tonneaux ; j'ai raisins, fraises, et croquants : deux dame-jeannes d'eau de vie pour, le matin, boire la goutte.

Eh bien ! quoique rien sune soitos clef, j'ai toujours faim ! et je suis a jeun !...

C'est que, moi, j'ai faim de caresses !... j'ai faim d'amour, faim de plaisirs, faim des baisers de ma mie, de son âme, de son temps !...

O ma bloundino fouligaudo,
Ai fam de tu ! ... fam, Madeloun,
De ti brassado longo e caudo ,
De ti sen, de ti chevu blound !...

De ti bras blanc coume l'evòri,
Dóu rai de fio de ti grands iue !...
Ai fam !... ai fam !... O raubatòri,
Sarrai toun ome aquesto niue !

Mas de Gros, 28 d'Aroust 1866.

O ma blondine folâtre, j'ai faim de toi!... faim, Madelon, de tes étreintes longues et passionnées, de tes seins!... de tes cheveux blonds...

De tes bras blancs comme l'ivoire!... du rayon de feu de tes grands yeux!... j'ai faim ! j'ai faim !... O rapt, je serai ton homme cette nuit !

Mas de Gros, 28 août 1866.

REGRÈT

A MADAMISELLO X***

> Et sur notre amour mort et bien enseveli
> Nous allons, si tu veux, chanter le dernier psaume
> H. Murger.

O gènto fiho de Prouvènço,
Te marides ?... èi dounc verai
Que, renegant nosto jouvènço,
I bras d'un autre te veirai ?...

Ei dounc verai, douço anjounello,
Que, dins tres jour, lou capelan
Di nouvieto metra l'anello,
L'anello d'or à toun det blanc ?...

Ei dounc verai, ma tant poulido ?
Se'ncop li roso an boutouna,
Dins de brassado trefoulido,
Iéu, poudrai plus te poutouna ?...

Aro èi fini !... O bloundo amigo,
Aro èi fini ! anaren plu
Courre, l'estiéu, ains les espigo,
Au mitan di parpaioun blu. (28)

De ta peitrino caudo e blanco,
Adounc iéu plus veirai li sen ;
M'apielarai plus sus toun anco,
Aro èi fini ! — Pantai rousen :

REGRET

A MADEMOISELLE X****

> Et sur notre amour mort et bien enseveli
> Nous allons, si tu veux, chanter le dernier psaume.
> H. Murger.

O gente fille de Provence, tu te maries ?... c'est donc vrai ?... que reniant notre jeunesse, au bras d'un autre je te verrai ?...

Il est donc vrai ?... doux ange, que dans trois jours le prêtre mettra l'anneau des mariées, l'anneau d'or à ton doigt blanc ?...

Il est donc vrai ?... ma si jolie, lorsque les églantines seront en fleurs, dans des étreintes émues, je ne pourrai plus baiser tes joues ?...

Maintenant c'est fini !... O blonde amie, maintenant c'est fini !... Nous n'irons plus courir l'été dans les avoines, au milieu des papillons bleus.

De ta poitrine moite et blanche, donc, moi, plus ne verrai les seins. Je ne m'appuierai plus sur ta hanche : maintenant c'est fini ! — Rêves roses.

Couifo broudado e blanquinello,
Negre velout, fichu crousa,
Labro amourouso e sanguinello,
Frisoun bloundin e desnousa;

Poutoun de fio, càudi lagremo,
Tèms dis amour, dous souveni,
Avès passa !... la fiho es femo !...
Ei dounc verai, tout èi fini...

Vau-torto, 8 *de Setèmbre* 1866.

Coiffe brodée et blanche, noir velours, fichu croisé, lèvres amoureuses et vermeilles, boucles blondes et dénouées ;

Baisers de feu, chaudes larmes, temps des amours, doux souvenirs, vous avez fui !.... la fille est femme !.... C'est donc vrai, tout est fini....

Val-torte, 8 Septembre 1866.

LI VENDEMIO

A MADAMO S. G***

> C'est lavendange, et la pressée.
> P. Dupont

Pourgès li terreiròu, adusès li guindello !
Chato, dins li bourras la frucho s'encamello ;
    Viras-la de cousta ;
Clafissès li panié : d'alicant, de clareto...
Lou pelot de segur bandira la carreto
    Avans d'agué gousta.

Vendemiarello bruno e vendemiaire alegre,
Coupas gaiardamen li rasin blanc e negre,
    An !.. rirés mai deman !...
Abas, lou carretié desfai si tourtouiero ;
Passas encaro un cop de long di manouiero,
    'Mé la serpeto en man.

Soulo, davans lou mas, la largo caucadouiro
Li flanc brun e pegous, dóu jus de la moustouiro,
    Espèro en plen soulèu.
Lou baile afeciouna preparo li cournudo :
La carreto, se dis, es pancaro vengudo
    Mai pamens vendra lèu.

LES VENDANGES

A MADAME . G***

> C'est la vendange, et la pressée.
> P. Dupont.

Donnez les corbeilles, apportez les cornues !... filles, dans les bourras les raisins s'empilent... mettez-les de côté. Emplissez les paniers d'alicants, de clairettes : le maître, pour sûr, enverra le chariot avant d'avoir goûté.

Vendangeuses brunes, vendangeurs joyeux, coupez lestement les raisins blancs et noirs ; allons !... vous rirez encore demain !... Là-bas le charretier dénoue ses cordes ; passez encore une fois le long des ceps, votre serpette à la main.

Seule, devant la ferme, la large cuve, les flancs bruns et visqueux du moût qui la rougit, attend en plein soleil. Le fermier tout alerte apprête les cornues : le chariot, se dit-il, n'est point venu encore, mais cependant il ne peut tarder.

Vel'eici ! vel'eici !... la caucadouiro èi vasto,
Zóu !.. vujas-ie dedins terreiròu e banasto ;
    Soun bos es embuga..,
Pièi, se'n-cop tournarés pèr querre l'autre viage,
I vise trop carga leissas esta quauque age
    Que poscon rapuga...

D'aut ! durbès dóu celié la vièio porto routo !
Estubas, se lou fau, li barrau e li bouto ;
    Que noste vin de Crau
Dins la tino, qu'an messo, en rintrant, à man gaucho,
Souto li pèd moustous de l'ome que lou chaucho
    Desbounde à plen de trau !...

E vous, enfant galoi, joio de la famiho,
Abras dins lou fougau un bon fio de ramiho,
    Veici veni la niue....
Pendoulas lou peiròu souto la chaminèio...
Empliren, se Diéu vòu, li flasco e li boutèio
    De rous e bon vin kiue.

Lou vièsti vinassous e tout cubert de taco,
La chourmo dòu destré sourtira pièi la raco
    De soun recatadou ;
Founsaren lou tinau que dins la pielo trempo ;
Lou rampliren de vin, e faren pièi de trempo
    Dins noste boulidou.

Le voici ! le voici ! le fouloir est vaste, vite !... videz dedans corbeilles et bannes ; son bois humide est resserré : puis, lorsque vous retournerez chercher l'autre voyage, aux branches trop chargées laissez quelques raisins qu'on puisse grapiller !...

Sus ! ouvrez du cellier la vieille porte brisée ! étuvez, s'il le faut, et barils et tonneaux ; que notre vin de Crau dans la cuve, placée en entrant, à main gauche ; sous les pieds gluants de l'homme qui le foule, s'échappe a pleine bonde!...

Et vous gais enfants, joie de la famille, allumez dans l'âtre un bon feu de ramée : voici venir la nuit ... suspendez le chaudron sous la cheminée.... nous emplirons, si Dieu veut, flacons et bouteilles de doux et bon vin cuit.

Le vêtement vineux et tout souillé de taches les hommes du pressoir sortiront puis le marc de la cuve. Nous foncerons la barrique qui trempe dans l'eau, nous l'emplirons de vin et ferons puis de la piquette dans la cuve.

E pièi, aquest ivèr, quand vendrés de l'escolo,
Enterin que la nèu curbira nòsti colo,
   Aurés lou bon toustèms :
Chourlaren, mis enfant, en fasènt la charrado,
E pèr lou qu'aura set nosto porto barrado
   Durbira tout-d'un-tèms !

Pie-redoun, 17 *de setèmbre 1865.*

I NOVIE J. P.

> Le mari doit protection à sa femme :
> la femme obéissance à son mari.
>   CODE CIVIL.

Parèu urous e benesi,
Qu'amour, santa, travai, plesi,
Siegon sèmpre sus vosto routo !
E l'an que vèn, au mes de Mai,
Se'ncop.... sias tres, revendren mai
   Béure lou vin de vòsti bouto.

Mas-de-Cabot, 12 *d'avoust 1864.*

Et puis, cet hiver, quand vous reviendrez de l'école, alors que la neige couvrira nos collines, vous aurez du bon temps. Nous boirons, mes enfants, en faisant la causette, et pour celui qui aura soif notre porte fermée s'ouvrira volontiers.

Pierredon, 17 septembre 1865.

AUX NOUVEAUX MARIÉS J. P.

> Le mari doit protection à sa femme ;
> la femme, obéissance à son mari.
> Code civil.

Couple heureux et béni, que l'amour, la santé, le travail, les plaisirs, soient toujours sur votre route ! et l'an prochain, au mois de mai, lorsque... vous serez... trois... Nous reviendrons encore boire le vin de vos tonneaux.

Mas-de-Cabot, 12 août 1864.

ROSO DE PIE-REDOUN.

A. M. ARSÈNE HOUSSAYE.

> Tout change, tout s'use, tout s'éteint
> Pensée chrétienne.

Subre la caisso de la morto
Trasès de flour à pléni man...
I'aura nòu jour après deman
Que courduravo sus sa porto.
Subre la caisso de la morto
Trasès de flour à pléni man !

I'an mes sa bello raubo blanco,
Soun velet nòu e vierginèu,
Soun diadèmo blanquinèu...
La chato es jouino, e rèn ie manco...
I'an més sa bello raubo blanco,
Soun velet nòu e vierginèu.

Fiho qu'anas au çamentèri,
Trasès de roso pèr camin,
D'ile, de brout de jaussemin...
La mort es un prefound mistèri !
Fiho qu'anas au camentèri,
Trasès de roso pèr camin !

ROSE DE PIERREDON.

A. M. ARSÈNE HOUSSAYE.

> Tout change, tout s'use, tout s'éteint
> Pensée chrétienne.

Sur le cercueil de la morte jetez des fleurs à poignées.... Il y aura neuf jours après demain que sur sa porte elle cousait. Sur le cercueil de la défunte jetez des fleurs à pleines mains !

On lui a mis sa belle robe blanche, son voile neuf et virginal, son diadème blanc. La fille est jeune et rien n'y manque.... On lui a mis sa belle robe blanche, son voile neuf et virginal !

Filles qui allez au cimetière, jetez des roses sur la route, des lys, des branches de jasmin... La mort est un profond mystère ! Filles qui allez au cimetière, sur le chemin jetez des roses !

La pauro chato en Diéu repauso !
Soun cor èi fre, sis iue vela...
L'enterro-mort a clavela,
Li quatre post ounte es enclauso.
La pauro chato en Diéu repauso,
Soun cor èi fre, sis iue vela !

Acò's ansin !... O jouino fiho,
Qu'au m'aurié di aquest bèu tèms ;
Que, dins la flour de toun printèms,
T'envoulariés coume l'abiho ?...
Acò's ansin !... o jouino fiho,
Qu'au l'aurié di aquest bèu tèms ?

Pamens, o Roso, iéu t'amave !...
O ! iéu t'amave ! e t'amarai !...
De languitòri mourirai...
Pèr tu souleto iéu cantave...
Pamens, o Roso, iéu t'amave !
O ! iéu t'amave ! e t'amarai !

O, mourirai, acò's de crèire,
De te senti tant liuen de iéu.
Oh ! que bèu jour sara, moun Diéu,
Lou jour que nous poudren revèire !...
O ! mourirai ! acò's de crèire,
De te senti tant liuen de iéu !

Au Çamentèri 1é de nouvèmbré 1866.

La pauvre fille en Dieu repose ! son corps est froid, ses yeux voilés... Le fossoyeur a cloué les quatre planches où elle git... La pauvre fille en Dieu repose ! son corps est froid, ses yeux éteints.

C'est ainsi !... O jeune fille, qui m'eut dit l'été dernier, que, dans la fleur de ton printemps, tu t'envolerais comme l'abeille ?... C'est ainsi !... O jeune fille, qui me l'eut dit, ce mois de mai ?...

Cependant, ô Rose, je t'aimais !... oui ! je t'aimais !... et t'aimerai ! je mourrai de mortel ennui... pour toi seule je chantais... Cependant, ô Rose, je t'aimais ! oui, je t'aimais ! et t'aimerai !

Oui ! je mourrai ! c'est bien probable... de te sentir si loin de moi... Oh ! quel beau jour sera, mon Dieu, le jour où nous nous reverrons... Oui ! je mourrai ! c'est bien possible, de te savoir si loin de moi !

Au Cimetière, 1er *Novembre* 1866.

A MOUN AMI B***

PÈR SOUN MARIAGE.

> Aimer, c'est là le bien suprême,
> La magicienne Halévy.

Nòvie amistous, nòvio poulido,
Que Diéu vous doune longo vido !...
Que jamai lou soucit vous tèngue ablasiga !
　Que dins un tros d'aqueste mounde
　Lou dous bonur pèr vous s'escounde
Liuen de l'orre maucor que me tèn trafiga.

　Qu'i rai ardènt de vosto luno
　Se caufon l'ur e la fortuno !
Amas-vous fin-qu'i jour de voste calabrun !
　E tu, cèu blu de la Prouvènço,
　Douno-ié sèmpre la jouvènço
E li pantai daura que se fan dins l'oumbrun !

Vau-d'Areno, 8 d'abriéu 1876.

A MON AMI B***

LE JOUR DE SON MARIAGE

> Aimer, c'est là le bien suprême,
> La magicienne Halévy.

Marié aimable, mariée jolie, que Dieu vous donne de longs jours !... Que jamais le souci ne vous tienne affectés ! que dans un coin de ce monde le doux bonheur pour vous se cache, loin de l'affreux tourment qui me navre.

Qu'aux ardents rayons de votre lune de miel, — se chauffent l'heur et la fortune ! aimez-vous jusques aux jours de votre vieillesse ! et toi, ciel bleu de la Provence, donne leur longtemps la jeunesse et [les rêves dorés qui se font dans l'intimité !...

Val-d'Arène, 2 avril 1868.

AU RÈI REINIÉ

Pêço courounado i jo flourau d'Ais 1864.

A. J. B. GAUT.

> Dins nosti cor as un autar !
> Grégoire xvii siècle.

Oubliden lou travai, leissen ista l'araire,
Flouquen li tambourin de torco de blad rous !
Segaire, journadié, pastourèu, labouraire,
    Manden au cèu d'aire courous !
Courounen au-jourd'uei de flour de la pradello
    Un rèi galant ama di bello,
    Un rèi ami di meissounié....
D'aut ! longo-mai festen noste diéu de Prouvènço
    E, de la mar à la Durènço,
    Ami, canten lou rèi Reinié !

Reinié, lou bon Reinié, beni pèr la noublesso,
Tant bèn vist tourna-mai dóu gai travaiadou,
Guerrejaire valènt, ome plen de simplesso,
    Ero di jo l'empuradou !
Tambèn, quand dins l'ivèr, lou rèire au fio se caufo
    E de soun flasco garni d'aufo
    Vejo, daura, lou vin de Crau :
An, zóu ! beven, se dis, beven en remembranço
    Dóu Paire de la benuranço !
    Dóu Rèi ama di mestierau !

AU ROI RENÉ.

Ode couronnée aux jeux floraux d'Aix 1864.

A. J. B. GAUT.

> Dans nos cœurs tu as un autel !
> Grégoire xvii siècle.

Oublions le travail, laissons au repos la charrue, ornons les tambourins de guirlandes d'épis de blé ! Faucheurs, journaliers, pâtres et laboureurs, faisons retentir l'air de nos chants rustiques ! Couronnons en ce jour des fleurs de la prairie un roi galant aimé des belles, un roi ami des moissonneurs.... Debout ! fêtons toujours notre Dieu de Provence ! et de la Durance à la mer, amis, chantons le roi René !

René, le bon René, béni par la noblesse, si bien vu de rechef par le gai travailleur, guerrier vaillant, homme simple, il était des divertissements le boute-en-train ! Aussi, lorsqu'en hiver l'aïeul au coin du feu se chauffe, et de son flacon vêtu de sparterie vide le jaune vin de Crau: Allons ! buvons, se dit-il, buvons au souvenir du Père du bien-être, du Roi chéri des manouvriers !

Adounc, venès, jouvènt, e vous, chatouno bruno,
Venès faire lou brande autour de soun retra.
Au cant di galoubet, au son di cantabruno,
 Lou pople entié se ie metra !
Que dis Aupiho bluio au mount Santo-Vitòri
 Li prouvençau canton sa glòri !
 Qu'amount tresane, sus sa font,
En vesènt, dedins Ais, soun pople vengu'n foulo
 Que crido au brut di farandoulo :
 Ounour ! au grand Reinié lou Bon !

Pintre, legislatour, troubadou, musicaire,
Agricultour, letru, noste rèi fuguè tout....
En Prouvènço, tambèn, de l'un à l'autre caire,
 Soun noum reiau se dis pertout !...
Ero pintre, avèn dich. — Anas à Sant-Sauvaire,
 Ie veirés ço que sabié faire.
 Ie veirés soun *Bouissoun-Ardènt :*
Me dirés s'acò's pas pinta de man de mèstre,
 S'es bèu, e se lou pòu mai èstre
 Pèr un tablèu d'aquéli tèms !

Reinié ! gràcis à tu, la lengo bastidano
Sourtiguè de soun mas, e trevè lou palais.
Soubeiran, aut baroun, chivalié, castelano,
 Tóuti cencha d'un meme rai,
Parlèron prouvençau. — Alor, o lengo maire,
 Eres la rèino dóu terraire,
 Esbrihaudavo ta bèuta !

Donc, venez jouvenceaux, et vous, brunes fillettes, venez danser en rond autour de sa statue. Au chant aigu des fifres, au son des chalumeaux, le peuple entier à vous se joindra ! Que, du mont Sainte-Victoire aux Alpilles bleues, les Provençaux chantent sa gloire ! qu'il tressaille là-haut sur sa fontaine, en voyant dans Aix son peuple en foule accouru, qui crie au bruit des farandoles : Honneur au grand René le Bon !

Peintre, législateur, poëte, musicien, agriculteur, lettré, notre roi fut tout.... En Provence, aussi bien, de l'une à l'autre extrémité, son nom royal se dit partout ! Il était peintre, avons-nous dit. . — Allez à Saint-Sauveur, vous y verrez ce qu'il savait faire : vous y verrez son *Buisson Ardent ;* vous me direz si ce n'est pas là l'œuvre d'un maître, si c'est beau, et si ce le peut être davantage, pour un tableau de cette époque !

René ! grâces à toi, la langue des champs sortit de la ferme, et hanta le palais. Souverain, hauts barons, chevaliers, châtelaines, tous ceints d'une même auréole, parlèrent provençal — Alors, o langue mère, tu étais la reine du terroir, ta beauté

Eres pleno de fe, d'aveni, de jouinesso ;
   Aussi fuguères segnouresso
   Di capoulié de la ciéuta !

Acò's bèu, pèr un rèi, d'èstre l'ami di paure,
De fugi li bataio, e de cerca la pas,
Lou bèn de soun païs, de l'ama, de s'enchaure
   Ount èi que pòu maca soun bast.
O ! qu'es bèu, digas-lou, qu'un souveni embaume
   Tout un endré, tout un reiaume,
   Qu'un noum boulegue tant de cor !
Eiçò provo, dóu mens, que li rèi d'aquest mounde,
   Quand dounon l'ur emai l'abounde,
   Vivon encaro après la mort !

Ounour à tu, Reinié, que, dins ta noblo vido,
Tant bèn as couneigu li raço dóu Miejour !
Quéli raço d'antan, noun encaro esvalido,
   Enca rusticon niuech e jour !
Liouno majestouso enclauso dins la gàbi,
   — Ounte, de fes, ourlon de ràbi,
   Se revirant emé fierta, —
Vuei saludon soun rèi, e porton dins la fèsto,
   Beluguejant subre si tèsto,
   La cencho de la liberta !

Que longo-mai, adounc, aguen à la memòri
Aquéu qu'a tant gari de mau e de tourmen,
Aquéu qu'a counquista li lausié de l'Istòri
   Dins soun pichot gouvernamen !

éblouissait !... Tu étais pleine de foi, d'avenir, de jeunesse ; aussi tu devins la suzeraine des édiles de la cité !

Il est beau, pour un roi, d'être l'ami des pauvres, de fuir les batailles, et de chercher la paix, le bien de son pays, de l'aimer, de s'instruire à quel endroit le bât peut le blesser... Il est beau, disons-le, qu'un souvenir ravive toute une ville, tout un royaume, qu'un nom fasse battre tant de cœurs ! Ceci prouve du moins que les rois de ce monde, lorsqu'ils donnent le bonheur et l'abondance, vivent encore après leur mort !

Honneur à toi, René, qui dans ta noble vie as si bien connu les races du Midi ! ces races d'autrefois non encore éteintes, encore labourent nuit et jour! Lionnes superbes qui restent dans la cage, — où parfois elles rugissent de rage, s'y retournant avec fierté.... — Aujourd'hui elles saluent leur roi, et portent dans la fête, étincelant, sur leurs têtes le diadème de la liberté.

Donc, que toujours nous ayons présent au souvenir celui qui a tant guéri de maux et de tourments, celui qui a conquis les lauriers de l'Histoire dans son petit Etat ! Et vous autres puissants

E vàutri, majourau de nosto bello Franço,
    Se noun amas li remoustranço,
    Imitas sèmpre si benfa,
E vòsti noum, alor, canta pèr li felibre,
    Saran escri subre lou libre
    Ounte Diéu met ço qu'es bèn fa !

Oubliden lou travai, leissen esta l'araire,
Flouquen li tambourin de torco de blad rous !
Segaire, journadié, pastourèu, labouraire,
    Manden au cèu d'aire courous !
Courounen au-jour-d'uei di flour de la pradello
    Un rèi galant ama di bello,
    Un rèi ami di meissounié...
D'aut ! longo-mai, festen ʼnoste diéu de Prouvènço!
    E, de la mar à la Durènço,
    Ami ! canten lou rèi Reinié !

Baus-Maniero, 12 de Setèmbre 1864.

de notre belle France, si point n'aimez les reproches, imitez en tout ses bienfaits, et vos noms alors chantés par les poëtes, seront écrits sur le livre où Dieu met ce qui est bien !

Oublions le travail, laissons au repos la charrue, parons les tambourins de guirlandes d'épis de blé ! Faucheurs, journaliers, pâtres et laboureurs, faisons retentir l'air de nos chants joyeux ! Couronnons aujourd'hui, de fleurs de la prairie, un roi galant aimé des belles, un roi ami des moissonneurs..., Debout ! Fêtons toujours notre dieu de Provence, et de la Durance à la mer, amis ! chantons le roi René !

Baux-Manière, 12 septembre 1864.

LI BOUSCATIÉ.

Nouvé

A MIS ENFANT.

Sus li camin, tout es pèr orto ;
Dison qu'alin à Betelèn,
   Mie-morto,
  Uno pauro jacènt,
Pecaire ! tremolo, couchado...
  Soulo, su'n pau de fèn,
  Aniue s'es acouchado !

Droulas e chato dòu quartié,
  Revihas-vous, gai bouscatié !

Lèvo-te lèu, fai clar de luno :
Flour-di-Calanc, escouto-me,
   Ma bruno,
  Escouto, pèr ma fe !
D'abord qu'aniue se fai grand festo,
  Amigo, abiho-te,
Qu'anaren i genèsto...

Droulas e chato dòu quartié,
  Revihas-vous, gai bouscatié !

LES BUCHERONS.

Noël.

A MES ENFANTS.

Sur les chemins, tout est en route ; on dit que là-bas à Bethléem, demi morte, une pauvre mère, pauvrette ! tremble étendue..... Seule, sur un peu de foin, cette nuit elle a accouché.

Gars et filles du quartier, reveillez-vous, gais bûcherons !...

Lève-toi vite, il fait clair de lune : Fleur-des-Rochers, écoute-moi, ma brune, écoute par ma foi ! puisque cette nuit il se fait grand'fête, amie, habille-toi, nous irons aux taillis.

Gars et filles du quartier, reveillez-vous, gais bûcherons !...

A la Vau-longo, dins lis éuse (24),
Faren de bos un gros mouloun
    Pèr Jeuse.....
  Abas, dins lou valoun
Dóu Castelas, dins li clapiho
    Tounin e Madeloun
    Acampon de ramiho.

Droulas e chato dóu quartié,
Revihas-vous, gai bouscatié !

Pren moun fauci: au pèd di tourre
Esbarboulado, à Roumanin,
    I'a roure (30),
  Perussias (31) emai pin...
Davalo-me ma vèsto roundo ;
    Trouvaren eiçalin
Proun bos pèr la rebroundo.

Droulas e chato dóu quartié,
Revihas-vous, gai bouscatié !

Dins toun faudau mete de figo,
Iéu ai de pan... Aquesto niue,
    Ma migo,
  Escalaren li piue !...
— As resoun, bono-voio,
    Amount, à miejo-niue,
Faren lou fio de joio...

A la Vallongue, dans les yeuses, nous ferons un grand tas de bois pour l'Enfant-Jésus... Là-bas dans le vallon du château, dans les pierres, Tonin et Madelon amassent des bûchettes.

Gars et filles du quartier, réveillez-vous, gais bûcherons !

Prends ma hache : au pied des tours en ruines, à Romanil, il y a rouvres, poiriers et pins..... Descends-moi ma veste ronde ; nous trouverons là-bas suffisamment de bois pour l'émondage.

Gars et filles du quartier, réveillez-vous, gais bûcherons !

Dans ton tablier mets des figues ; moi, j'ai du pain. — Cette nuit, ma mie, nous gravirons les pics !... — Tu as raison, garnement : là-haut, à minuit, nous ferons le feu de joie !...

Droulas e chato dóu quartié,
Revihas-vous, gai bouscatié !.

Amigo, emé li pico-mouto,
Fièr, un pau las, lou cor countènt,
   Escouto :
Deman à Betelèn,
A Diéu farai ma regalido...
   — Pèr sa maire, dòu-tèms,
Faras l'aigo-boulido (32)...

Droulas e chato dóu quartié,
An ! levas-vous gai, bouscatié !

Vau dóu Bouchié, 3 d'outobre 1869.

Gars et filles du quartier, réveillez-vous, gais bûcherons !...

Amie, avec les paysans, fiers, un peu fatigués, le cœur joyeux, écoute : demain à Bethléem, pour Dieu j'allumerai du feu !..... — Pour sa mère, durant ce temps, tu feras la soupe à l'ail.

Gars et filles du quartier, réveillez-vous, gais bûcherons !

Val du Boucher. 3 Octobre 1869.

ANTAN.

Li castelan di Baus.

> Raço d'eigloun jamai vassalo
> F. Mistral.

Quand, las de guerreja, li castelan di Baus
  Cercavon lou repaus,
Autri-fes, — qu'entaula dintre si gràndi salo,
  Celebravon fin-qu'au matin
  La vièio glòri prouvençalo
  A l'entour de reiau festin;

Quand pièi, en mantelet, en raubo de laneto.
  Alin, à Roumanin,
Venié, l'estiéu, cassa, la gènto Estefaneto,
  Dins li bouscas de pin,
  Menant Oursino (33) dis Oursiero,
  Ermessindeto de Pousquiero,
  La gènto damo de Caroumb,
  De Bourrihoun dono Eisabello,
  Ugouno de Sabran, la bello,
Que folo devenguè, se dis, pèr un baroun.

Quand, coumoula d'ounour, alabre de caresso,
  Segnour e segnouresso

JADIS.

Les châtelains des Baux.

Race d'aiglons jamais vassale.
F. Mistral.

Quand, las de guerroyer, les châtelains des Baux cherchaient le repos, autrefois! — qu'attablés dans leurs grandes salles, ils célébraient toute la nuit la vieille gloire provençale autour de festins royaux ;

Quand, puis, en mantelet, en robe de laine légère, là-haut, à Romanil, venaient, l'été, chasser, la charmante Stéphanette, dans les forêts de pins, amenant Ursine des Ursières, Hermezinde de Posquières, la gente dame de Caromb, done Isabelle de Bourillon, Hugonne de Sabran la belle, qui devint. dit-on, folle, pour un baron ;

Quand, comblés d'honneurs, avides de caresses, suzerains et suzeraines fêtaient les poètes dans

Festavon li pouèto amount i castelas :
> Que li sóudard e li troubaire,
> Raço d'eigloun e d'acabaire,
> Cantavon libre e jamai las ;

E, quand li court d'amour, tribunau pouëtique,
Fasien crèisse e flouri
Lou Gai-Sabè, — que l'art, felen de l'art antique,
Vivènt, acoulouri,
Au reviéure durbié la voio,
Grâci à Beatris de Savoio,
Damo dóu noble cavalié
Ramoun quatren, l'ami, lou paire
De la Prouvènço e di troubaire,
Lou meiour, lou mai grand di comte Berenguié !

Alor, èro un plesi !... alor Berto (34) fielavo !...
La Prouvènço cantavo !...
Mai l'ur d'aqueste mounde, ai las ! a lèu fini !...
E, vuei, li tourre espetaclouso,
Desmantelado, escalabrouso,
Soun plus que rouino e souveni !

Plan de Castèu, 3 d'Outobre 1867.

leurs châteaux... que les soldats et les trouvères, races d'aiglons et de bohèmes, chantaient libres et jamais las ;

Et quand les cours d'amour, tribunaux poétiques, faisaient croître et fleurir le Gai-Savoir ; — que l'art, petit-fils de l'antique, vivant, coloré, frayait la voie à la Renaissance; grâce à Béatrix de Savoie, dame du noble cavalier Raymond quatrième, l'ami, le père de la Provence et des troubadours, le meilleur, le plus grand des comtes Bérenger !

Alors, c'était plaisir !... alors Berthe filait !... la Provence chantait !... Mais l'heur de ce monde, hélas ! a vite fini !... et aujourd'hui les donjons gigantesques, démantelés, perchés, ne sont plus que ruines et souvenirs.

Plan du Château, 3 *Octobre* 1867.

VENÈS.

I Catalan.

> La Provence vous réclame, la Provence vous attend.
> M. G. (*Gazette du Midi,* 26 juin 1868).

Escoutas, fraire, que vous parle :
Sias Catalan, nàutri sian d'Arle,
 Mai es egau ;
Brun pescadou, valènt remaire,
Vous saludan d'un cor amaire,
Car la Patrìo es nosto maire,
 E nous fai gau !

De Maiorco e de Catalougno,
Gaiard jouvènt à forto pougno,
 Au ten uscla,
Pintre, pouèto, musicaire,
Gènt dóu cisèu e de l'escaire,
Arribas-nous di quatre caire,
 Tóuti mescla !...

Dins la founsour, bluio e sereno,
Veirés de Nimes lis Areno...
 E tourna-mai,
Entre-dourmi dins lis espigo,
Tarascoun, soun castèu, si digo...
Ami, noste passat nous ligo !
 Parlen pas mai.

VENEZ

Aux Catalans.

La Provence vous réclame, la Provence vous attend.
M. G. (*Gazette du Midi*, 26 juin 1868).

Écoutez, frères, je vais vous dire : vous êtes Catalans, nous autres nous sommes d'Arles, mais c'est égal ; bruns pêcheurs, vaillants rameurs, nous vous saluons d'un cœur aimant, car la patrie est notre mère, et sa vue nous réjouit !

De Mayorque et de Catalogne, robustes gars à forte poigne, au teint halé, peintres, poètes, musiciens, gens du ciseau et de l'équerre, arrivez-nous des quatre points cardinaux, tous réunis !...

Dans la profondeur sereine et bleue, vous verrez de Nimes les arènes ; vous verrez aussi, sommeillant dans les blés, Tarascon, son château, ses digues... Amis, notre passé nous lie ! n'en disons pas davantage.

Lou fru madur, fau que se manje :
Venès, adusès-nous d'arange...
    Languissèn proun.
Vous coundurren au Capitòli,
Vous semoundren fèsto e regòli,
Aurés, à Sant-Roumié l'aiòli
    E li pebroun.

Baus-Meirano, 10 d'Avoust 1868.

Le fruit est mûr, il faut le manger ; venez !...
Apportez-nous des oranges !... nous languissons
de vous voir, nous vous conduirons au Capitole,
nous vous donnerons fêtes et banquets ; vous aurez
à Saint-Remy..... l'aioli et les piments.

Baux-Meirane, 10 Août 1868.

CATALOUGNO E PROUVÈNÇO.

BRINDE
*di au banquet de Sant-Roumié de Prouvènço,
13 de Setèmbre 1868.*

A A. DE QUINTANA.

> Plus de Pyrénées !
> Louis XIV.

Catalan, Prouvençau, an d'aut ! turten lou vèire :
    I Berenguié !... au rèi Don Pèire !...
       Ami, beven !...
Beven à l'aveni ! beven à nòsti rèire !
      E de la taulo se leven
    Qu'assegura de nous mai vèire !....

De noste grand passat garden lou souveni,
      Car sian li fiéu de l'aveni,
        Sian la jouvènço ;
Leissas, valènt Francés, e vous, fièrs Espagnòu,
      En pas canta li roussignòu
      De Catalougno e de Prouvènço !

Segur, sian Prouvençau, mai sian Francés, tambèn !
    Pèr un bon cop saches-lou bèn,

CATALOGNE ET PROVENCE.

TOAST
dit au banquet de Saint-Remy de Provence
13 septembre 1868.

A A. DE QUINTANA

> Plus de Pyrénées.
> Louis XIV.

Catalans, Provençaux, debout! trinquons le verre : aux Bérengers!... au roi don Pierre! amis buvons!... Buvons à l'avenir! buvons à nos aïeux, et ne nous levons de table que certains de nous revoir!...

De notre grand passé gardons la souvenance, car nous sommes les fils de l'avenir, nous sommes la jeunesse. Laissez vaillants Français, et vous, fiers Espagnols, en paix chanter les rossignols de Catalogne et de Provence !

Oui, nous sommes Provençaux, mais nous sommes Français aussi! Pour une bonne fois,

O maire Franço !
Tóuti d'un meme vanc, felibre Prouvençau,
Au mendre crid de maluranço,
Pèr t'apara faren qu'un saut.

Car pièi li faste grand de nosto vièio istòri,
Sus de taulo d'or e d'evòri,
Emé fierta,
An moustra de tout tèms d'inmourtàli sentènci
Que soun : patrio, liberta,
Amour, unioun, independènci !

Adounc, tóutis ensèn, fraire, turten lou vèire :
I Berenguié ! au rèi Don Pèire !
Ami, beven !
Beven à l'aveni, beven à nòsti rèire !
E de la taulo se leven
Qu'assegura de se mai vèire.

Baumo-Brignolo, 10 de Setèmbre 1868.

sache-le bien, ô France, notre mère ! tous d'un même élan, félibres provençaux, au moindre cri de détresse, pour te défendre, nous bondirons.

Car puis les fastes glorieux de notre vieille histoire, sur des tables d'ivoire et d'or, avec fierté, ont montré de tout temps des sentences immortelles, qui sont : patrie, liberté, amour, union, indépendance.

Donc, tous ensemble, frères, trinquons le verre : aux Bérengers ! au roi don Pierre ! amis, buvons ! buvons à l'avenir ! buvons à nos aïeux et ne nous levons de table que certains de nous revoir !

Baume-Brignolles, 10 septembre 1868.

L'ECO DIS AUPIHO.

A MI SOCI LIS OURFEOUNISTO SANT-ROUMIEREN

(Pèço dicho an banquet de Santo-Cecilo 1866.)

> Or, écoutez petits et grands,
> L'histoire...
> L. DE RILLÉ.

Ourfeounisto, acò's ansin !...
En aquest mounde tout pren fin,
Cant de jouvènt, amour de fiho...
Lou sabès, quand l'estiéu fini,
Moron li flour, l'aubre jauni,
E lèu s'estrèmon lis abiho.

Dóumaci, lou batèu es rout,
Mast, velo, cordo, post, escrou...
Tout a peri dins lou naufrage !
Marin e mòssi, pausen se ;
La charradisso adus la set ;
Parlen un pau de nòsti viage.

I'a bèn vuech an, se m'en souvèn,
— Erian jouine ! — qu'emé bon vènt
Nosto nau vierge e blanquinello
Se gandiguè'n bèu jour de Mai,
Pleno d'ami courous e gai,
Encò de Marsiho la bello.

*L'ECHO DES ALPILLES.

A MES COMPAGNONS LES ORPHÉONISTES SAINT-RÉMOIS

(*Pièce dite au banquet de la Sainte-Cécile* 1866.)

> Or, écoutez petits et grands,
> L'histoire...
> L. DE RILLÉ.

Orphéonistes, c'est ainsi !... En ce monde, tout prend fin, chants de jeune homme, amours de fille... Vous le savez, quand finit l'été, les fleurs meurent, l'arbre jaunit, et vite — *dans la ruche* — s'en ferment les abeilles.

D'ailleurs, le bateau est brisé ; mât, voiles, cordes, planches, écroux, tout a sombré dans le naufrage ! Marins et mousses, reposons-nous ; la causerie amène la soif : parlons un peu de nos voyages.

Il y a bien huit ans, s'il m'en souvient, — nous étions jeunes ! — qu'avec vent en poupe notre nef neuve et peinte en blanc, pointa le cap, un beau jour de mai, pleine d'amis aimables et guillerets, en vue de Marseille la belle.

(*) Nom de l'orphéon Saint-Rémois.

Li journau nous avien aprés
Que pèr lou cant i'avié de pres...
— Vesti de nòu e tóuti flame —
Ço que vesènt un bèu matin,
'Mé nòsti ganso de satin
Desbarquerian coume un eissame.

Santo dóu Paradis, que tiin !
N'i'aguè de cant... e de refrin...
E de bescomte... e de paraulo...
Bèu-caire siguè lou proumié ;
Riguèron proun de Sant-Roumié...
Vous n'ensouvèn? — Eici à taulo,

Malan de Sort ! bèn, es egau,
De ie pensa, iéu, me fai gau !
Quand lou fru plais, fau que se mange...
Es un plesi de n'en parla,
Rèn manquè pèr nous regala,
Pan, cambajoun, froumai, arange.

La niue venguè... Siguè lou lie
Quàuqui fueio de barbaié
Sus quatre post mau raboutado,
Un couissin plen d'entravadis ,
Uno vano de gros cadis...
Vous n'ensouvèn, bello taulado ?...

Les journaux nous avaient appris qu'il y avait concours d'orphéons... — Vêtus de neuf et tous flambants, — ce que voyant un beau matin, avec nos ganses de soie nous débarquâmes comme un essaim *de moustiques.*

Saintes du Paradis ! quel tapage !... Il y en eut, des couplets et des refrains et des mécomptes... et des paroles *échangées*... Beaucaire remporta le prix ; on rit beaucoup de Saint-Remy... Vous en souvient-il ?... Ici à table,

Malan de Sort ! bien, c'est égal, je me plais à y penser : quand le fruit agrée, il faut le manger .. C'est un plaisir que de causer — *du passé*. Rien ne manqua pour nous régaler, pain, jambon, fromage, oranges.

La nuit vint. — Fut notre lit : quelques feuilles de maïs, sur quatre planches mal jointes ; un oreiller plein* d'herbe aux gueux, une couverture de grosse laine... Vous en souvient-il, belle assemblée ?...

---

* Entravadis. — *Clématite des haies*, herbe aux gueux. — (*clematis vitalba*, — Lin.

O que boucan!... aquelo niue,
Degun pousquè barra lis iue.
Que chereverin ! queto danso !
D'ùni risien coume de fòu ;
D'autre, empega, coucha pèr sòu,
Se soulajavon... sènso ganso.

Tres jour après s'en revenian,
Afama coume de bóumian,
Urous e gai, qu'es pas de dire...
E vuei encaro en ie pensant,
Mai d'acò i'ague de bons an,
Me pode pa 'mpacha de rire.

Plus tard, Ourgoun nous recaupè.
— Erian alor sus un bon pèd. —
L'inne patriouti de *Franço*
Nous vauguè, bello, e touto en or,
Uno medaio... — Noum de sort !
Devès agué la remembranço

De la vitòri qu'en avoust
Gagnerian, vint o vinto-dous ?...
Ero à la voto de Cabano :
'Mé li Pernen fauguè canta,
— Siegue di, sènso nous vanta, —
Pamens ie faguerian li bano.

O quel vacarme !... cette nuit-là, nul ne pût fermer l'œil, quel charivari ! quelle danse ! les uns riaient comme des fous, les autres pochards, étendus à terre, se soulageaient... sans ganses.

Trois jours après, nous nous en retournions, affamés comme des bohémiens, heureux et gais, à ne pouvoir dire... Et aujourd'hui encore, en y pensant, bien qu'il y ait longtemps de cela, je ne puis m'empêcher de rire.

Plus tard, Orgon nous hébergea, nous marchions alors sur un bon pied. — L'hymne patriotique de *France* * nous valut, belle et toute en or, une médaille... — *Nom de sort !* vous devez avoir gardé la souvenance

De la victoire qu'en août nous remportâmes vingt ou vingt-deux ?... (C'était la fête votive de Cabannes), avec les Pernois il nous fallut concourir — soit dit sans nous vanter — cependant nous les battîmes.

---

* Chant d'Ambroise Thomas.

La barco anè d'avau, d'amount,
A Béu-caire, en Arle, à Cau-mount,
Pleno de pèis e de pescaire.....
Quand pièi venguè lou téms di fre,
S'entournerian mai à l'endré
Ount es lou nis !... — Galoi cantaire,

Acò's ansin ! aro es fini !...
Adiéu, fres e dous souveni
De Sant-Miquèu, di Baus, de Novo...
Acò's ansin!... N'es jamai laid
Tout ço qu'agrado e sèmpre plai,
Prepaus d'amour, e cansoun novo.

Adounc nosto bandiero, ami !
Aro dins l'oumbro vai dourmi,
Dins soun susàri de fustàni.
Tout es fini !... sian mort ! bèn mort !
Mai, beven tóuti, *Noum de Sort !*
A la santa dóu Capitàni.

Santo-Çecilo, 22 *de Nouvèmbre* 1866.

La barque alla d'aval, d'amont, à Beaucaire, à Arles, à Caumont, pleine de poissons et de pêcheurs... Quand puis vint l'hiver, nous retournâmes encore au village où est le nid, gais chanteurs.

C'est ainsi! maintenant, c'est fini!... Adieu, frais et doux souvenirs, de Saint-Michel des Baux, de Noves... c'est ainsi!... n'est jamais laid tout ce qui plaît et toujours agrée, propos d'amour et chanson nouvelle.

Donc, notre bannière, amis! maintenant dans l'ombre va dormir, dans son suaire de futaine. Tout est fini!... nous sommes morts! bien morts; mais, buvons tous, *nom de sort!* à la santé du capitaine.

Sainte-Cécile, 22 Novembre 1866.

LOU BLAVET.

A MADAMISELLO M. R.]

> Toujour, despièi me n'en souvèn.
> T. Aubanel.

Vous n'en souvèn, madamisello ?...
— Ie vai agué dès an bèn lèu, —
Li parpaioun dins li tousello
Festavon Diéu e lou soulèu.

Tout-bèu-just flourissien li sàuvi (35);
Lou riéu risié dins li creissoun;
I'avié de guèspo sus li fàuvi;
I'avié de nis dins li bouissoun.

Coumo uno coupo qu'èi trop pleno,
Moun cor desbourdavo. — Pamens :
Chatouno gènto, blanco e leno,
Me coumplasiéu dins mi tourmen.

A vous sounjave, o moun amigo,
Quand tout-d'un-cop, sus lou cèu blu,
A travès champ, dins lis espigo,
Cencho de rai e de belu,

Vous destousquère palinello
Amount, au pèd d'aquelo crous...
Oh! qu'erias noblo! oh! qu'erias bello,
Madamisello!... e iéu urous !...

LE BLUET.

A MADEMOISELLE M. R.

> Toujours, depuis il m'en souvient.
> T. Aubanel.

Vous en souvient-il, mademoiselle ?... — Il va y avoir dix ans bientôt : — les papillons dans les tuselles fêtaient Dieu et le soleil.

A peine fleurissaient les sauges. Le ruisseau riait dans les cressons. Il y avait des guêpes sur les sumacs ; il y avait des nids dans les buissons.

Comme une coupe qui est trop pleine, mon cœur débordait. — Cependant, fillette gente, blanche et douce, je me plaisais dans ma douleur.

A vous je songeais, ô mon amie !... quand tout-à-coup sur le ciel bleu, à travers champs, dans les blés, couronnée de rayons et de lueurs,

Je vous découvris pâle, là-haut, au pied de cette croix. Oh ! que vous étiez noble ! oh ! que vous étiez belle ! mademoiselle... et moi heureux !...

Triste e sounjaire, de mount ère
Sentiéu l'óudour di petelin.
Sus uno ribo iéu mountère,
Pèr mies vous vèire ! — lAin, alin,

Darrié la crous que se dreissavo,
Griso e daurado, entre li baus,
L'errour venié, lou jour beissavo,
Adusènt l'oumbro e lou repaus.

Quand vous sieguerias enanado,
Coupère dre souto li pin ;
E venguère d'uno alenado
Davans la crous dis Aubespin.

La niue venié, fasié fresquèiro,
Prenguère sus lou pedestau
Un blavet à la crous de pèiro;
E l'aduguère à moun oustau.

E desempièi, paure felibre,
Aquéu blavet, iéu l'ai rejun,
Entre dos pajo, dins un libre,
l'aura dès an au mes de jun.

Quand siéu triste, o ma bèn amado !
Duerbe lou libre... E lèu, lèu, lèu,
Vous revese dins la ramado,
Cencho de flour e de soulèu !...

Crous-di-Vertu, 6 *d'Abriéu* 1869.

Triste et rêveur, d'où j'étais, je sentais l'odeur des thérébinthes... Je montai sur un tertre pour mieux vous voir ! — Là-bas, là-bas,

Derrière la croix qui se dressait, grise et dorée entre les rocs, venait le crépuscule, le jour baissait, amenant l'ombre et le repos.

Lorsque vous fûtes partie, je coupai droit sous les pins ; et je vins tout d'une haleine, devant la croix des aubépines.

La nuit venait, il faisait frais ; je pris sur le piédestal un bluet à la croix de pierre et je l'apportai à mon logis.

Et depuis lors, pauvre poëte, ce bluet je l'ai conservé entre deux feuillets dans un livre, il y aura dix ans au mois de juin.

Quand je suis triste, ô ma bien-aimée ! j'ouvre le livre, — et vite, vite, vite, je vous revois parmi les arbres, couronnée d'une auréole de fleurs et de soleil !...

Croix-des-Vertus, 6 Avril 1869.

SOUNET

<small>Pèr mètre sus la fàci principalo de la crous dis Aubespin.</small>

O crux ave, spes unica.

Simbèu divin, crous pouderouso,
Ajudo-nous !... e longo-mai,
T'adurren de flour óudourouso,
Tóuti lis an au mes de Mai.

Lume di cimo benurouso,
Esclairo-nous !... e tourna-mai,
De ta puro flamo arderouso
Abraso-nous à tout jamai !

Crous de moun Diéu ! crous inmourtalo,
Que sèmpre drecho e sèmpre talo,
Amount auboures toun front siau

Qu'eternamen subre ta tèsto
Entre li nivo e lis uiau
Moron lou tron e la tempèsto !

Crous-di-Vertu, 14 *de jun* 1874

SONNET.

Pour être gravé sur la face principale de la croix des Aubépines.

O crux ave, spes unica

Symbole divin, croix puissante, aide-nous !... et sans fin, nous t'apporterons des fleurs odorantes, tous les ans au mois de mai.

Lumière des cimes bienheureuses, éclaire-nous !... et de rechef, de ta pure flamme ardente, embrase-nous à tout jamais !

Croix de mon Dieu ! croix immortelle ! que toujours droite et toujours ainsi, en haut tu lèves ton front serein !

Qu'éternellement sur ta tête, entre les nuages et les éclairs, meurent le tonnerre et la tempête !

Croix-des-Vertus, 14 juin 1874.

LI COUPAIRE DE BOUIS.

A MOUN AMI E. B***.

Enfant, amount vers Villassolo
Un soulèu rous dauro la colo ;
Lou téms èi siau, lou champ es moui.
Long di coustiero un vènt de plueio
Dis óulivié brando li fueio ;
Fau que s'empiele nosto sueio...
Enfant, anen coupa de bouis (38).

Pòu arriba qu'alin se lève
Lou vènt-terrau, o bèn que nève...
Enfant, se dis, trop parla noui ;
Davans lou mas fau d'apaiage :
Amount la colo es au pihage,
Se Diéu lou vòu faren dous viage...
Enfant, anen coupa de bouis.

Pourgès de fen a la Moureto (39),
Que pièi s'atale la carreto,
E que peteje dur lou fouit.
Vuei, nous fau faire dos tournado,
Pèr que dijòu faguen fournado ;
Aro soun courto li journado...
Enfant, anen coupa de bouis.

LES COUPEURS DE BUIS.

A MON AMI E. B***

Enfants, là-haut vers Villasole, un soleil roux dore la colline ; le temps est serein, le champ est mou. Le long des coteaux un vent de pluie — des oliviers agite les feuilles, il faut que s'empile notre fumier... Enfants, allons couper du buis !

Il peut se faire que là-bas se lève le vent du Nord, ou bien qu'il neige... Enfants, on dit : trop parler nuit ; devant le mas il faut de la litière ; là-haut la montagne est au pillage. Si Dieu le veut, nous ferons deux tournées. Enfants, allons couper du buis !

Donnez du foin à la mule-noire, qu'on attelle puis la charrette, et que claque fort le fouet : aujourd'hui il nous faut faire deux tournées, pour que jeudi nous ayons du pain tendre... Maintenant les journées sont courtes. Enfants, allons couper du buis !

Auren aniue la regalido,
Auren tambèn l'aigo-boulido :
Boutas, la sàuvi lèu se coui...
'Mé li bourras e li fauciho,
An ! d'aut ! anen, jouvènt e fiho,
Long di calanc, sus lis Aupiho,
Enfant, anen coupa de bouis.

Villassolo, 25 de Setèmbre 1869.

Nous aurons ce soir le feu de ramée, nous aurons aussi l'eau-bouillie : allez, la sauge se cuit vite... Avec les sacs et les faucilles, allons, debout ! allons, garçons et filles, le long des rochers, sur les Alpilles... Enfants, allons couper du buis !

Villasole, 25 Septembre 1869.

LI BOUSCAIRIS DE CACALAUS.

A MADAMO E. B***.

E plòu!... amount, au pèd di moure,
Li cacalauso dèvon courre ;
Sian pa dru, mai sian pas malaut !
Anen, alèrti roudarello,
Vòsti panié d'óulivarello
Anas lèu querre, e bouscarello,
Anen, chatouno, i cacalaus !...

Sus li ribo, dins li draiolo,
Sorton, banejon, van courriolo...
Tiras la porto ! ai pres la clau...
Aplato coume un bounet basco,
l'a dis aplano (40); l'a de masco (41)
Que, pèr ma fe, sèmblon de casco...
Anen, chatouno, i cacalaus !...

l'a de mourgueto (42) blanquinello,
De meissounenco (43) meigrinello.,.
Enfant, sènso sourti dóu claus,
Au mitan di souco, esmarrado,
Acamparen de chimarrado,
De loungarudo, de daurado...
Anen, chatouno, i cacalaus !...

LES CHERCHEUSES D'ESCARGOTS.

A MADAME E. B***.

Il pleut!... Là-haut au pied des mornes, les hélices doivent courir ; nous sommes pauvres, mais nous ne sommes point malades ! allons, rodeuses, alertes, vos paniers d'oliveuses allez vite quérir!... et chercheuses, allons, fillettes, aux escargots !...

Sur les tertres, dans les sentes, ils sortent, agitent leurs tentacules et vont coureurs... Tirez la porte ; j'ai la clef... Plates comme béret basque, il y a des *planorbes*. Il y a des *chagrinées* qui, par ma foi, ont la forme de casques. Allons, fillettes, aux escargots!...

Il y a des *nonains* blanchâtres ; des *moissonniennes* maigrelettes ; enfants, sans sortir de l'enclos, au milieu des vignes, perdues, nous ramasserons des bigarrées, des coniques, des jaunes... Allons, fillettes, aux escargots !...

Au mas, pèr faire bouli l'oulo,
Adurren pièi de ferigoulo ;
Emé d'espi (44) un grèu balaus :
E, dins l'ouliero se ia d'òli,
Après deman faren l'aiòli...
Acó sara noste regòli (45)...
Anen, chatouno, i cacalaus !...

Vau-dou-Du, 16 de jun 1875.

Au mas, pour faire bouillir la marmite, nous rapporterons puis, de thym et de lavande-spic, un lourd fagot ; et dans la burette s'il y a de l'huile, après demain, nous ferons *l'aioli*, ça sera notre régal. Allons, fillettes, aux escargots !...

Val-du-Duc, 16 *juin* 1875.

LOU FLAHUTÈU.

Sus l'èr dóu Biniou.

AU MUSICAIRE H. GIRARD.

> Viens à moi, toi qui consoles.
> Biniou, mon biniou, mon cher biniou.
> *Chant breton.*

En gardant, long dis Aupiho,
Pèr fugi lou negre ennoui,
Ai coupa dins li clapiho
Un jaune moussèu de bouis,
Pièi à l'oumbro d'uno roco,
Iéu ai fa d'aquelo broco
Traucado emé moun coutèu
Un rustique flahutèu.

E, despièi, dins la mountagno
Iéu m'envau jougant tout lou franc dóu jour ;
Se de fes l'ennoui me gagno,
Jogue tourna-mai, e jogue toujour !

Iéu, moun chin emé mi fedo,
Vau e colo, amount trevan ;
E, quand la caud nous assedo,
I sourgènt nous amonrran.

LE FLUTTEAU.

Sur l'air du Biniou [*]

AU MUSICIEN H. GIRARD.

> Viens à moi, toi qui consoles.
> Biniou, mon Biniou, mon cher Biniou.
> *Chant breton..*

En gardant *mes brebis* le long des Alpilles, pour fuir le sombre ennui, j'ai coupé dans les pierres un jaune morceau de buis ; puis, à l'ombre d'une roche, moi j'ai fait de cette branche, trouée avec mon couteau, un rustique flutteau.

Et depuis, dans la montagne, je m'en vais jouant toute la journée ; si parfois l'ennui me prend, je joue derechef, et je joue toujours !

Moi, mon chien et mes brebis, vallons et collines, là-haut nous parcourons ; et quand la chaleur nous altère, aux sources alors nous buvons. Si d'aventure, je trouve ma belle assise à l'ombre

---

[*] Biniou, *mot breton qui signifie* hautbois.

Se d'asard trove ma bello
Assetado à l'oumbrinello
D'un perussias garrigaud ;
Lèu l'embrasse... e fouligaud.

Tóuti dous, dins la mountagno
S'enanan rouda, tout lou franc dóu jour.
Enterin, la niue nous gagno,
Mai sèmpre roudan, e roudan toujour.

Dóumaci, vèngue l'autouno,
A soun paire iéu dirai :
Baias-me vosto chatouno,
Femo urouso la rendrai,
E se vòu faren la noço. .
Mai lou jour avau s'amosso...
Hòu ! labri ! anen-se lèu !
Car, s'estrèmo lou soulèu !

L'oumbro brunis la mountagno,
Vendren mai deman au plan de miejour...
Se fai tard, la niue nous gagno,
E vau mai garda li fedo, lou jour.

Gau-de-Mas, 2 d'Avoust 1873.

douce d'un poirier sauvage et solitaire, vite je l'embrasse... et joyeux.

Tous les deux, dans la montagne, nous allons roder toute la journée. Cependant, la nuit arrive ; mais toujours nous rôdons, nous rôdons toujours,

Aussi bien. vienne l'automne, à son père je dirai : Donnez-moi votre fillette, femme heureuse la rendrai. Et s'il veut. nous ferons la noce... mais le jour, là-bas, s'éteint... Hé ! Labri ! allons-nous en vite, car se couche le soleil !...

L'ombre brunit la montagne, nous reviendrons demain au coup de midi : il se fait tard, la nuit arrive, et mieux vaut garder les brebis le jour.

Gau-de-Mas, 2 *Août* 1873.

LA GUERRO DE 1870.

I.
LA PARTÈNÇO.

A M. CIP. GAUTIER.

> La France appelle ses enfants.
> *Chant des Girondins.*

Valènts enfant de la Prouvènço,
Qu'avès garda la souvenènço
De vòsti paire d'Iena,
De bèn mouri vès-aqui l'ouro,
La Prùssi tourna-mai s'aubouro,
Nous demandon : — ie fau ana !

Lou lausié sèmpre porto ramo...
Avès grandi trasènt vosto amo
Vers lou passat, vers lou verai ;
A mai que d'un fasès envejo,
E la Nacioun que vuei s'eigrejo
A vòsti front a mes de rai.

D'aut ! embrassas sorre e mestresso...
Pantai d'amour. dóuci caresso,
Fugissès tout !... Se Diéu lou vòu,
Revendrés mai turta lou vèire ;
Se perfés venias plus nous vèire,
La Prouvènço pourtara dòu !

LA GUERRE DE 1870.

I.
LE DÉPART.

A M. CYP. GAUTIER.

> La France appelle ses enfants.
> *Chant des Girondins.*

Vaillants enfants de la Provence, qui avez gardé le souvenir de vos pères d'Iéna, de bien mourir voici l'heure, la Prusse de nouveau se lève, on nous demande : il faut y aller !

Le laurier toujours porte ses rameaux verts... Vous avez grandi jetant votre âme vers le passé, vers le vrai; à plus d'un vous faites envie, et la nation qui aujourd'hui se secoue — à votre front a mis une auréole.

Debout ! embrassez sœurs et maîtresses... Rêves d'amour, douces étreintes, fuyez tout !... Si Dieu le veut, vous reviendrez encore trinquer le verre; si parfois vous ne venez plus nous voir, la Provence portera deuil !

Dóu Mount-Ventour fin-qu'is Aupiho,
Pastre, leissas vòsti clapiho,
La Franço crido sis enfant !...
Pescadou de Cassis à Vènço,
Di ribo de la mar inmènso
Arribas lèu ! la mort a fam !

Eilamount, lou Prussian vanego,
Eilavau tourna-mai navego...
Sagatas-lou, malan de Diéu !...
Prouvençau de la grando raço,
Pèr coussaia la tartarasso,
Arrapas tóuti lou fusiéu !...

Lou tèms es bèu, lou bouié canto :
Defensour de la causo santo,
Vous seguiren dóu founs dóu cor...
Avans toujour ! mort à la Prùssi !...
Que vòsti bataioun destrùssi
Porton pertout la negro mort.

Adessias dounc, fiéu de Prouvènço !
Ardènt e gai, plen de jouvènço,
Caminas sèmpre emé fierta.
Siau e gaiard, Diéu vous manténgue,
Pèr que dins nosto Franço avèngue
La pas emai la liberta.

Fountaniho, 25 de Juliet 1870.

Du Mont-Ventour jusqu'aux Alpilles, pâtres, laissez vos rochers. La France appelle ses enfants ! Pêcheurs, de Cassis à Vence, des plages de l'immense mer, venez vite ! la mort a faim !

La-haut, le Prussien se démène ; là-bas, derechef, il navigue... Tuez-le, malan de Dieu !.. Provençaux de la grande race, pour chasser l'oiseau de proie, prenez tous le fusil !...

Le temps est beau, le laboureur chante ; défenseurs de la cause sainte, nous vous suivrons du fond du cœur. Avant toujours ! mort à la Prusse !,.. que vos bataillons destructeurs portent partout la noire mort.

Adieu donc, fils de Provence ! ardents et gais, pleins de jeunesse, cheminez toujours avec fierté. Sereins et robustes, Dieu vous maintienne, pour que dans notre France advienne la paix et la liberté.

Fontanille, 25 *Juillet* 1867.

II.

LOU CHAPLE.

A LA MEMORI DOU CAPITANI J. CORNIHOUN.
(Mort à Graveloto.)

> Qu'ils meurent,
> Mais, grâce, jamais !
> E. Scribe.

Venjanço ! Prouvençau, courren à la bataio,
  Zòu ! enchaplas li daio !...
Amoulas li fauciéu, apounchas li coutèu !
Adusès li fourcat e desmanchas li reio !
  Soudard de la patrio
  Au secours ! Venès lèu !

Venjanço !... li Prussian arouinon la campagno...
  Bouscatié di mountagno
Ounte soun li destrau ?... Libre, lou cor en dòu,
Mouren fin qu'au darrié, pèr sauva nosto maire ;
  Meissounié ! labouraire !
  Ardit !... n'aguen pas pòu !

Venjanço !... Isso, Prussian, nivo de sautarello !
  Esfraiouso sequello !...
I'a proun tèms, o gusas, que bevès noste vin,
Que brulas nosti mas, que vioulas nosti femo !
  A rèire li lagremo !...
Fraire, se n'en mor un, que se n'auboure vint !

II.

LA MÊLÉE

A LA MÉMOIRE DU CAPITAINE J. CORNILLON.
(Mort à Gravelotte)

> Qu'ils meurent,
> Mais grâce, jamais !
> E. Scribe.

Vengeance ! Provençaux, courons à la bataille ! Sus, affilez les faulx !... aiguisez les serpes, appointez les couteaux ! apportez les fourches et demanchez les socs ! Soldats de la patrie, au secours ! venez vite !

Vengeance !... les Prussiens dévastent nos champs... Bûcherons des montagnes, où sont les haches ?... Libres, le cœur en deuil, mourons jusqu'au dernier pour sauver notre mère .. Moissonneurs, laboureurs, hardi !... n'ayons pas peur !...

Vengeance !... Hue, Prussiens, nuage de sauterelles ! effroyable bande !... Il y a assez de temps, ô gueux, que vous buvez notre vin, que vous brûlez nos maisons, que vous violez nos femmes ! Arrière les larmes !... Frères, si un de nous meurt, que vingt autres se lèvent !

Venjanço, defensour de la causo publico !
Fiéu de la Republico,
Païsan, mestierau, valènt e pietadous,
Tóuti Francés de bono meno,
Qu'avès encaro dins li veno
Lou vièi sang de nounanto-dous !...

I Cadeniero, 22 de Nouvèmbre 1870.

(45) LA DESFACHO.

A MADAMO E. J***.

> Voici l'hiver, bonnes âmes, donnez.
> E. PLOUVIER.

Fai fre ! Sus la terro alemando,
Ounte la desfacho nous mando,
Malurous, estaca au trihau,
Las de nous vèire dins la gàbi,
Afrejouli, plouran de rabi,
Regretan lou nis patriau.

Veici Nouvè (46) : la taulo èi messo
Davans lou fio... La santo messo

Vengeance, défenseurs de la chose publique !
Fils de la République, paysans, ouvriers, valeureux
et bons ! vous tous Français de forte race, qui avez
encore dans les veines le vieux sang de quatre-
vingt-douze !

Aux Cadenières, 22 Novembre 1870.

LA DÉFAITE

A MADAME E. J***.

> Voici l'hiver, bonnes âmes donnez.
> E. PIOUVIER

Il fait froid !... Sur la terre allemande, où la
défaite nous envoie, malheureux, attachés à la corde,
fatigués de nous voir dans la cage, tremblants de
froid, nous pleurons de rage, regrettant le toit
paternel.

Voici Noël : la table est mise devant l'âtre...
La sainte messe de minuit vient de sonner. Demain,

De miejo-niue —vèn de souna ;
Deman, dins lou maset de tàpi,
I'aura de cacalaus e d'àpi...
En l'ounour dóu Bon-Diéu qu'es na !

Prouvènço, fèsto de Calèndo,
Eici, soulet, souto la tèndo,
'Mé de lagremo dins lis iue,
Vous revesèn ! — O charradisso
Amourousido, e cantadisso !
Pensan à vous, lou jour, la niue.

I souvenènço largant velo,
Vesèn lou rous nougat d'amelo,
Lou vin kiue, linde e perfuma,
Li figo, la cardo, l'aiòli,
Li moufléti fougasso à l'òli...
Ai las !... e poudèn pas fuma !...

Gens de taba ! l'esclavitudo !
La fam ! li sóurni plagnitudo !...
O moun mas, o moun paure endré,
O ma maire, mi gènto sorre...
Liuen dóu nis faudra dounc que more
De languisoun ! . beléu de fre !...

Fraire, vaqui lou crid suprème
E li maucor e li long gème ;

dans la maisonnette de terre, il y aura des escargots et du céleri... en l'honneur du Bon-Dieu qui est né !

Provence, fêtes de Noël, ici, seuls, sous la tente, avec des larmes plein les yeux, nous vous revoyons ! — O causeries faites de propos d'amour et de chants joyeux, nous pensons à vous le jour, la nuit.

Aux souvenances larguant voile, nous voyons le roux nougat d'amandes, le vin cuit, limpide et parfumé, les figues, la carde, l'aioli, les épais gâteaux à l'huile... Hélas !... et nous ne pouvons pas même fumer !...

Point de tabac ! l'esclavage ! la faim ! les plaintes étouffées !... O ma maison, o mon pauvre village ! O ma mère, mes gentes sœurs !... Loin du nid il faudra donc que je meure de nostalgie !... peut-être de froid !...

Frères, voilà le cri suprême, et les souffrances, et les longs gémissements des martyrs du saint dra-

Di martire dóu sant drapéu.
Vàutri, qu'avès d'argènt de rèsto,
Dounas-n'en, pèr croumpa de vèsto,
De braio novo e de capéu.

Li vièsti prim, soun plus de miso,
Fau de debas, fau de camiso...
Pèr vòstis ome e vòsti fiéu.
Noublesso, bourgesié, pauriho,
Au noum de la maire patrìo,
Ajudas-nous!.. Au noum de Diéu!..

A la Cabano, 15 de Desèmbre 1870.

peau. Vous autres, qui avez de l'argent de trop, donnez-en pour acheter des vestes, des pantalons et des chapeaux.

Les vêtements légers ne sont plus de saison ; il faut des bas, il faut des chemises... pour vos maris et pour vos fils. Noblesse, bourgeoisie, peuple, au nom de la mère-patrie, aidez-nous !... Au nom de Dieu !...

A la Cabane, 15 *Décembre* 1870.

L'ESCARAVA NEGRE.

A MI SORRE.

I.

Escarava (47) que voulastrejes
A moun entour, e foulastrejes
    En dòu,
Tóuti li fes que iéu te vese
Subre mi roso o sus mi pese,
    Ai pòu !

Quand de tis alo negrinello
Frustes ma caro palinello,
    Adounc
Tremole fin-qu'au founs de l'amo
E lèu demande à Nosto-Damo :
    Perdoun.

Abouminable treblo-fèsto,
Te cregne, iéu. coume la pèsto...
    La niue
D'un velet sourne cuerb lis éuse,
E, fai ploura, toun dòu de véuse,
    Mis iue.

LE SCARABÉE NOIR.

A MES SŒURS.

I.

Scarabée qui voltiges autour de moi, et folâtres en deuil, toutes les fois que je te rencontre sur mes roses ou sur mes pois *de senteur*, j'ai peur !

Quand, de tes ailes noirâtres, tu frôles mes joues amaigries, alors : je tremble jusqu'au fond de l'âme, et, vite, je demande à Notre-Dame pardon.

Abominable trouble-fête, je te crains, moi, comme la peste... La nuit, d'un voile sombre, couvre les yeuses, et, fait pleurer, ton deuil de veuf, mes yeux.

II.

—N'agues pas pòu : alègre ! alègre !
Siéu de la mort lou courrié negre...
   Segur,
Assolo-te... Dóu cementèri,
Counèisse soul li grand mistèri
   Escur.

A toun entour se voulastreje
E sus ti roso foulastreje,
   Ai las !
Es que vène d'un autre mounde
Ounte li tiéu an en abounde
   Soulas.

Assolo-te : ta gènto fiho,
Toun paire, touto ta famiho
   De Diéu,
Ensèn, ravi, canton la glòri
Amount dins lou reiaume flòri...
   Adiéu !...

Plan d'Ourgoun, 24 d'Outobre 1875.

II.

— N'aie pas peur... Allégresse! allégresse! je suis de la mort le courrier noir. Sûr, console-toi... Du cimetière je connais seul les grands mystères obscurs.

Autour de toi si je voltige, et sur tes roses si je folâtre, hélas! c'est que je viens d'un autre monde où les tiens ont en abondance bonheur.

Console-toi!... ta gente enfant, ton père, toute ta famille, de Dieu ensemble, ravis, chantent la gloire, là-haut dans le royaume florissant... Adieu!...

Plan d'Orgon, 24 Octobre 1875.

NOTES
ET COMMENTAIRES

NOTES

ET COMMENTAIRES

~~~~~~

1. *L'Architèite Girard*. — L'architèite Jóusè Girard, nascu à Sant-Roumié lou 10 de Nouvèmbre 1803, es mort dins la memo vilo lou 18 de janvié 1875.

Enfant d'un menusié, e menusié èu-meme en estènt jouine, Girard s'aubourè soulet au grand art de la pèiro, e sis obro remarcablo blanquejon de pertout à l'entour dis Aupiho.

(*Armana prouvençau de* 1875,
 Mortuorum, G. D. M).

2. *Aupiho,* Alpilles. — On nomme ainsi la chaîne de montagnes qui s'élève au milieu de l'arrondissement d'Arles ; elle passe à Aureille, Roquemartine, Saint-Remy, etc...

« Nous ne nous expliquons pas pourquoi l'administration persiste à désigner la dite chaîne sous le nom d'Alpines.

» Pourquoi les Alpines ? puisque le principe est, que
» les noms propres géographiques doivent être pris dans
» le pays, et tiré des lèvres même de ses habitants. On
» n'appelle, en effet, cette chaîne-là que *Aupiho* dans
» toute la contrée.

» C'est ce que démontrent du reste surabondamment
» les désignations diverses de *Castrum de Alpilla*
» (xii⁰ siècle). *Aupio* (carte de Cassini), et *Opies*, que
» l'on rencontre dans les actes, sur les cartes et les
» cadastres d'avant la Révolution. »

(L'Arlésie 1872. — V. Lieutaud).

Les montagnes de Saint-Remy s'étendent de l'Est à l'Ouest, sur le versant septentrional de la chaîne des Alpilles.

Elles peuvent se diviser en trois massifs principaux : le massif oriental qui, partant des terres de Romanin, aboutit à la route de Maussane; le massif central, qui est situé entre cette dernière et la route des Baux, et enfin, le massif occidental, qui limite la route des Baux et les terrains et bois de Tarascon.

Le relief de ces montagnes est âpre, surtout dans le massif oriental qui, lors du soulèvement, a été profondément bouleversé, et où se trouve un plateau qui est un des points culminants de toute la chaîne. Ce plateau situé au Sud-Est de Saint-Rémy, et qui porte le nom de *Caumo* (*Culmen, sommet*), est à une altitude de 386 mètres; il fait partie de la ligne de partage des eaux, et est le point de départ de crêtes secondaires rayonnant dans presque toutes les directions.

Les vallons nombreux, profonds, à pente souvent fortes, ont généralement leur débouché vers le Nord, sauf ceux qui naissant en arrière de la *Caumo*, finissent par se diriger vers le Sud.

Le sol est essentiellement calcaire, reposant sur une roche plus ou moins agrégée (molasse), et crétacée, qui fournit de la pierre de taille, du moëllon et des cailloux propres à l'empierrement des routes. Les sources sont rares et tarissent presque complétement en été.

La flore naturelle, très riche en plantes aromatiques offre peu d'espèces forestières ; le chêne-vert ou yeuse, qui seul a de la valeur, y est très-rare, et ne se présente guère qu'à l'état de buisson abrouti. Par contre, le chêne-kermès y couvre de grandes étendues avec les buis, romarins, genévriers de Phénicie, thyms et cistes, le cotonneux surtout (*Massugo, roso de mountagno*). De plus, l'on rencontre çà et là quelques arbustes, tels que le chèvrefeuille sauvage, la coronille arbrisseau, le térébinthe, le lentisque, l'orme à petites feuilles, le poirier et le prunier épineux, l'amélanchier commun, le genêt des teinturiers, le genévrier cade et un grand nombre de plantes odorantes ou médécinales : les lavandes, les mauves, la molène bouillon blanc, l'aigremoine, la cynoglosse, la ciguë, la morelle, la germandrée petit-chêne, la rue, l'asphodèle, etc., etc...

On trouvera d'ailleurs au courant de ces notes les divers noms scientifiques et provençaux de la plus grande partie des plantes ou arbustes précités.

En 1780, le 27 mai, le Parlement « tenant la Chambre des Eaux et forêts » édita un arrêt au sujet de la conservation des bois en Provence, lequel prescrivait aux Consuls des visites annuelles dont il serait dressé procès-verbal. Il reste aux archives de Saint-Rémy huit de ces procès-verbaux de 1781 à 1782 ; ils décrivent les reconnaissances faites par les Consuls de la ville, qu'accompagnait le secrétaire-greffier et que précédait le garde de la montagne. On y trouve relatés les noms des principaux vallons visités, noms qui se sont à peu près conservés. Ce sont, en partant des propriétés de Romanin pour aboutir aux limites de Tarascon, *Mascaron, Sautrare*, *Enequet*, *Lou Pas de la Leco*, *Vau-d'Areno*, *grand Vau-Croso, Vau dóu Larroun, dóu Bouché, de la Cardiroto*, *Vau-Rugo*, *de Gros*, *de Sant-Clergue*, *de Nosto-Damo de la Vau* (chemin de Maussane), *di Menu, de Roco-rousso, de la Baumo, de la Verdiero, dóu Banastoun, de Val-Amplo, di Founteto, de Baus-Mouirano, de Bòvi, di Veran, de la Pistolo...*

Les insectes coléoptères que l'on trouve le plus communément dans les Alpilles sont : la chrysomèle du romarin, que les Provençaux appellent *Catarineto daurado*, le *dorcadion lineola*, la *Lamia lugubrosis* (longicornes), le charançon du pin, ceux du chêne blanc (*Cavaroun, mourre-de-porc*), le Bupreste ténébreux (*sauto-roubin*), la cicindelle champêtre ou mouche métallique, qui se tient dans les endroits sablonneux et secs, le superbe hanneton tigré (*melolontha fullo*), que l'on trouve en juillet sur les pins, les Cétoines (*manjoroso*) qui se tiennent sur les cistes, le carabe violet, le sycophante aux magnifiques reflets d'or et de feu, le Procuste coriacé, les Oryctes (*silenus* et *nasicornis*) ; ce dernier, appelé vulgairement rhinocéros, qui, avec la lucane cerf-volant, est le plus gros des coléoptères du Midi de la France, la (*timarcha carriaria*), celle (*tenebricosa*) que l'on trouve dans les pierres, et dans les thyms, le criocère de l'asperge sauvage, etc, etc...

3. *Mourven*, genévrier de Phénicie (*Juniperus phœnicea*, Linnée). — Ce végétal, ainsi que ceux qui seront désignés ci-après, sont très-communs dans les Alpilles.

4. *Ferigoulo*, thym (*Thymus vulgaris*, Lin.)

3. *Bruscas, Brusc*, bruyère à balais (*Erica scoparia*, Lin.)

6. *Boutargo*, boutargue. — Œufs de poissons salés et confits dans le vinaigre ; il s'en fait un commerce considérable dans quelques villes maritimes de Provence.

7. *Targo*, targe. — Joute nautique qui se fait dans le midi, à Berre, Marseille, Toulon, etc. avec un grand cérémonial.

8. *La rèino Jano*. - Jeanne Ire, reine de Naples et de Provence, accusée d'avoir fait étrangler André de Hongrie, son premier mari, vint plaider sa cause devant Clément VI, à Avignon. Elle fut absoute. Peu après, le 9 juin 1348, elle vendit au Pape la ville et la seigneurie d'Avignon, pour la somme de 80,000 florins d'or (672,000 fr.). Cette reine infortunée finit tragiquement sa vie, l'ingrat et méchant Charles de Duras, son héritier et son cousin, l'ayant fait étouffer en 1382. Jeanne s'était mariée quatre fois. Après l'assassinat d'André, son premier mari, elle épousa successivement le prince de Tarente, puis Jacques III, roi de Majorque, et enfin, Othon de Brunswich ; mais elle n'eut jamais d'enfants.

La douceur du gouvernement de Jeanne. et plus encore ses malheurs, ont perpétué son souvenir en Provence où l'on voit un peu partout de ses résidences

(Abbé DE TAMISIER).

8 (*bis*). *Estefaneto de Gantèume*. — Fanette de Ganthelme présidait la cour d'amour de Romanin, en

1340 ; cette cour fut fondée par Ganthelme de Romanin qui lui donna son nom, en l'an de grâce 1270 ; elle devint souveraine dans les paris d'amour sous Béatrix, femme de Charles d'Anjou qui protégeait la poésie.

Elle exista jusqu'en 1382.

9. *Arnaud Daniel*, *Cardinau Pèire*, troubadours célèbres. — Arnaud Daniel fut l'un de ceux qui accompagnèrent Raymond Bérenger, allant visiter à Turin l'empereur Frédéric.

Pierre Cardinal. « Les habitants de Tarascon le » retinrent et lui assurèrent des émoluments honorables » pour instruire la jeunesse aux bonnes mœurs et aux » belles-lettres. »

(A. FABRE, *Histoire de Provence*, tome 2.)

10. *Aubert* (*François*), poëte provençal, né à Marseille en 1782, mort à Saint-Remy, le 17 avril 1870.

Auteur de fables charmantes : *Mineto e Ratoun, li Très pèço de vint franc*, etc., collaborateur des journaux *lou Bouiabaisso* et *lou Gay-Saber*, publiés, le premier, à Marseille par Désanat, le second à Aix par J.-B. Gaut,

(Voir la *Gazette du Midi*, numéro du dimanche 24 avril 1870).

11. *Bê-de-Passeroun*, globulaire, *Globularia alypum* (de Candolle), arbrisseau qui croît spontanément dans nos provinces méridionales, en Languedoc, en Provence, dans les lieux arides et pierreux, sur les collines exposées au soleil le plus fort. Il se trouve aussi en Espagne, en Portugal, en Italie, et probablement dans les diverses

régions chaudes du bassin de la Méditerannée. Fleurs bleuâtres

(*Diction. des sciences médicales.*)

Les Provençaux l'appellent *bé-de-passeroun* et emploient ses feuilles comme fébrifuge.

12. *Sant-Clergue*, Saint-Clerc, nom d'un vallon tout boisé de pins, qui se trouve à gauche de la route de Saint-Remy, à Maussane, un peu plus haut que les monuments romains.

C'est dans cet endroit ravissant qu'a été écrite et composée la partition si originale de l'opéra de *Mireille*. Le maestro Gounod aimait tout particulièrement à y travailler ; on y voit les restes d'une ancienne chapelle.

13. *L'Esmeraudo*, l'Eméraude, la Cétoine (*cetonia metallica*). Scarabée d'un beau vert que l'on trouve en mai sur les lilas, les roses et surtout sur les sureaux ; on le nomme aussi *manjo-roso*.

14. *Pié-redoun*, Pierredon, Château situé dans les Alpilles, appartenant à la famille des *Carmejane-Pierredon*, bien connue dans nos pays.

15. *Sauro*, *saureto*, Immortelle. (*Elycrysum stœchas*, Lin.)

16. *Roumanin*, Romanin, Romanil. — Sur le revers septentrional des *Alpilles*, à une heure environ de Saint-Remy, se dressent comme un nid d'aigles, là-haut sur les rochers, les ruines délaissées de l'ancien château de Ganthelme de Romanin. Château, autrefois célèbre

par sa cour d'amour, qui était en quelque sorte le pèlerinage obligé des jouglars et des troubadours du XIIIe siècle passant dans nos contrées.

De cette construction jadis fort belle, il ne reste plus rien aujourd'hui. Jugez vous-même, ami lecteur.

Après avoir suivi, entre des yeuses rabougris, mal venus et clair-semés, le chemin qui arrive au pied de la montagne, vous prenez un sentier abrupt, escarpé, pierreux, bordé d'asperges sauvages, de touffes de chèvrefeuilles, de ronces, de thyms, de serpolets, de lavandes-spic, de buis-nains, d'ajoncs épineux, etc... qui vous conduit à travers des tertres stériles et rougeâtres là-haut devant les ruines.

Des murailles démolies, un reste de donjon, assez bien conservé, et percé d'étroites fenêtres, c'est à peu près tout ce qui reste de l'extérieur.

Entrons :

Une large brèche faite dans le mur laisse pénétrer le touriste dans la première salle : là souffle et gémit le vent du Nord, visiteur assidu des tours élevées.

Une autre salle voûtée, un four en briques à peu près démoli, une citerne en assez bon état de conservation, quatre ou cinq marches d'escalier en pierre dure....

Voilà tout ce qui reste actuellement de cet ancien rendez-vons des troubadours.

Pêle-mêle, des akis, des cloportes, des limaces, courent et rodent dans les tas de pierres au milieu des plantes verdâtres de pariétaire et de mousses humides.

Le soleil a bruni les moëllons qui restent et qui sont revêtus pour la plupart d'un manteau de lierre à grappes de fruits violacés.

Dans le fond, une haute montagne ravinée, des vallons étroits, couverts de débris de rochers et bordés de sombres précipices, donnent l'épouvante et ferment l'horizon.

Là, on n'entend rien, si ce n'est les jours de pluie, l'eau qui descend le long des mornes taillés à pic, et se brise sur les rochers grisâtres, épars çà et là, et détachés.

En temps ordinaire, le bruissement de la brise, et la hache du bûcheron, qui émonde ou coupe les rouvres et les chênes-verts.

De loin, en loin, les clochettes d'un troupeau de moutons ou de chèvres ; un chien qui aboie, un coup de fusil éloigné..... troublent un peu le silence de ce lieu désert.

Quand le ciel est bleu, en été, lièvres et lapins font leurs folâtres excursions au milieu des bois, et courent, librement, en plein soleil dans les touffes de lavandes.

Les palombes nichent en juin sur les yeuses, et dans l'hiver les chats-huants couchent là-haut dans les crevasses des vieilles tours démantelées, d'où sortent à la chûte du jour des nuées de chauves-souris.

La nuit, on n'entend rien que les soupirs du vent qui courbe en passant la cime des grands arbres.

Qui sait si ce n'est point l'âme de la gente Estéfanette qui vient revoir au clair de lune les ruines de Romanin ?

17. *Capello de Sant-Pèire*, chapelle de Saint-Pierre. — Romanin, avant la Révolution, était un fief séparé de Saint-Remy. Il est maintenant réuni à cette commune. Le château est en ruines ; il y a une chapelle dédiée à Saint-Pierre, une auberge, et quelques fermes (*Statistique des Bouches-du-Rhône*, Cte DE VILLENEUVE.)

Cette petite chapelle se trouve tout à fait sur le bord de l'ancienne voie Aurélienne (*via Aurelia*), qui, longeant latéralement la maison de santé de Saint-Paul vient passer ensuite à Romanin pour aller aboutir à Aureille, village qui tire son nom de la même origine.

On voit encore devant la construction, qui d'ailleurs n'offre rien de remarquable, quelques chênes-kermès qui sont un restant du *Bois de Guerre* allant autrefois de Romanin à Saint-Gabriel.

La chapelle se trouve à mille mètres environ en aval des ruines du château de Romanin jadis célèbre par sa cour d'amour ; les faces latérales sont flanquées de quatre contreforts ; la face principale fait face au couchant ; elle est surmontée d'un campanile assez bien conservé. La principale porte d'entrée qui donnait accès à l'intérieur de la chapelle est à plein cintre ; elle a été murée et on n'en distingue plus aujourd'hui qu'une partie. Elle est surmontée d'un œil-de-bœuf.

La face latérale du midi a aussi une petite porte d'entrée couronnée par une petite niche destinée apparemment à recevoir une statuette ; la clef de la porte, faite dans ce cas pour servir de socle, porte, gravé en creux, le millésime de 1635. Cette date est bien postérieure à l'existence de la cour d'amour que présidait Fanette de Ganthelme, en 1340 et qui s'éteignit en 1382.

A notre avis, ce millésime ne serait autre que la date de construction de la dite porte d'entrée qui paraît avoir été percée après coup.

La chapelle devait très certainement posséder autour d'elle une certaine quantité de terrain délimitée par un bornage, car il a été découvert à une cinquantaine de mètres environ une borne intacte : elle porte gravée dans la pierre une croix parfaitement conservée, surmontée du chiffre 161 et se trouve dans l'une des vignes du *Mas-Neuf* de Romanin. Chiffres et croix sont de l'époque.

Quant à la dénomination de *Piergue* donnée à la chapelle par tous les habitants des terres de Romanin, nous pensons qu'elle n'est autre chose qu'une corruption du mot *Pèireguié*, qui, en provençal, veut dire : terrain sec et pierreux, endroit où il y a beaucoup de pierres.

L'intérieur n'offre rien de remarquable.

La construction paraît être romane.

18. *Reganeù,* chéneteaux.

19. *Balaguer*, historien, poète et orateur très-populaire dans son pays, auteur d'une histoire de la Catalogne, etc.....

Veguessias-ti, tenènt l'araire...

Nos souhaits se sont réalisés.

V. Balaguer rentré chez lui en 1868 a été depuis ministre.

20. *Autrifes, Regret*, Autrefois, Regrets. — Quel est l'homme qui dans le courant de sa jeunesse n'a senti son cœur battre au contact d'une main de femme ?... son âme se dilater et fuir dans les embrassements passionnés d'une maîtresse chérie ?...

Quels sont ceux qui n'ont jamais éprouvé tout ce qu'il y a de voluptés, d'ivresses, de plaisirs dans ces rendez-vous champêtres de l'amour, à travers les romarins en fleurs, l'eau des ruisseaux et les marguerites des prairies !

Hélas ! vous le savez tout comme moi, lecteur, tout passe ici-bas, pour ne plus revenir ; et la jeunesse n'a qu'un temps !.....

C'est pourquoi nous avons écrit ces souvenirs de la vingtième année, pages de cœur détachées à tout hasard et jetées au vent de la réalité.

Honni soit qui mal y pense !...

21. *Tapeno, tapero,* capre (*Capparis spinosa,* Lin.)

22. *Petelin,* pistachier térébinthe (*Pistacia therebinthus,* Lin.)

23. *Cabro-fio,* chèvrefeuille (*Caprifolium,* Lin).

24. *Baus,* Baux (les), du vieux mot ligurien *Baus* qui signifie *escarpement*. Ville ruinée, ancienne capitale de la maison des Baux, située et bâtie dans les Alpilles.

25. *Capoun-fèr,* sacre, (*Falco sacer,* Lamark).
très-commun dans les Alpilles.

26. *Cade,* genévrier oxycèdre, (*Juniperus oxycedrus,* Lin.)

27. *Rabasso,* truffe noire, (*Tuber cibarium,* Decandolles).

28. *Parpaioun blu,* papillons bleus. — On désigne ainsi les papillons : *Lycœna adonis* et *mélanops, Polyommatus méleager* et *artaxercès*. Ces lépidoptères qui sont tous de petite taille et d'un bleu superbe se tiennent généralement sur le sommet de hautes herbes appelées en Provence *Bauco,* que l'on trouve communé-

ment dans les montagnes ; on les rencontre aussi sur les Aphyllantes où il est très-facile de les prendre au mois de juin.

Il y a aussi dans les Alpilles les papillons aurores connus sous le nom *d'aubo prouvençalo*. Ces lépidoptères (*Pieris aurora*) qui comptent plusieurs variétés ne se trouvent que dans le Midi et sont très recherchés des collectionneurs et des entomologistes.

29. *Euse*, yeuse, chêne-vert. (*Quercus ilex*, Lin.)

30. *Roure*, rouvre, (*Quercus robur*, Lin.) — Il y a aussi le chêne-kermès (*Quercus coccifera*, Lin), en provençal *Avaus*.

31. *Perussias*, *perussié*, poirier-amandier, (*Pyrus amygdaliformis*, Lin.)

32. *Aigo-boulido*, eau bouillie, potage provençal composé d'eau et de sel, avec addition de gousses d'ail, de feuilles de sauge et de clous de girofle. On le verse sur des tranches de pain légèrement arrosées d'huile d'olive, lorsqu'il est en pleine ébullition.

C'est la soupe du pauvre. On la désigne aussi sous le nom de *Aigo-sau*, et *bouioun de sàuvi*.

33. *Ursino dis Ursiero*. — Toutes ces dames faisaient partie de la cour d'amour de Romanin.

34. *Berto fielavo*, quand Berthe filait, locution provençale qui signifie *au bon vieux temps*.

35. *Catalougno e Prouvènço*. — Les fêtes littéraires internationales données à Saint-Remy de Provence les 13, 14 et 15 septembre 1868 par les poëtes provençaux aux littérateurs espagnols et français eurent, on s'en souvient, un grand succès et un retentissement considérable dans le monde de la presse et des arts.

Le * compte-rendu complet de cette solennité nécessitait une trop grande place dans ces notes ; aussi nous bornerons-nous à donner ici la chronique publiée à cette occasion dans les colonnes du journal *le Temps* par M. X. Feyrnet, l'un des nombreux représentants de la presse parisienne présente aux fêtes.

Inutile de dire que nous transcrivons fidèlement, afin de conserver à cette intéressante relation son originalité et sa verve toutes parisiennes.

Saint-Remy de Provence. 12 septembre.

Aujourd'hui, 12 septembre 1868, je ne sais s'il y a une ville plus animée, plus affairée, plus joyeusement occupée à des préparatifs de fêtes que Saint-Remy, patrie du troubadour Pierre et de l'astrologue médecin Michel de Nostradamus.

Et pourquoi ce mouvement, ces apprêts, cette joie ? Parce que Saint-Remy attend des poëtes d'outre-mont, parce que des poëtes catalans viennent rendre visite à leurs frères les félibres de Provence.

---

* Secrétaire du comité d'organisation, nous avons en mains tous les matériaux nécessaires à la rédaction d'un compte-rendu très-complet.
Nous le publierons.

Mon Dieu, oui, en l'an de prose 1868, il y a encore un coin de la France où les mots de poésie et de poète font battre tous les cœurs et enivrent toutes les têtes. Ce pays-là est très-loin de Paris.

Trois jours durant, ce ne seront, à Saint-Remy, que danses, farandoles, musiques, tambourinades, feux de joie et *Pegoulado*. Vous ne serez peut-être pas fâchés de savoir qu'une pegoulado est une marche aux flambeaux faite au moyen de torches enduites de résine qu'on appelle ici *Pegot*.

C'est bien une fête populaire, chacun a contribué à la dépense ; et je vous assure qu'on dira : ils font joliment les choses, les gens de Saint-Remy. Et ce n'est pas seulement de leur bourse qu'ils y vont, c'est de leur cœur et de leur humeur. Ils ont fait des invitations par centaines, et les hôtels ne sont pas très-nombreux ; on sait que demain des environs de la Provence toute entière et du Languedoc arriveront des multitudes. Il faudra loger tout cela : ce ne sera pas commode, mais enfin on y arrivera, et toutes les demeures s'ouvrent et chacun a son hôte ou ses hôtes : quand le cœur est large, la maison est toujours grande.

M. et Mme A. Millaud, le beau-frère et la sœur de notre excellent confrère Félix Hément, ont fait à beaucoup dans le logis paternel, un accueil dont je ne saurais dire toute la bonne grâce, toute la cordialité, et dont j'ai plus que personne le droit d'être reconnaissant. L'hospitalité qui ailleurs, hélas ! et trop souvent n'est plus qu'un souvenir comme la poésie, est bien vivante encore avec la poésie sur la féconde terre de Provence.

Elle est charmante et très pittoresque cette petite

ville de Saint-Remy. L'eau claire y coule à flots, et y jaillit partout ; on pourrait l'appeler la « ville des fontaines » ; des parterres et des promenades plantées de micocouliers superbes, d'ormes au magnifique ombrage, au tronc énorme, lui font la plus fraîche, la plus riante et la plus verte ceinture. Elle voit d'un côté les riches plaines qui s'en vont vers Tarascon, de l'autre la chaîne des Alpilles qui se découpe sur le ciel en un profil abrupte et majestueux. Mais pour le moment elle n'a guère souci des plaines et des montagnes ; elle ne songe qu'à sa grande affaire, à la réception de ses hôtes, aux fêtes de demain et des jours suivants. Les colonnes qui supportent les lanternes s'enveloppent de feuillage, les fenêtres arborent des drapeaux aux couleurs de l'Espagne et aux couleurs de la France, la place de l'Hôtel-de-ville se transforme en salle de bal ; partout des festons, et partout des guirlandes. Sur la route de Tarascon, un arc de triomphe est déjà élevé sur lequel on lit cette inscription du côté de la route : *Fraternidad de los pueblos*, et cette autre du côté de la ville : *Honneur et bienvenue à nos visiteurs*. Sur celle de Maillane, par laquelle doivent arriver les Catalans, un arc également fait de verdure et de drapeaux espagnols comme l'autre l'est de drapeaux français, porte du côté de l'arrivée : *La Prouvènço vous espèro*, et sur la face opposée : *Joie à l'arrivée et regrets au départ.* !

J'ai parlé de l'Hôtel-de-ville. Il a tout à fait grande mine. La salle des mariages ferait, par ses dimensions, honte à plus d'une de nos mairies parisiennes. Un tableau est au fond représentant le Christ en croix, — il est, dit-on, de Lesueur — entre le buste d'Henri IV et de Napoléon III. Dans la salle des délibérations du Conseil municipal, vis-à-vis le bureau de l'assemblée se trouve le portrait peint à l'huile du roi Louis XVIII. Saint-Remy n'exile personne, et bon gré malgré il faut que Bonapartes et Bourbons vivent en paix chez lui et sans se disputer. Il y a une autre souveraine qui m'a paru extrêmement chère à Saint-Remy, et j'en aime mieux encore cette petite cité provençale ; la souveraine dont je parle a nom : la Liberté.

Tandis que Saint-Remy achève ses préparatifs, je vais voir ce qui reste de sa mère *Glanum*, dont les marchés, comme me l'apprend une notice très bien faite de M. Turrier, attirait les Grecs de Marseille, d'Arles et des autres villes voisines de la Provence (*Provinciæ*).

L'emplacement de Glanum n'est qu'à un kilomètre de Saint-Remy. Au débouché des vals des Alpilles, des portions de murailles romaines, d'un très-bel ouvrage, coupent les vignes sous lesquelles s'ouvrent d'immenses et magnifiques carrières qu'on exploite encore. Mais ce qui rend Glanum cher aux archéologues, ce sont deux monuments des mieux conservés qui soient dans la France gallo-romaine, et que le soleil a dorés avec amour. Celui qu'on rencontre d'abord en venant de Saint-Remy est un arc-de-triomphe qui s'élève sur une voie qui s'appelle encore « la voie aurélienne », dont l'arcade est fouillée intérieurement d'ornements d'un travail achevé et où l'on voit des bas-reliefs d'une exécution vigoureuse et hardie. L'autre est un mausolée qui n'a pas moins de dix-neuf mètres de haut et repose sur un massif carré ; orné aussi de bas-reliefs, une rotonde à jour entourée de dix colonnes corinthiennes, le couronne ; deux statues en costume romain se dressent sous la coupole. Ce mausolée est d'une élégance extrême et d'une précieuse exécution.

Il faut absolument voir en Provence les monuments de Glanum.

Me voilà en règle avec l'antiquité et les Romains : avec ce qui est mort. Je ne vous parlerai demain que de ce qui est vivant. Et ce n'est pas la vie qui manque ici, je vous le jure.

13 Septembre.

Les poètes catalans devaient arriver hier à six heures de l'après-midi à Maillane, un village à six ou sept kilomètres de Saint-Remy, où Mistral est né, et qu'il habite. C'est là que les félibres étaient réunis pour les recevoir ; c'est de là qu'ils devaient les conduire le soir à Saint-Remy.

Longtemps avant l'heure indiquée, toute la populace était dehors ou sur le seuil des portes attendant, anxieuse, le grand moment. Les troubadours, jadis, voyageaient à pied, la harpe sur l'épaule ; mais les temps sont bien changés : la harpe n'est plus même un hors-d'œuvre poétique ; et c'était un omnibus qui allait amener à Maillane les troubadours catalans.

Les plus impatients du village étaient allés sur la route pour l'apercevoir de loin, ce bienheureux omnibus, qui devait contenir plus de poètes dans ses flancs qu'on n'en voit maintenant au palais Mazarin, les jours de séance solennelle.

Tout-à-coup, le cri joyeux retentit : « Les voici ! les

voici ! » On avait aperçu dans le lointain un omnibus qui venait au milieu d'un nuage de poussière.

C'est lui ! ce sont eux !...

Et aussitôt ceux qui attendaient sur la route, hommes, enfants, jeunes filles se mettent à courir à toutes jambes vers Maillane, pour y porter la joyeuse nouvelle.

La réception fut enthousiaste, émouvante, on s'embrassait, on pleurait... Ne sommes-nous vraiment qu'à deux cents lieues de Paris ?

Les musiques venues là jouèrent leurs plus beaux airs ; on but le vin de la bienvenue ; puis Mistral conduisit les Catalans vers une vieille et grande maison rurale que rajeunissaient des guirlandes et des feuillages, et qui est la demeure de son frère aîné. On entra : une collation était servie. Les verres se choquèrent joyeusement.

« Je remercie mon frère, dit Mistral, de vous avoir si bien accueillis dans ce vieux *mas* de ma famille. C'est ici que je suis né, c'est ici que j'ai eu le malheur de perdre mon père ; c'est ici que j'ai passé mes meilleures années en écrivant et en aimant Mireille. Ici sont tous les souvenirs de ma jeunesse. Il ne me manquait que d'y voir réunis tous mes amis. Vous y êtes, je bénis Dieu !

— Et moi, Mistral, répondit Don V. Balaguer, de Barcelone, l'orateur et le poète le plus populaire de la Catalogne autrefois député aux Cortès, — moi, dans ton mas, je me crois dans la maison paternelle »

Puis on partit pour Saint-Remy où l'on arriva à la nuit tombée.

Un immense bûcher (*cachofio*) de branches sèches et

de brindilles s'élevait devant l'église ; le moment est venu d'y mettre le feu.

Voici venir la *Pegoulado*, aux sons de la musique de la ville ; elle est très bonne, la musique de Saint-Remy ; les porteurs de pegots arrivent ; la flamme des torches pique de points brillants les ombres qui sont assez épaisses, et jette aux feuillages des ormes de la promenade des reflets rougeâtres d'un très-bel effet. Bientôt toutes les torches sont précipitées dans le bûcher ; le feu de joie éclaire la place d'armes d'un immense embrasement, et la farandole tourne, tourne au bruit des tambourins et des galoubets jusqu'à ce que la flamme tombe et meure.

Vous avez entendu parler du tambourin et du galoubet de Provence ; et peut-être avez-vous souri. Eh bien, je vous assure que ces deux instruments mariés ensemble ont un charme original auquel on est bien vite pris. Il est vrai que j'ai entendu des maîtres, douze membres de l'académie d'Aix, rien que cela ! pas de l'académie des belles-lettres, non : de l'académie des *Tambourinaire* ; car ces musiciens ont une académie et il y a un cours de tambourin au conservatoire d'Aix.

Ces douze académiciens, le feu de joie éteint, viennent donner une sérénade sous les fenêtres de la maison de M. A. Millaud ; ils jouent entre autres choses, la chanson de Magali de Mireille, qui est devenue ici un air populaire. Ils s'en vont ensuite jouer en l'honneur des Catalans qui soupent avec les félibres dans les jardins de l'hôtel du Cheval-Blanc.

C'est ce matin, que, d'après le programme de la fête, devait avoir lieu l'entrée solennelle. A neuf heures et demie, le cortége passe entre une double haie de jeunes provençales vêtues de leurs plus beaux atours et offrant des fleurs aux invités, sons l'arc de triomphe qui fait face à la route de Tarascon, et se dirige vers l'église pour assister à la grand'messe.

Pendant la cérémonie, musique et tambours exécutent à ravir les morceaux les plus variés de leur répertoire provençal

Mme Marius Girard, la sympathique et bien gracieuse compagne de l'intelligent et infatigable secrétaire du comité d'organisation fait une quête pour les pauvres dont le résultat est des plus fructueux.

Le ciel est très-menaçant ; des rafales soulèvent des tourbillons de poussière. Il n'a pas plu depuis six mois à Saint-Remy et dans les environs ; et pourtant, on a consciencieusement fait tout ce qu'il fallait pour obtenir de l'eau dont on avait grand besoin : prières à Dieu, invocation aux saints ; rien n'a été épargné. Le bon Dieu a fait comme s'il n'entendait pas, et les saints se sont bouché les oreilles. Vont-ils jouer à Saint-Rémy le mauvais tour de lui envoyer la pluie au moment où il aurait tant besoin du ciel bleu et de son radieux soleil? Hélas ! oui. Elle commence à tomber pendant la messe ; cette pluie qu'on eût bénie hier, et qu'on maudit aujourd'hui. Pourtant elle y met assez de discrétion, et qui sait? Ce ne sera peut être qu'une ondée.

C'est dans cet espoir qu'on entre dans la salle du banquet. La table, une table immense est dressée dans la grande classe de l'école communale, décorée à cet effet sur les dessins et les indications de M. Marius Girard, félibre lauréat des jeux floraux d'Apt, de Béziers et d'Aix, et l'un de ceux qui, au témoignage de tous, ont mis le plus d'ardeur au service du festival littéraire international.

La salle est décorée de guirlandes, de trophées, de drapeaux espagnols et français, et des blasons de l'Espagne, de la Catalogne, de la France et de la Provence.

Deux inscriptions en grosses lettres peignent parfaitement le caractère de la réunion ; l'une en français s'exprime ainsi : « *Les Pyrénées deviennent un pont de fleurs entre deux nations amies !* et l'autre en provençal : *Lou soulèu esclairo nosto douço amista.* » Ces inscriptions sont accompagnées des devises suivantes encadrées de feuillage.

ESPAGNE.

La terra tien espacio para todos.

(E. Zorilla).

CATALOGNE.

Canturen l'amor e la libertat.

(A. de Quintana).

FRANCE.

O Patrie ! ô concorde entre les citoyens !

(V. Hugo).

PROVENCE.

O Paris, venèn te traire li cansoun de noste nis.

(L. Roumieux.)

Tout autour sont disposées dans la frise des couronnes de fleurs portant écrits dans chacune d'elles les noms des plus célèbres poètes et troubadours des deux nations. Enfin, tout-à-fait au fond et même au-dessus de la table d'honneur, destinée aux invités, les magnifiques médaillons de Pétrarque et de Laure dus au ciseau de M. Veray, le statuaire bien connu — spécialement faits pour cette circonstance.

Autour de la table présidée par M. Gautier, maire, prennent place don V. Balaguer, poète, orateur, historien, romancier et auteur dramatique, et l'un des hommes les plus considérables de son époque et de son pays; don A. de Quintana, poète, orateur, et député de Gérone ; don A. de Torres, poète et publiciste, rédacteur du *Faro bisbalense* ; don M. Angelon, romancier ; don C. Roure, avocat et poète ; don E. Vidal, auteur dramatique catalan, rédacteur du journal *la Montana de Mont. serrat*; Lasarte, rédacteur du *Principado* ; Padro, peintre distingué, dessinateur dn *Museo illustrado* de Madrid.

Nous distinguons parmi les hommes de lettres et les journalistes : MM. Saint-René Taillandier, professeur d'éloquence à la Sorbonne ; Ch. Monselet, le gracieux poète, P. Zaccone, le romancier bien connu ; F. Sarcey, du *Journal de Paris* ; X. Feyrnet, du *Temps* ; Charolais, du *Constitutionnel* ; E. Blavet, du *Figaro* ; Alph. Millaud, A. Bouvier, Hément et Cochinat, du *Petit-Journal* ; A. Ducros, de l'*International* ; P. Arène, du *Nain-jaune* ; M. Roux, de l'*Événement* ; M. Mariani, de la *Petite Presse* ; A. d'Aunay, directeur de la *Chronique illustrée* ; E. Ranquet, du *Français* ; E. Roux, de la *Gazette du Midi* ; de Tourtoulon, du *Messager du Midi* ; H. Bertin, de l'*Echo de Marseille* ; Asseline ; le fameux gastronome baron Brisse, etc…

Parmi les félibres nous remarquons :

F. Mistral, de Maillane ; Roumanille et Girard, de Saint-Rémy ; Aubanel, Brunet et Boudin, d'Avignon ; Roumieux, de Beaucaire ; J.-B. Gaut, d'Aix ; Azaïs, de Béziers ; A. Michel, de Mourmoiron ; E. Ranquet, de Villeneuve-les-Avignon ; Arnavielle, d'Alais ; F. Gras, de Mallemort ; Aubert, de Marseille, le doyen des félibres, âgé de quatre vingts-six ans.

On nous signale l'absence de Bonaparte Wyse, le poéte des *Parpaioun blu;* d'Anselme Matthieu, le chantre de la *Farandoulo:* de Crousillat, l'abeille de la *Bresco ;* de Bourrelly et de Marcelin.

Au nombre des invités figuraient encore MM. le baron de Chartrouse, député d'Arles ; le sous-préfet de l'arrondissement ; le maire d'Avignon, M. Poncet ; Castion, juge au Tribunal de cette ville ; le président du Tribunal de Tarascon ; Lisbonne, bâtonnier de l'ordre des Avocats à Montpellier ; Grivolas, peintre d'Avignon ; H. Révoil, architecte diocésain de Nimes, qui publie en ce moment un magnifique ouvrage sur l'*Architecture romane dans le Midi de la France* ; le statuaire Veray ; le dessinateur Gilbert, du *Monde illustré,* etc.....

La table est ornée avec goût, et le menu imprimé en provençal est placé à côté de chaque couvert avec une carte aux armes de Provence et de Catalogne portant le nom de chaque invité.

On a bien souvent donné des menus de dîners princiers ou diplomatiques : tous se ressemblant, c'est d'une monotonie désespérante. Celui du banquet de Saint-Remy a une saveur locale qu'on appréciera, j'en suis sûr, et je vous l'envoie.

Inutile de dire que carte et menu sont encore l'œuvre de M. Girard.

Pitanço frejo.

Oulivo d'Ais, — Saussissot d'Arle, — Tèsto de porc, — singlié de l'Esterèu.

Pitanço caudo.

Pastissoun d'Avignoun à la rèino Jano.

Intrado.

Filet de biòu de Camargo à la Prouvençalo, — Bouiabaisso dóu Martegue, — Toun de Cassis à l'aióli, — Gardiano d'agnèu i rabasso, — Cambajoun glaça de Ceiresto emé barbouiado de liéume, — Galantino de pavoun.

Roustit.

Dindounèu de la Bartalasso i creissoun, — Lèbre dis Aupiho, — Perdigau de Roumanin, — Broucheto d'ourtoulan.

Entre-plat.

Rampau de chambre de Vau-cluso.

Liéume.

Faioulet de Durènço, — Pesc groumandoun, — Pudding, — Sourbet.

Dessert.

Pèço mountado, — Pessègue de Barbentano, — Rasin di Baus, — Arange de Maiorco.

Vin.

Vin di felibre, de Castèu-nòu-di-Papo, — Vin de Ferigoulet, de Bourdèu, de Champagno, — Cafè, aigoardènt. cigaro de cinq sòu. *E tout pér escudello.*

Au dessert, M. le maire de Saint-Remy a porté un toast officiel et un toast aux hôtes de Saint-Remy ; Mistral a bu ensuite à l'Espagne, à la Catalogne, à la France. Voici la dernière partie de son discours qui, je n'ai pas besoin de le dire, était dans la langue de *Mirèio* et de *Calendau.*

. . . .

« Elle a donc fait son devoir, elle l'a fait galamment, notre charmante ville provençale, notre ville des Alpilles, notre Saint-Remy, en donnant à son tour une fête en l'honneur des trouvères d'Espagne et de France. Mais comment se fait-il, Messieurs, qu'au bout de cinq cents ans, Provence et Catalogne, de nouveau se viennent voir? de nouveau se donnent des fêtes, comme au temps où Berthe filait? comme au temps de nos bons vieux Comtes, des Raymonds Bérengers de Barcelone ? C'est parce que, Messieurs, au bout de cinq cents ans, Catalogne et Provence ont repris leurs chansons et qu'elles se sont entendues à travers les montagnes, reconnues sœurs à leur parler *roman.*

« Et comment se fait-il qu'au bout de cinq cents ans Catalogne et Provence aient repris leurs chansons ? C'est parce que, après l'hiver, si long qu'il soit, les cigales ressortent de la terre, et les oiseaux chanteurs retournent dans les bois. Certes ! la terre est dure et âpre !

Comment fait la pauvre cigale pour éclore de nouveau ?
Certes ! la mer est vaste et orageuse ! Comment fait le
pauvre oiselet pour venir de si loin ? Nul ne le sait,
excepté Dieu... Mais quelques-uns vont me dire : « Cigales
de la terre, oiseaux des champs, que nous voulez-vous
donc avec vos chansons, au milieu de cette époque tra-
vaillée, découragée et maussade ? » — Ce que nous
voulons ? Écoutez. Nous voulons que nos fils, au lieu
d'être élevés dans le mépris de notre langue (ce qui fait
que plus tard ils méprisent la terre où Dieu les a fait
naître), continuent à parler la langue de cette terre où
ils sont maîtres, où ils sont fiers, où ils sont forts, où ils
sont libres. — Nous voulons que nos filles, au lieu d'être
élevées dans le dédain des choses de Provence, au lieu
d'ambitionner les fanfreluches de Paris ou de Madrid,
continuent à parler la langue de leur berceau, la douce
langue de leur mère, et qu'elles restent simples dans le
mas où elles naquirent, et qu'elles portent à jamais le
ruban arlésien comme un diadème de reine. Nous voulons que notre peuple, au lieu de croupir dans l'igno-
rance de sa propre histoire, de sa grandeur passée, de
sa personnalité, apprenne lui aussi ses titres de noblesse,
apprenne que nos pères, nos vieux provençaux, se sont
toujours considérés comme une race d'hommes, et qu'ils
surent se défendre en tout temps comme des hommes :
autrefois, à Marseille, contre la Rome des Césars ; dans
les Aliscamps d'Arles, à la Garde-Freinet, contre la bar-
barie des Sarrasins ; à Béziers, à Beaucaire, à Avignon,
contre les faux croisés, contre les hordes de Simon
de Montfort ; à Marseille, à Toulon, à Fréjus, contre les
lansquenets de Charles-Quint. Il faut qu'il sache, notre

peuple, qu'ils se sont, nos pères, annexés librement, mais dignement, à la généreuse et noble France ; dignement, c'est-à-dire en réservant leur langue, leurs usages, leurs couleurs nationales. Il faut qu'il sache, notre peuple, que le parler qu'il parle a été, lorsqu'il l'a voulu, la langue poétique et littéraire de l'Europe, la langue de l'amour, du *gai-savoir*, des libertés municipales, de la civilisation.

« Peuple vaillant, voilà ce que nous voulons t'apprendre, à ne rougir devant personne comme un vaincu, à ne rougir ni de ton histoire ni de ta patrie, et à reprendre ton rang, ton premier rang entre les peuples du Midi. Et quand chaque Provence et chaque Catalogne aura de cette sorte reconquis son honneur, vous verrez que nos villes redeviendront cités, et là où il n'y a plus que poussière provinciale, vous verrez naître les arts, vous verrez croître les lettres, vous verrez grandir les hommes et refleurir une nation. »

Puis, levant son verre, Mistral a dit : « A notre sœur, la Catalogne ! à l'Espagne, notre amie ! à la France, notre mère ! »

Saisi d'une émotion profonde, tout le monde s'est levé ; Mistral a été acclamé ; on l'a entouré, embrassé, et l'enthousiasme ne s'est calmé que lorsque V. Balaguer a pris la parole, — en catalan.

Orateur distingué, à l'œil brillant, aux traits accentués, aux gestes énergiques, il a prononcé d'une voix vibrante et sympathique le discours suivant dont la traduction fidèle n'est cependant qu'une image décolorée.

MESSIEURS ET SENORES

« C'est une tâche bien pénible que de prendre la parole après Mistral ; mais ce qui m'y autorise, c'est que nos cœurs ne font qu'un, et que ses triomphes sont pour moi aussi chers que ceux de la Catalogne.

« Je remercie au nom des littérateurs espagnols le maire de Saint-Remy et la ville entière pour l'accueil vraiment sympathique qu'ils nous ont fait. Je remercie les poètes et les écrivains de la presse parisienne qui ont augmenté par leur présence l'éclat de cette fête.

« Je porte haut dans mon cœur mes couleurs nationales ; c'est avec une joie inexprimable que je les vois flotter sur vos maisons.

« Je remercie les organisateurs de ce banquet qui n'est qu'un tableau saisissant d'où ressort la Fraternité, la vieille fraternité qui unissait autrefois vos troubadours aux nôtres ; depuis longtemps les troubadours provençaux connaissaient le chemin de la Catalogne ; depuis longtemps les troubadours catalans connaissaient celui de la Provence.

« Quand les poètes de ces pays ont repris le chemin qui leur rappellait de si doux souvenirs, ils ont trouvé nos portes ouvertes, nos cœurs ouverts. En venant ici, nous avons eu la même réception. (*Montrant les armes de Provence et de Catalogne qui toutes deux sont d'or à quatre pals de gueule.*) Aussi bien nous sommes de la même famille, et c'est le même sang qui bout dans nos cœurs, qui coule dans nos veines. Ces taches rouges faites sur ces blasons sont les marques que Charles-le-Chauve trempant sa main dans la blessure de Geoffroy-le-Velu fit sur l'écu de ce vaillant comte de Catalogne, pour le récompenser par ses armes parlantes des services rendus à sa cause.

« La poésie et les jeux floraux propagent la civilisation.

« La ville de Saint-Remy, ne l'oublions pas, a donné naissance à Roumanille, le Saint-Jean-Baptiste de la pléiade des félibres provençaux, et le précurseur de Mistral : qu'on me permette d'en citer quelques vers ; si vous soulevez l'enveloppe qui les entoure, vous découvrirez l'œuvre d'un penseur gracieux et d'un vrai poète :

« Maintenant, ô mon Dieu, je puis mourir, car j'ai vu
» fleurir l'arbre que j'ai planté en Provence.

« Maintenant que vous m'avez donné de voir à son
» ombre, beaux enfants de la même mère, Catalans et
» Provençaux se reconnaître frères et s'embrasser, et, la
» main dans la main, chanter en chœur et s'aimer comme
» s'aiment deux frères. »

« La Provence et la Catalogne échangèrent leurs destinées et leurs trouvères.

« Don Raymond Bérenger, né à Barcelone, fut le meilleur des comtes de Provence ; Jacques-le-Conquérant, né en Provence, devint le meilleur des comtes de Catalogne.

« Les mêmes vagues qui vont se briser sur les rochers escarpés du Château-d'If reprennent ensuite leurs mouvements primitifs et vont blanchir de leur écume les récifs du château de Montjouy. Télégraphes, chemins de fer, tout semble vouloir faire renaître enfin ces vieilles affections qui nous unissaient autrefois. L'œuvre est commencée ; c'est à vous, ô poètes ! à la continuer. Louis XIV a dit : « Il n'y a plus de Pyrénées. » Oui, point de barrière, à l'affection et à la fraternité !

« Roumanille, Mistral, vous tous qui viendrez en Catalogne, vous vous rappellerez que notre climat, que notre soleil, que les toits qui nous abritent, sont les vôtres.

Messieurs,

« Un jour, nous montâmes, Mistral et moi, sur les sommets du Mont-Serrat ; sur nos têtes brillait le soleil qui nous éclairait de ses premiers feux ; à nos pieds, au milieu de la brume épaisse nous entendions bouillonner des torrents fougueux dont nous détournions notre vue avec dédain.

« Ces premiers feux du soleil, ce sont les premiers rayons de cette fraternité qui commence ; les torrents fougueux sont les barrières enfin surmontées qui nous empêchaient d'arriver sur la montagne pour nous réchauffer au foyer de l'union.

« A la France, à la vaillante nation qui s'est si bien distinguée à Solférino et à Sébastopol !

« A ses grands génies, à ses grands poètes, à l'union de la littérature franco-espagnole !

« A la liberté des peuples ! »

Une triple salve d'applaudisssements a salué le brillant orateur des Cortès.

M. Alph. Millaud a remercié au nom de la Presse.

D'autres santés ont été portées encore par MM. Angelon, A. de Torres, A. de Quintana, E. Vidal, C. Roure.

M. P. Arène a bu à Monselet, et à Aubanel, un des astres les plus brillants de la pléiade félibrenque.

M. Cochinat a bu aux habitants de Saint-Remy, et il a rendu hommage à la beauté de ses fillettes, si belles que « le ciel sombre et gris ne parvenait pas à voiler l'éclat « de leurs charmes. »

Mon confrère, E. Blavet, a lu un salut en vers de M. de Labédollière qui exprimait son regret et celui de

M. L. Jourdan de ce que leurs travaux ne leur avaient pas permis de venir fraterniser avec les poètes de Provence et de Catalogne aux rayons du radieux soleil du Midi.

En ce moment, toutes les cataractes du ciel s'étaient ouvertes et la pluie tombait à torrents.

Des bravos ont accueilli un toast porté à Victor Hugo par un avocat du barreau de Tarascon, toast que don Balaguer a repris en associant aux acclamations de toute la salle les noms de Musset, de Lamartine et de Ponsard.

On a beaucoup applaudi des vers charmants de M. Albert Millaud dédiés à Mistral ; un toast de M. Girard (*Catalougno e Prouvènço*) et un autre de M. Gaut ; une magnifique improvisation de Roumanille, le promoteur du mouvement littéraire que Mistral et les autres poètes de Provence continuent ; des vers en langue provençale de M. Aubanel ; un toast de M. Roumieux à l'amour, à la liberté, à l'éternelle jeunesse.

J'en passe peut-être et des meilleurs ; mais qu'on me pardonne et qu'on n'accuse que ma mémoire.

D'ailleurs il faudrait un volume pour relater tout ce qui s'est dit ou lu à ce mémorable banquet.

Le baron Brisse s'est levé pour offrir aux habitants de Saint-Remy une bouteille de vin d'Alsace de 1472. Le présent est accepté et les tambourinaires donnent le signal d'une farandole qui tourne autour de la table, faute de pouvoir se dérouler dans les rues de Saint-Remy.

Ah ! la cruelle pluie ! trois fois maudite soit-elle, pour tous les cœurs de jeunes filles qu'elle a rendus gros aujourd'hui. On avait fait de si beaux apprêts de toilette !

On y regardera à deux fois à Saint-Remy, désormais, avant de demander de la pluie aux saints.

13 septembre.

Eh bien, les saints, au demeurant, ont été assez bons diables ; leur malice n'a duré qu'un jour. Hier matin, le ciel de Saint-Remy avait repris assez d'azur et de soleil pour remettre au cœur de tous la joie et la belle humeur. Aussi, comme on était disposé à rattraper le temps perdu !... et comme on l'a bien rattrappé ! La belle journée ! Pour moi, je ne l'oublierai point ; elle restera dans mon souvenir marquée d'un rayon d'or et de lumière ; et j'en sais beaucoup, de ceux que leur bonne chance avait amenés ici comme moi, qui se la rappelleront aussi comme une des meilleures de leur vie

Ce n'est pas la raconter qu'il faudrait, c'est la chanter ; elle suffirait à un poëme. J'en vois d'ici les quatre chants, les *Taureaux*, *Rome en Provence*, la *Pégolade* le *Bal*. Que ne suis-je Mistral, Aubanel ou Roumanille ! Hélas ! vous n'aurez que de la prose, de la pauvre prose de chronique, et de chronique hâtive. Comme ce sera froid, terne, décoloré !

Li biòu ! li biòu ! Les bœufs ! les bœufs ! Ce cri, avec un grand bruit de fers et de sabots sur le sol de la route me fait mettre à ma fenêtre.

Des hommes, des femmes, des enfants se précipitant, poussés par une demi-douzaine de cavaliers au galop, la lance en arrêt ; derrière ces cavaliers, six taureaux noirs, dont les cornes effleurent presque la croupe des chevaux ; derrière les taureaux, une autre troupe de cavaliers lancés à fond de train : un orage qui passe ! Ce sont des taureaux de la Camargue qu'on amène pour la course. On les pousse dans l'étable qui leur est destinée. Il n'est que dix heures. Ils attendront là le moment d'entrer dans la lice.

Il fallait voir, trois heures plus tard, la route qui conduisait à l'arène de Saint-Remy ! D'Arles, de Tarascon, de tous les villages environnants, les filles étaient venues, et toutes elles suivaient cette route, causant, riant, heureuses du soleil et du plaisir qu'elles se promettaient, et peut-être un peu aussi d'être regardées. Ce qu'il y avait à ce moment-là, sur ce petit chemin montant, de grâce, de distinction, de beauté, j'en suis encore tout ébloui ! Ah ! mesdames et mesdemoiselles du *tour du lac*, si vous les aviez vues, toutes ces belles filles avec leur fichu blanc ou lilas, croisé avec leur corsage, avec leur jupe noire, avec leur petit bonnet, qu'un ruban noir entoure, vous seriez mortes de jalousie... Non, vous auriez admiré, et l'admiration vous eût gardées de l'envie : la beauté, la vraie, a ce pouvoir de rendre meilleurs ceux qui la contemplent.

N'allez pas vous figurer qu'une course de taureaux en Provence ressemble à un combat de taureaux en Espagne ; une seule chose y est la même, l'entrain, la passion des spectateurs.

Des charrettes placées bout à bout dans leur longueur au milieu d'un champ, quelques palissades, quelques gradins en bois blanc, sur lesquels on place des chaises et où s'assoient les femmes ; au milieu de l'arène, une espèce de refuge derrière lequel on se met à l'abri du taureau, un orchestre pour les joueurs de tambourin voilà le cirque.

Peuplez tout cela de cinq à six mille spectateurs qu'animent la gaieté et la vivacité méridionales, et vous aurez le cadre du spectacle, qui n'est guère moins curieux que le spectacle lui-même.

On ne tue pas le taureau, cela est absolument interdit ; mais il n'est pas défendu au taureau de tuer l'homme, et quelquefois il use de son droit. Point de *banderilleros*, point de *picadores* à cheval, mais deux hommes armés d'une lance qui piquent la bête quand elle est trop molle.

Le taureau porte une cocarde sous chaque oreille : celui qui arrache ces cocardes est le vainqueur de la course. Hier, les cocardes étaient aux couleurs espagnoles : l'une rouge et l'autre jaune.

L'accès de la lice est libre pour tous, et, parfois, trois ou quatre cents personnes s'y trouvent à la fois. Ce sont alors des fuites très-comiques à l'entrée du taureau.

Six taureaux ont couru hier, et pour six taureaux un seul vainqueur. Douze cocardes enlevées ! Voilà un gaillard dont plus d'une belle des tribunes aura peut-être rêvé cette nuit.

Un jeune homme a été renversé par un taureau. La bête a eu la bonté de ne pas l'encorner ; elle s'est contentée de le rouler assez brutalement.

Le roulé, ai-je appris depuis, est un instituteur. Voilà un maître qui apprendra probablement la nécessité d'enseigner la prudence à ses élèves, mais qui n'aura guère de chance de les convaincre.

La course finie, on est allé aux *monuments*.

L'affiche de la fête promettait des ballons grotesques. Mais, dans le Midi, la part de l'imprévu est grande, et je ne m'attendais guère le matin, non plus que personne d'ailleurs, à ce qui devait s'ajouter au programme.

Tout-à-coup je vois la foule se grouper au pied du mausolée que je vous décrivais l'autre jour. Tous les regards se dirigent vers le même point : on se dresse sur les pieds ; on prête l'oreille. Et bientôt une voix pure, douce et forte, s'élève : elle récite des vers en langue provençale, dont le rhythme est comme une musique. Et la foule applaudit, et chaque vers retentit dans l'âme de chacun, et l'on sent comme un courant ému et sympathique qui va de celui qui parle à ceux qui écoutent, et de ceux qui écoutent à celui qui parle. Celui-là, c'est le grand poète de la Provence, c'est celui que tout le monde admire, que tout le monde aime, c'est le jeune homme de Maillane : c'est Frédéric Mistral, qui déclame son *Ode aux Catalans* ; et quand il s'est tû, c'est don Balaguer, c'est Quintana, c'est Marius Girard, qui prennent la parole ; et puis Alphonse Michel, un chansonnier, celui-là, qui plaît aux lettrés comme au peuple, chante la Fraternité des nations, une belle et entraînante chanson, dont la foule reprend le refrain en chœur.

C'est adossé contre le piédestal du mausolée romain, que le poète a dit ses vers, que les orateurs ont parlé, que le chansonnier a chanté ; c'est sur le sol de la vieille *Glanum* que les auditeurs écoutaient et applaudissaient, qu'ils s'enflammaient à ces vers, dans lesquels vibrait un écho de la langue de Virgile et d'Horace. Ces gens-là portaient l'habit, la blouse et la veste ; et il y avait un gendarme, un des gendarmes de la ville, qui n'était pas de ceux qui écoutaient le moins attentivement et qui étaient le moins charmés. Eh bien ! blouse, veste, habit, tricorne, il n'importe : c'était une scène de la Grèce ou de Rome que celle-là ! Grecs ou Romains étaient le poète, les orateurs et le chansonnier ; Grecs ou Romains, les auditeurs ; Grec ou Romain, le gendarme lui-même !

Mais le poète et le chanteur se sont tus. Un peu après, des rires bruyants éclatent répercutés par les monuments et les rochers des Alpilles voisines. Quelque chose d'étrange, et qui a la forme d'un gros homme s'enlève, plane quelques instants au dessus de l'arc-de-triomphe, monte plus haut et disparaît. C'est un des ballons promis au peuple de Saint-Remy. Pour le coup, nous ne sommes plus ni en Grèce ni à Rome.

Le soleil s'est couché, la nuit tombe, et l'on reprend le chemin de Saint-Remy.

« Regardez, me dit quelqu'un après quelques instants de marche ; regardez. »

Je me retourne, et je vois la montagne baignée d'une vapeur lumineuse, sur laquelle se détachent des flammes rouges qui avancent. C'est la *pégolade*, la marche aux flambeaux, qui s'est formée derrière nous. Quinze cents torches descendent vers la ville au bruit du tambour. Le maire, une torche à la main, marche au milieu de ses administrés ; bourgeois, ouvriers, paysans vont aussi fraternellement d'un même pas, et d'un même cœur. Cependant l'école communale s'est illuminée, et très-brillamment, ma foi ! Le programme des fêtes annonce pour ce soir une séance littéraire publique. A huit heures, la grande salle, où eut lieu hier le banquet, commence à se remplir : à huit heures et demie, on y cherchait en vain une place. Voilà un bel empressement ; et n'imaginez pas qu'il n'y ait dans l'auditoire que des *messieurs* et des *dames*, non, non ; les vestes sont nombreuses, mêlées aux habits, et les petits bonnets, — ces petits bonnets, qui sont si blancs et si coquets de ruban de soie ou de velours noir. — ne manquent pas ; car les sœurs de Mireille se souviennent qu'elles sont filles de la Grèce, et la poésie les ravit ; et plus d'une, ce soir, avant d'aller au bal, est venue à cette séance littéraire, dont on parlait depuis huit jours à vingt lieues à la ronde. Elle n'a guère duré qu'une heure et demie, cette séance, ouverte par une symphonie, où a fait merveille la musique de la ville, qui a laissé danseurs et danseuses le pied en l'air pour venir ajouter à la mélodie des vers l'harmonie des cornets à pistons mariés aux saxhorns. Elle n'a duré qu'une heure et demie ; une douzaine seulement de poètes ou d'écrivains catalans, provençaux, parisiens, ont pris la parole ; mais elle aurait duré toute la nuit qu'elle n'eût pas épuisé la curiosité et l'enthousiasme des auditeurs. Ah ! conférenciers du boulevard des Capucines, quel public ! venez parler à Saint-Remy.

A dix heures, une cordiale invitation impromptue des poètes de Provence nous réunit tous, félibres, poètes de Catalogne et journalistes, autour de la même table, à l'hôtel du *Cheval-Blanc*. Ces aimables fils de la Provence sont d'une grâce et d'une cordialité qui passe toute idée. Ils nous fêtent depuis deux jours ; ils nous ont voulu fêter encore ce soir. Parmi les convives est assis l'excellent maire de Saint-Remy, M. Gauthier, qui a mis à nous rendre aimable et charmant le séjour de sa ville un zèle et un empressement qui nous laisseront, hélas ! trop de regrets au départ. Quand notre confrère Sarcey lui porte une spirituelle santé au dessert, de retentissants bravos font écho à ses paroles.

Vous me demandez si l'on dit des vers et si l'on chante

des couplets ? Belle question. Des vers ? n'avons-nous pas là Monselet, Alexandre Ducros et Paul Arène ; des chansons ? Alphonse Michel n'est-il pas des nôtres ? Le grand succès fut pour une fable, et j'en suis bien aise pour un genre un peu délaissé.

Cette fable de M. Augustin Boudin, un des doyens des félibres, autrefois secrétaire de M. Augustin Thierry, fut dite par l'auteur avec une bonhomie fine qu'eût applaudie Lafontaine.

Minuit était venu bien vite ; mais rentrer sans aller voir le bal, un bal qui devait finir par une farandole, c'était impossible. La salle, vous la connaissez à peu près : pour les colonnes, des troncs de platanes séculaires tout enguirlandées ; pour plafond, le vert feuillage des arbres qui laisse entrevoir un peu du ciel et scintiller une étoile ; au fond, la vieille façade illuminée de l'Hôtel-de-ville, ce bon hôtel-de-ville, vous savez, où Louis XVIII fait pendant à Napoléon III ; au milieu, une fontaine surmontée d'une petite pyramide semée de verres de couleur où semble briller une luciole.

Les danseuses, vous les connaissez aussi. Je vous les ai montrées ce matin sur le chemin de l'arène et des *monuments* ; ce soir, elles ont mis leurs plus belles toilettes, leurs plus riches fichus brodés et bordés de dentelles ; des jupes claires aux fraîches nuances se mêlent aux jupes noires ; des fleurs couvrent parfois le velours ou la soie du bonnet, et j'ai même vu une plume, s'en échappant, ondoyer doucement sur un front de dix-huit ans. Avec la salle, les danseuses, avec la gaieté et la vivacité méridionales, ce que devait être le bal on peut aisément se le figurer. Mais la farandole, et la farandole sur l'air de *Rolland*, voilà ce qui ne se devine pas ; et sachez bien ceci : c'est que celui qui a vu danser la farandole, et qui n'est pas entré *dans la salle*, celui-là peut dire : Je suis un sage.

16 septembre.

Nouvelle course de taureaux ; le vainqueur d'hier est encore le vainqueur d'aujourd'hui. Il s'appelle Génin. Ce triomphant à feutre gris n'aura peut-être pas son Pindare ; mais j'en suis pour ce que j'ai dit : s'il n'a pas la gloire, il aura bien de quoi s'en consoler ; tant de beaux yeux l'ont vu enlever tant de cocardes ! Je ne le plains pas ; il vaut mieux être aimé que chanté.

Aucun instituteur n'a été roulé par aucun taureau.

Le bal a commencé cette après-midi. Depuis dimanche, l'orchestre n'a presque pas eu de trêve, les danseuses en sont à leur troisième journée de bal, et les musiciens n'en ont que plus d'ardeur, les danseuses que plus d'entrain.

Cette nuit, à deux heures, la dernière farandole a déroulé, pour la dernière fois, son interminable chaîne sous les platanes de l'hôtel-de-ville.

Demain Saint-Remy sera rentré dans son repos ; et nous, qu'un si cordial accueil, qu'une si chaude hospitalité attendaient ici, nous la quitterons tout tristes, cette douce et poétique ville, car elle gardera quelque chose de notre cœur.

X. Feyrnet.

36. *Sàuvi*, sauge (*Salvia officinalis*, Lin.)

37. *Li Coupaire de bouis.* — Dût le lecteur nous taxer

de vanité, nous ne résistons pas au plaisir de mettre sous ses yeux la charmante poésie de notre ami B*** : sa modestie en souffrira peut-être bien un peu ; mais à coup sûr toi, lecteur, tu y gagneras.

A M. Marius GIRARD
(Pour le remercier de la chanson qu'il m'a dédiée)

Merci, cher ami, pour votre chanson
Fraîche comme un lis qui s'ouvre a l'aurore.
On voit que l'auteur sait combien j'adore
Les champs et les bois en toute saison.

Champs et bois ! — Le sol qui vous a vu naître
Possède vraiment des champs embaumés ;
Mais les bois y sont un peu clair-semés ;
Vous êtes forcé de le reconnaître.

Qu'importe après tout ! vous l'aimez ainsi.
Il n'est pas pour vous de pays sur terre
Qu'on puisse aimer plus. Moi, pour vous complaire,
Je suis obligé de l'aimer aussi.

J'aime ce pays, puisqu'à votre muse
Il sait inspirer les chants les plus doux.
Quant à le chanter aussi bien que vous,
Vous trouverez bon que je me récuse.

Je le vois d'ici votre campagnard,
Avec le gamin, espoir de sa race.
Je vois les gros tas de buis qu'il amasse,
Et le mulet noir qui broute à l'écart.

Je vois clairement ce que l'homme y gagne,
Mais, par contre, hélas ! la montagne y perd.
Elle n'aura plus son beau manteau vert,
Son seul ornement, la pauvre montagne !

Ah ! ce n'était point un riche manteau.
Non, ce n'était pas un manteau de prince.
Il était bien court et d'étoffe mince ;
Mais il rendait gai notre humble coteau.

Et j'excuserais cette ardeur cruelle,
Si ce paysan et son gros luron
Voulaient de l'église orner le perron
Au jour des Rameaux, fête solennelle ;

Où s'il s'agissait d'orner pour un jour
Quelque verte salle où d'aimables drilles
Vont, entremêlés en joyeux quadrilles.
Filles aux beaux yeux, vous parler d'amour.

Non ; ce gros garçon et monsieur son père
Aux futilités ne s'adonnent point.
Pour être *fumier*, ton gentil pourpoint
Pauvre cher coteau, deviendra *litière*.

Tout ami des champs leur doit son courroux.
Bien souvent au sien mon cœur s'abandonne.
Et, mon cher ami, pour que je pardonne,
Il faut que ces gens soient chantés par vous.

Saint-Paul, 7 *décembre* 1873.

E. Bourgarel.

38. *Bouis*, buis (*Buxus sempervirens*.)

39. *Moureto*, noiraude, nom de mule. Les paysans provençaux désignent ordinairement les bêtes de somme par la couleur de leur robe : *mouret*, noir ; *falet*, gris, *baiard*, bai, etc ....

40. *Aplano*, planorbis (*planus*, plat ; *orbis*, cercle, Bruguières.)

41. *Masco*, hélice chagrinée, grand escargot de vigne (*helix maculata*, Drap.)

42. *Mourgueto*, nonnain (*helix vermiculata*, Drap.)

43. *Meissounenco*, moissonniennes (*Helix cœspitum*, Drap.)

Toutes ces espèces, à l'exception de la première, se récoltent et se mangent dans le midi de la France ; elles servent de nourriture surtout au peuple des campagnes.

44. *Espi*, spic, lavande (*Lavandula spica*, Lin.)

45. *La desfacho*. — Cet appel à la charité dit par l'auteur, au concert organisé par les gardes nationaux mobilisés de la première légion des Bouches-du-Rhône, le 8 janvier 1871, au théâtre de notre ville, produisit *cent quarante-quatre francs*, résultat d'une quête faite dans la salle. Cette somme remise immédiatement à M. Marius Girard fut expédiée le lendemain à nos prisonniers français, alors en Allemagne, par les soins de M. le commandant Giraud.

(Voir *Gazette du Midi*, vendredi 13 janvier 1871.)

La partènço, le départ, avait été dit sur le perron de l'hôtel-de-ville comme un adieu et un encouragement donnés aux volontaires Saint-Rémois partis au nombre de 90...

46. *Nouvè*, Noël. — C'est la grande fête des Provençaux ; toutes les familles se réunissent ce jour-là sous le toit du père.

47. *Escarava*, escarbot, scarabée (*Copris sacer*, scarabée sacré.) — Les Egyptiens l'adoraient à l'égal d'un dieu, le mettaient souvent dans leurs hiéroglyphes. Il en a été trouvé plus d'une fois dans des têtes de momie. Très-commun en Provence.

FIN DU LIVRE 1er.

A TÈMS PASSA.

AU CATALAN DON V. BALAGUER,

Marchons les yeux toujours tournés vers le soleil !
V. Hugo

L'enavans souleious vers Diéu nous traspourtavo ;
  Neissié vounge-cènt-vint ;
L'estrambord liberau dins li pitre mountavo ;
  Coume vesès lou vin
  Mounta dins lou cristau, quand raio
  De la dourgueto de terraio,
  Si caud trelus resplendissien...
  Dóu Bèu cantavon l'eisistènci ;
  La fe, l'unioun, l'independènçi,
Fiho de l'aveni, fiheto grandissien.

Fraire de Catalougno, e fraire de Prouvènço,
  Alor èro un bèu tèms !
Noste parla rouman dins touto sa jouvènço ;
  Au soulèu, au printèms,
En flour s'espandissié ! — Venien de Palestino,
  Souto la crous latino,
  Jouglar e troubadour,
  Defensour-nadi nòbli causo,
  A l'ouro ounte l'aucèu repauso,
I castèu segnourièu, à soulèu escabour.

AU TEMPS PASSÉ.

AU CATALAN DON V. BALAGUER.

Marchons les yeux toujours tournés vers le soleil !
H. Hugo.

Le progrès lumineux vers Dieu nous transportait ; Naissait onze-cent-vingt ; l'enthousiasme libéral montait dans les poitrines, comme on voit le vin monter dans le cristal, lorsqu'il coule de la cruche de terre. Ses chauds reflets resplendissaient... On chantait l'existence du beau. La foi, l'union, l'indépendance, filles de l'avenir, fillettes grandissaient.

Frères de Catalogne et frères de Provence, c'était beau temps, alors ! — notre langue romane dans toute sa jeunesse, au soleil, au printemps, en fleurs s'épanouissait ! — Venaient d'Orient, sous la croix latine, joglars et troubadours, défenseurs-nés des nobles causes, à l'heure où l'oiseau se couche, aux manoirs féodaux, à la tombée du jour.

Venien libre e countènt, canta souto li triho ;
    Pourtavon au capèu
La cigalo d'argènt, simbèu de la patrìo,
    Sóudard de soun drapèu.
    Afeciouna li vesias courre
    E se gandi souto li tourre
    Coumo un eissam de parpaioun,
    Pèr entre-vèire langourouso
    Uno béuta siavo e courouso.
    Amount au tourrihoun.

A-z-Ais, reialamen, l'oustau de Barcilouno,
    A l'aubo, en plen azur,
Emé si page brun, si marqués, si barouno,
    Fasié fugi l'escur.
    De troubadour de touto merço,
    Ami de l'amourous coumerço,
    Venien. — [1] Elias de Barjòu,
    Entre-vesènt dins lou reiaume
    Garsendo, fiho de Guihaume
De Fourcauquié, lou cor brulant, lou cor en dòu,

Pèr ie plaire escrivié l'espectaclouso guerro
    Di castelan Baussen,
Esmarra, palinèu, trevant l'estang de Berro
    E lou fio din lou sen.

---

1 *Elias de Barjols*, résidait à Marseille, auteur de la *Guerra dels Baussencs*.

2. *Garsendo*, fille de Guillaume IV, comte de Forcalquier et épouse de Reynier de Castellane, de la maison de Sabran. C'est à elle qu'Elias de Barjols adressait des vers.

Venaient libres et contents, chanter sous les treilles, ils portaient au chapeau la cigale d'argent, symbole de la patrie, soldats de son drapeau. Empressés, on les voyait accourir, et se diriger sous les tours, comme un essaim de papillons, pour entrevoir, languissante, une beauté sereine et gracieuse, là-haut sur la tourelle.

A Aix, princièrement, la maison de Barcelone, à l'aube, en plein azur, avec ses pages bruns, ses baronnes, ses marquis, chassait l'obscurité. Des troubadours de tous genres, amis du commerce galant, venaient. — Elyas de Barjols, rencontrant dans la Provence Garsende, fille de Guillaume de Forcalquier, le cœur brûlant, le cœur en deuil,

Pour lui plaire, écrivait la guerre colossale des châtelains des Baux ; pâle, égaré, sur les bords de l'étang de Berre, et le feu dans le sein, chantait Hugues de Santeyre ; Peyre, l'aimable troubadour,

Troubavo Ugounet ¹ de Santeyre ;
L'amistadous troubaire Pèire ²
Espelissié dins Sant-Roumié ;
Leissant l'autar e la grasiho,
La gènto Coumtesso de Dio ³
Placavo pèr canta lou sourne mounastié.

E tóuti, fiéu ardènt de l'ilustro Prouvènço,
Fasien counèisse alor
Noste parla rouman dis Aup à la Durènço ;
Trevant li castèu-fort
De Franço emai de l'Italio,
Semenavon la pouësio.....
O Vau-cluso ! ta font lou saup :
Petrarco, ⁴ que lou renoum dauro,
Bèn de fes, en sounjant à Lauro,
Amourous, ispira, cantavo en prouvençau.

Emé lou Gai-Sabé nasquèron poulitesso,
Bèlli mour, gaieta,
La fe dins ço qu'es grand, lou goust de la belesso,
E la galanto ounesteta.

---

1 *Hugues de Santeyre*. Il nous a laissé, avec Foulques de Marseille et Arnaud de Mareuil, *Las coumplanchas de Beral, las recastenas de sa comtessa e las ricas vertus de sa dona.*

2 *Peyre de Sant-Romiech.*

3 *La comtesse de Dye*, religieuse de Tarascon et célèbre trouveresse.

4 *Pétrarque*, grand poète italien, — a immortalisé le nom de Laure de Noves par ses poésies.

se révélait dans Saint-Remy. Laissant l'autel et la
grille, la gente comtesse de Dye abandonnait, pour
chanter, le sombre monastère.

Et tous, fils ardents de la Provence illustre, fai-
saient alors connaître notre langue romane des
Alpes à la Durance ; hantant les châteaux forts de
France et de l'Italie, ils semaient les chansons.....
O Vaucluse ! ta fontaine le sait : Pétrarque, que
dore la renommée, bien des fois, en songeant à
Laure, amoureux, inspiré, chantait en provençal.

Avec le *Gai-Savoir* naquirent la politesse, la
gaîté, les belles mœurs, la foi dans tout ce qui est
grand, le goût du beau, et l'honnête galanterie.
Mais, jour maudit ! triste jour, horrible ! Un homme

Mai, jour maudi ! triste jour orre !
Un ome crido : Fau que more,
Aquéu reviéure ! Iéu Mount-fort [1],
Souto li pèd de moun courrèire,
Vous caucarai ! arrèire ! arrèire !
Siéu valènt emai fort.

E lou soulèu se coucho ! o Mountf-ort, que la graso
Que courouno toun cros,
Brulado pér lou tron coume un pin que s'abraso
S'esclape en milo tros.
Soul, e pourri dins lou susàri,
Se de fes dromes, o coursàri,
Qu'un negre vòu de courpatas,
Aucèu de mort, de fam alabre,
Vole eilalin vers toun cadabre,
E de ta frejo som vague trebla la pas !

Diéu nous coundus ! noun sies pas morto, o ma
[Prouvènço !
Ensèn, li Prouvençau,
Vers lou libre aveni, plen de fe, de jouvènço,
Escalon a l'assaut...
Muso di troubadour, vivènto pouësio
Vuejo nous l'ambrousio

---

[1] *Simon de Montfort* commanda la croisade contre les Albigeois et renouvela dans le Languedoc et la Provence les horreurs d'Attila et les dévastations des Sarasins.—*Etude sur la poésie provençale* (**J. B. Gaut.**)

s'écrie : Il faut que meure cette renaissance !
moi, Montfort, sous les pieds de mon coursier, je
vous foulerai ! Arrière ! arrière !... je suis fort et
vaillant.

Et le soleil se couche ! O Montfort, que la dalle
qui couronne ta fosse, brûlée par le tonnerre
comme un pin embrasé. se brise en mille éclats,
Seul et pourri dans le linceuil, si parfois tu dors,
ô corsaire, qu'un noir essaim de corbeaux, oiseaux
de mort, avides de carnage, vole là-bas vers ton
cadavre, et de ton froid sommeil aille troubler
la paix !

Dieu nous conduit ! non, tu n'es pas morte, ô ma
Provence ! Les Provençaux ensemble, vers le
libre avenir, pleins de foi, de jeunesse, montent à
l'assaut..... Muse des troubadours, poésie vivante,
verse-nous l'ambroisie du grand parler roman,
et d'Avignon à Barcelone, longtemps reluise le

Dóu grand parla rouman ;
E d'Avignoun a Barcilouno
Longtèms lusigue la courouno
Di Ramoun-Berenguié, nous tenènt pèr la man [2].

D'aut, fraire de Próuvènço e de la Catalougno,
Fiéu de la liberta,
Canten ! saches lou bèn : jamai la glòri fougno
En quau emé fierta
Canto l'amour de la patrìo,
Li dre sacra de la pauriho,
L'espèr, la fe, l'humanita.
Sian li fiéu de la causo santo :
Bessoun, lou Felibrige canto
La pas e la fraternita !...

---

[1] *Raymond-Bérenger.* — Originaire du Languedoc, la famille Bérenger gouverna avec gloire et bonheur la Catalogne.

Avignoun, 17 de Setèmbre 1868.

diadème des Raymond-Bérenger, nous tenant par la main.

Debout, frères de Provence et de la Catalogne ! Fils de la liberté, chantons ! Sachez-le bien : jamais la gloire ne fuit ceux qui, avec fierté, chantent l'amour de la patrie, les droits sacrés de la misère, l'espoir, l'humanité, la foi. Nous sommes les fils de la cause sainte : jumeaux, nos poètes chantent la paix et la fraternité.

Avignon, le 17 Septembre 1868.

A MA FEMO

LIBRE II

SUS LI MOURE

LEGÈNDO E BALADO

1862 - 1876,.

A MA FEMME.

LIVRE II

SUR LES MORNES

LÉGENDES & BALLADES

1862 - 1876

(1) LA CROUS DIS AUBESPIN.

Legèndo qu'a gagna lou rampau d'oulivié de l'Acadèmi de Beziés.

A LA FELIBRESSO ROSO-ANAÏS.

> l'a gens de roso sènso espino,
> l'a gens de rire sènso plour.
> A. TAVAN.

A Sant-Roumié, de-vers l'Aupiho,
  Coume lou nis dins la ramiho,
I'a' no crous que s'escound, entre d'óume e de pin,
  Ounte jouvènt, ounte chatouno,
  Vènon l'estiéu, vènon l'autouno,
  Adurre sèmpre de courouno :
Ie dison dins l'endré *la Crous dis Aubespin.*

  D'aquelo crous subre li rouino,
  Un perdigau de chato jouino,
Gounflo d'amar plourun, pecaire ! prègo Diéu ;
  Ageinouiado entre dos crosso,
  Coume un canèu elo se trosso
  Davans la crous, ounte s'amosso
Esbrihaudant de rai, un caud soulèu d'estiéu.

  Maire de Diéu ! vès ! coume es bello !
  Soun front lusis coume l'estello !

---

(1) Voir pour cette note et celles qui suivent, à la fin du volume.

LA CROIX DES AUBÉPINES.

Légende qui a gagné le rameau d'olivier de l'Académie de Béziers.

A LA F. ROSE ANAÏS.

> Il n'y a pas de roses sans épines.
> Il n'y a pas de rire sans pleurs.
> A. Tavan.

A Saint-Remy, le long des Alpilles, comme un nid dans la ramée, il y a une croix qui se cache entre des ormeaux et des pins, où jeunes gars, où jeunes filles, viennent l'été, viennent l'automne déposer fort souvent des fleurs : on la nomme dans le pays la Croix des Aubépines.

Au pied de cette croix en ruine, une intéressante fillette, oppressée de pleurs amers, pauvrette ! prie Dieu, agenouillée entre deux béquilles, comme un roseau elle se courbe devant la croix, où vient s'éteindre, éblouissant de rayons, un chaud soleil d'été.

Mère de Dieu ! voyez ! comme elle est belle : son front luit comme l'étoile, ses grands yeux noirs font

Si grands iue negrinèu fan d'amour trefouli...
    Sa bruno caro es un pau palo,
    Si péu frisejon ; — sis espalo,
    Escoundon mau si grândis alo :
O jouvènt ! s'es jamai rèn vist de tant poulit !

    — Jéuse ! Mario ! Madaleno !
    Agués piéta 'n pau de mi peno,
Dis la pauro chatouno en se toursènt li poung....
    Tout moun courage me defauto ;
    l'a quinge mes que siéu malauto ;
    Vès ! lou plourun nèblo mi gauto :
Noun plantés mai avans l'espino que me poun !

    Souleto, emé ma vièio maire,
    Despièi dous an qu'ai gens de paire,
Ploure, tóuti li jour, moun ami qu'ei sóudard
    Sus li roucas de Sebastople,
    Fièr prouvençau, enfant dóu pople,
    Pèr apara Coustantinople,
S'èi batu peralin, de dela de la mar.

» Noun sai s'es mort o s'es en vido....
    O crous dis ange benesido,
Digas-me lèu ounte èi, se trèvo en quauque lio...
    Vous, que souleto au pèd di moure,
    Vesès de liuen, coume uno tourre,
    Crèisse lis éuse e li grand roure.....
Mandas-me de soulas ! ma peitrino es en fio.

tressaillir d'amour. Sa brune chair est un peu pâle ; ses cheveux bouclent ; ses épaules cachent mal leurs grandes ailes... O jeunes hommes, jamais on n'a vu tableau plus gracieux.

Jésus ! Marie ! Madeleine ! ayez pitié de mes tourments, s'écrie la pauvre fille en se tordant les poings ; tout mon courage m'abandonne, il y a quinze mois que je suis malade : voyez, les pleurs voilent mes joues ; n'enfoncez pas plus profondément l'épine qui me perce le cœur.

Seule avec ma vieille mère, depuis deux ans que mon père est mort, je pleure tous les jours mon promis, qui est sur les rochers de Sébastopol. Fier provençal, enfant du peuple, pour défendre Constantinople, il s'est battu, là-bas, par delà la mer...

Je ne sais s'il est mort ou s'il vit. O croix des anges bénie, dites-moi bien vite où il est, s'il est encore de ce monde, vous qui seule aux pieds des mornes, voyez de loin, comme une tour, croître les yeuses et les grands chênes. Donnez-moi du soulas ! ma poitrine est en feu.

» Digas-ie bèn que iéu, sa sorre,
　　Se noun vèn lèu, sènte que more :
Moun cor es trafiga, li segren m'an pali...
　　O mi pantai ! vers aquéu qu'ame,
　　Anas-vous-en à grand eissame...
　　Mai en que sièr que iéu m'enflame ?.
Toun amour, o jouvènt, belèu s'es esvali. »

　　Mai, lou bon Diéu à la manido
　　Enebriado e trefoulido,
Lou bon Diéu, de sa crous, a dich : » Escouto-me ;
　　Pichoto flour panca 'spandido
　　Que vers l'amour te sies gandido,
　　Quand d'eilamount iéu t'ai bandido,
Ères bello ! — Es ansin que la terro vous met !

» Sus terro, o chato amourousido,
　　Tout se passis ! E de la vido
Lou riéu noun fai toujour brusi si cascagnòu :
　　Tout n'a qu'un tèms, pauro pichoto !
　　Fau pièi que more la lignoto...
　　E lou plagnun de la machoto
S'apound mai que d'un cop au cant dòu roussignòu.

　　» A bas, — o jouveineto, escouto !
　　Lou grihet brun subre sa mouto,

Dites lui bien que moi, sa sœur, s'il ne vient tôt, je mourrai : mon cœur est ulcéré, les noirs pressentiments m'ont pâlie. O mes rêves ! vers lui que j'aime, allez-vous en à grands essaims. Mais à quoi bon ainsi m'enflammer ! ton amour, ô jeune homme, peut être s'est-il évanoui.

Mais le bon Dieu à la fillette enivrée et tressaillante, le bon Dieu, de sa croix, a dit : Ecoute-moi, petite fleur non encore épanouie que l'amour a séduite, lorsque du ciel (ici bas) je t'ai envoyée, tu étais belle, c'est ainsi que la terre vous met.

Sur terre, ô fille amoureuse, tout se flétrit, et de la vie le ruisseau ne fait pas toujours bruire ses galets : tout n'a qu'un temps, pauvre petite ! Il faut, puis, que le linot meure, et les plaintes de la chouette se mêlent plus d'une fois au chant du rossignol.

Là-bas, ô jeune fille, écoute : le grillon brun, sur sa motte (d'herbe), ne fait pas toujours enten-

Noun toujour fai ausi soun gai cascarelun...
E, dins l'ivèr, li grandis aubo
Coume l'estiéu n'an plus si raubo ;
Lou calabrun vèn après l'aubo,
E la flour se passis, en Crau coume en palun.

« Vène eiçamount, pauro doulènto !
Laisso lou riéu segui sa pènto....
Vène-t'en, vène-t'en amount en Paradis !
Dins lis amour d'aqueste mounde
Jamai lou cor a soun abounde :
Fau que la serp toujour s'escounde
Dins li bouissoun flouri dóu pale entravadis ! »

Subran la crous, la crous tant vièio,
Resplendigué coume daurèio ;
Lou bon Diéu se teisè ; dins lou cèu azuren
S'entre-veguè lusi d'estello ;
E la chatouno palinello,
Coume uno santo blanquinello,
Toumbè, lou front cencha de rai paradisen.

Vaqui, jouvènt, vaqui, chatouno,
Perqué l'estiéu, perqué l'autouno,
Cenchan de blànqui flour *la Crous dis Aubespin* :
De riserèlli charradisso,
De fouligàudi cridadisso
Noun treboulés óume e sebisso ;
Mai au pèd de la crous pregas souto li pin....

Sant-Roumié, 28 de Mai 1862.

dre son gai claquettement, et dans l'hiver les grands peupliers comme en été n'ont plus leurs robes vertes, le crépuscule succède au lever du soleil, et la fleur se flétrit, dans la Crau comme dans les Paluds.

Viens là-haut, pauvre éplorée ; laisse le ruisseau suivre sa pente. Viens-t'en, viens-t'en là-haut en Paradis : dans les amours de ce bas monde, jamais le cœur n'a son soul ; presque toujours le serpent se cache dans les buissons fleuris de la pâle clématite. »

Soudain la croix, la croix si vieille resplendit comme une dorure ; le bon Dieu se tut ; dans le ciel azuré on entrevit luire des étoiles, et la pâle jeune fille, blanche comme une sainte, tomba le front ceint de rayons célestes.

Voilà, jouvenceaux, voilà, fillettes, pourquoi l'été, pourquoi l'automne, on ceint de blanches fleurs *la Croix des Aubépines* : de rieuses causeries, de folâtres clameurs, ne troublez point ormeaux et haies ; mais au pied de la croix priez sous les pins.

Saint-Remy, 28 Mai 1868.

(3) LOU POUS DOU SEGNOUR.

A M. L. VERAY, *estatuaire*.

> Vène, que di merlet sur li dentello,
> Veiras à pèd cauquet dansa d'estello.
> F. MISTRAL.

Quihado e fièro sus un moure,
A Barbentano i'a 'no tourre
Qu'aubouro dins lou cèu sa sa cencho de merlet.
Sus lou roucas antan bastido,
E de vieiun aro vestido,
Plouro sa resplendour, si mèstre e si varlet.

Carrado e griso, amount s'enauro,
E de trelus soun front se dauro,
Tre que lou blound soulèu casso l'escurita,
Encourounado de dentello,
Alor de rouge s'enmantello
Coumo un page amourous qu'espèro sa bèuta.

Lou rateiròu ie trèvo e niso
Sus lou rivet de sa deviso,
* La deviso en latin de Mounsegne Grimau :
E d'aquéu rode de plasènço
Vesès lou Rose e la Durènço
Qu'entre-mesclon alin si blu riban d'esmaut.

---

* Avenionensium præsul Anglicus de Grimoaldis turrim erexit anno domini MCCCLXIV.

LE PUITS DU SEIGNEUR.

A L. M. VERAY, *statuaire.*

> Viens, et des créneaux sur les dentelures,
> Tu verras sur un pied danser les étoiles.
> F. Mistral.

Perchée et fière sur un morne, à Barbentane il y a une tour, qui lève vers le ciel sa couronne de créneaux : sur le roc jadis bâtie, et de vieillesse aujourd'hui vêtue, elle pleure sa splendeur (*passée*), ses maîtres et ses valets.

Grise et carrée, là-haut elle se dresse, et de reflets son front se dore, dès que le blond soleil chasse l'obscurité ; couronnée de dentelures, alors de rouge elle se couvre, comme un page amoureux qui attend sa belle.

Le martinet y vient et niche sur le cadre de sa devise, la devise en latin de Mgr Grimoald ; et de cet endroit de plaisance, on voit la Durance et le Rhône confondre là-bas leurs bleus rubans émaillés.

D'aquelo tourre,— acò dèu èstre,' —
M'an vougu dire qu'un di mèstre,
A passa tèms, raubè la fiho d'un pauras ;
Lou dur segnour de l'encountrado
L'avié souleto rescountrado,
E countènt, s'èro di : De-vèspre, tu l'auras !

— Bello, ie vèn, vaqui daurèio,
Diamant, bouquet, richo liéurèio...
De flour souto ti pèd iéu farai semena ;
Te farai gènto segnouresso ;
Saras manjado de caresso ;
Coume un esclau pèr tu me leissarai mena.

— Vous bescoumtas sus ma feblesso,
Diguè la chato, ai ma noublesso ;
Siéu fiho de pacan ; nascudo dins l'ermas,
Noun ai besoun de tant de viéure ;
Eme mi sorre ame mai viéure,
Ame mai, o segnour, e moun paire, e moun mas ! —

E lou baroun à cor de mabre,
Lou dur segnour, d'amour alabre,
Tout-d'un-cop, devenènt blave coume la mort,
Sono soun mounde : — Que l'embarron,
Dis, touto vivo que l'entarron
Avau dins lou grand pous ! siéu lou mèstre, e siéu
[fort! —

De cette tour, cela doit être vrai, on a voulu me dire qu'un des maîtres jadis enleva la fille d'un vilain. Le dur seigneur de la contrée l'avait rencontrée seule, et, content, s'était dit : Ce soir, tu l'auras !

« Belle, dit-il, voilà joyaux, diamants, bouquets, riches livrées... je ferai semer des fleurs sous tes pieds ; je te ferai gente châtelaine ; tu seras dévorée de caresses ; comme un esclave, par toi, je me laisserai mener. »

« Sur ma faiblesse, en vain, vous comptez, dit la fille, j'ai ma noblesse : je suis fille de paysan ! née dans les champs, point n'ai besoin de tant de choses ; avec mes sœurs j'aime mieux vivre ; j'aime mieux, ô seigneur, et mon père et ma ferme ! »

Et le baron au cœur de marbre, le dur seigneur, d'amour avide, tout-à-coup devenant pâle comme la mort, appelle ses gens : « Qu'on l'enferme, dit-il, toute vive qu'on l'enterre, là-bas dans le grand puits ! Je suis le maître et je suis fort ! »

Mai enterin un vièi en aio
Despendoulant sa longo daio
Escalo peramount au sourne castelas,
E penetrant dins la grand salo :
— Baroun, ie dis, li prouvençalo
Amon la liberta.... Ma fiho ! car tu l'as ! —

Lou baroun traite vòu s'encourre
Dins la viseto de la tourre...
Dins Barbentano, vuei pèr la premiero fes,
La daio fai fugi l'espaso :
— Anas dóu pous leva la graso,
Cridavo lou segnour, vivo l'atrouvarés... —

Mai la daio terriblo e proumto
Après lou lache toujour mounto,
Au darrier escalié dóu tourrihoun — l'ajoun,
E lou sagato cridant gràci....
Pièi lou pacan, dintre l'espàci,
Jito lou castelan dóu bout de soun dounjoun.

Quand desclapèron la paureto,
Ai ! sieguè folo, pecaireto !
E li Barbentanen cavèron un eissour,
Un autre eissour d'aigo blavenco,
Car, despièi, li Barbentanenco
Vouguèron plus tira d'aigo au pous dóu segnour.

Barbentano, 15 d'avoust 1865.

Cependant, un vieillard hors de lui, décrochant sa longue faulx, se dirige là-haut vers le sombre manoir, et pénétrant dans la grande salle : « Baron, dit-il, les provençales aiment la liberté... Ma fille ! car tu l'as. »

Le traître baron veut fuir dans l'escalier en spirale de la tour... Dans Barbentane, aujourd'hui, pour la première fois, la faulx fait fuir l'épée : « Allez du puits lever la dalle, s'écriait le seigneur, vivante vous la trouverez... »

Mais la faulx terrible et prompte après le lâche monte toujours, puis au dernier degré de l'escalier l'atteint, et le tue, criant grâce... Puis le manant, dans le vide, jette le châtelain du haut de son donjon.

Lorsqu'on découvrit la malheureuse enfant, hélas ! elle était folle, pauvrette ! et les Barbentanais creusèrent une source, une autre source d'eau bleuâtre, car, depuis, les filles de Barbentane ne voulurent plus puiser de l'eau au *Puits du Seigneur*.

Barbentane, 15 août 1865.

(4) LA BAUMO DE ROCO-ROUSSO

A MOUN AMI LOUIS DE BOUCHAUD DE BUSSY.

Ai ! pecaire !
L. Roumieux.

A Lamanoun, davans la Caumo (5),
    Souto uno largo baumo,
Dins lou flanc dóu roucas s'aubouro brancaru
    Lou pège gris d'uno figuiero
    Que sus la roco nourriguiero
Espandis si ramèu verdau e loungaru.

Tre que lou roumanin (6) bluiejo sus l'Aupiho,
    De nivage d'abiho,
— Que trèvon tout l'estiéu li vau e lou bouscas, —
    De Mai sentènt la calour douço
    Sorton dóu trau de Roco-Rousso
E pièi s'acampon mai dins l'asclo dóu roucas.

Dison que, i'a dès an, eiça dóu tèms di figo,
    Un Baussen e sa migo
Venguèron s'asseta sus lou tapis flouri
    Que se desplego dins la baumo,
    Quand sucedisson li calaumo
I soufle de l'ivèr que vènon de mouri.

LA GROTTE DE ROQUE-ROUSSE

A MON AMI LOUIS DE BOUCHAUD DE BUSSY.

> Hélas ! pauvre.
> L. Roumieux.

A Lamanon, devant la Çaume, sous une large excavation dans le flanc du rocher s'élève, branchu, le tronc gris d'un figuier qui, sur la roche qui le nourrit, étale ses rameaux verts et allongés.

Dès que le romarin bleuit sur l'Alpille, des nuées d'abeilles qui parcourent tout l'été les vallons et les bois, sentant de mai les douces chaleurs, sortent du trou de Roque-Rousse et se rassemblent de nouveau dans la fente du roc.

On dit, — il y aura dix ans, viennent les figues. — qu'un Baussen et sa mie vinrent s'asseoir sur le tapis de fleurs, qui se déploie dans la grotte lorsque succèdent les beaux jours aux souffles de l'hiver qui vient de mourir.

Dison que Madeloun, la gênto bastidano,
   Talo qu'uno avelano
Avié lou ten uscla pèr li fio dóu soulèu,
   Qu'avié 'n capèu de bourro bruno
   E dous iue blu coume de pruno
Que jitavon de rai amourous, caudinèu.

Dison qu'Estevenet, bouscatié de l'Aupiho,
   E dre coume uno quiho,
De la colo sabié tóuti li carreiroun,
   Que de Vau-Tordo à Vau-Petiero,
   Tout l'an trevavo li coustiero,
Qu'èro prim, quèro fort, e lèst coume un garroun.

Adounc lis amourous venien de Vau-d'Areno :
   Souto un fais que l'arreno
Lou valènt bouscatié davalo lou premié ;
   La chato porto sus la tèsto
   Soun fais de sàuvio e de genèsto...
— Dins l'oumbrino eilalin blanquejo Sant-Roumié,

Tout d'un-cop vèn ansin, roujo coume uno amouro :
   Despièi mai de dos ouro
Caminan dins li pèiro, escouto : arresten nous !
   Vese lou trau de Roco-Rousso ;
   Nous pausaren subre la mousso...
N'en pode plus, mi pèd dèvon èstre saunous.

On dit que Madelon, la gente métayère, telle
qu'une aveline avait le teint hâlé par les feux du
soleil, qu'elle avait un chapeau de brune bourre,
et deux yeux bleus comme des prunes qui jettaient
des rayons amoureux et chauds.

On dit qu'Estévenet, bûcheron des montagnes, et
droit comme une quille, de la colline savait
tous les sentiers, que de Val-Torde à Val-Petière,
il parcourait toute l'année les versants : qu'il était
svelte, qu'il était fort et leste comme un coq de
perdrix.

Donc les amoureux venaient du Val-d'Arène :
sous un fagot qui l'éreinte, le vaillant bûcheron
descend le premier ; la fille porte sur la tête son
faix de sauge, de genêt... — « Dans l'ombre là-bas
on découvre Saint-Remy,

Dit-elle soudain, rouge comme une mûre,
depuis plus de deux heures, nous cheminons dans
les pierres : écoute, arrêtons-nous ! je vois le
trou de Roque-Rousse ; nous nous reposerons sur
l'herbe... je n'en puis plus, mes pieds doivent être
meurtris.

Uno fes arriba, la chato vèn au drole :
— Escoute-me ! iéu vole
Qu'escales eilamount au bout d'aquéu calanc,
E que me tournes quàuqui figo...
An ! fai acò pèr toun amigo...
Te darai un poutoun, pièi ajustè bèn plan.

— Acò 's di, ie respond lou jouine e bèu fringaire,
Espèro ! istarai gaire !... —
Lou vaqui tout-d'un-tèms qu'escalo la paret
Long de la baumo ; vai i branco
De la figuiero qu'espalanco,
Souto l'eissame blound que fai soun jafaret.

Pièi s'arrapant au ro, viéu coume uno rassado,
Au bout d'uno passado,
Bandis à plen de man li figo pèr lou sòu,
E crido ansin : — Ma gènto fiho,
Eiçamoundaut i'a 'n brusc d'abiho
Que me nèblo lis iue ! n'en eissamo de vòu !

— Davalo ! elo ie fai... Mai la bando ferouno
Lou poun e l'envirouno ;
Lou paure bouscatié resquiho sus olouj,
E, barrulant entre li broco
De la figuiero, sus la roco
Toumbo coume l'uiau e rèsto sus lou cop.

Une fois arrêtée, la fille dit au gars : « Écoute-moi : je veux que tu grimpes là-haut au sommet de ce roc ; et que tu m'en rapportes quelques figues... Allons ! fais cela pour ta mie... un baiser te ferai », puis ajouta-t-elle doucement.

« C'est dit, lui répond le jeune et beau soupirant, attends ! longtemps ne resterai !... » Le voilà sur-le-champ qui grimpe à la paroi le long de la grotte ; il va aux branches du figuier qui plie, chargé de fruits, sous l'essaim blond qui bourdonne...

Puis, s'accrochant au roc, vif comme un lézard, au bout d'un instant, il jette à pleines mains les figues sur le sol, et s'écrie ainsi : « O gente fille, il y a ici une nuée d'abeilles qui me voile les yeux ! il en sort par milliers ! »

« Descends ! répond-elle... mais la bande furieuse le pique et l'entoure ; le pauvre bûcheron glisse sur le roc, et dégringolant entre les branches du figuier, sur la roche tombe comme l'éclair et reste sur le coup.

La semano d'après Madeloun de Vau-Tordo
    Prenguè la griso cordo
Di mourgo. Desempièi, an founs de soun couvènt
    Prègo en pensant à Roco-Rousso
    Ounte repauso dins li mousso,
Souto uno crous de bos, lou jouine e bèu jouvènt.

Lamanoun, 10 de Mai 1866.

La semaine d'après, Madelon de Val-Torde prit la corde grise des religieuses. Depuis, au fond de son couvent, elle prie en passant à Roque-Rousse où repose dans les herbes, sous une croix de bois, l'infortuné jeune homme.

Lamanon, 16 mai 1865.

(8) LOU ROUCAS DE GLÈISO-BLANCO

A MADAMO G. D'ASSAILLY.

> Mies vau l'ounour
> Que l'amour.
> Prouverbi.

En Eigaliero, — eiçò 's de crèire, —
A passa tèms, lou comte Pèire
    De Moulegés
Veguè la bloundo Estevenino,
Veguè pèr la premiero fes
Esteveneto la bloundino.

Lèu amourous e calourènt :
« Siéu, dis, segnour de noble rèng,
    Madamisello...
Pèr m'enebria de vòstis iue,
De voste amour, dins la tourrello
Iéu vous espère à miejo-niue.

Lou clar de luno alor s'amosso :
Soul, lou grihet canto li noço
    Dóu terraioun ;
Dor la bouscarlo dins lis éuse,
Sus li rousié lou parpaioun
E lou lesert souto li féuse.

LE ROCHER DE BLANCHE-ÉGLISE

A MADAME E. D'ASSAILLY.

> . Mieux vaut l'honneur
> Que l'amour.
> Proverbe.

A Eygalières, c'est à croire, jadis le comte Pierre de Molléges vit la blonde Etiennette, vit pour la première fois Etiennette la blonde.

Soudain épris et enthousiasmé: « Je suis, dit-il, seigneur de noble rang, Mademoiselle...; pour m'enivrer de vos yeux, de votre amour, dans la tourrelle je vous attends à minuit. »

Le clair de lune alors s'éteint : seul, le grillon chante les noces des courtilières ; dort la fauvette dans les yeuses, sur les rosiers le papillon, et le lézard sous les fougères.

— Jouvènt, amount, liuen de tout brut,
Sus li cresten, — rouge de fru,
    Leissas que perle
Lou verd mourven, — iéu di calanc,
Pèr amourous aurai li merle :
N'ai pas besoun d'autre galant.

E se voulès ausi moun dire,
Se noun pieta, me fasès rire ;
    Vòsti prepaus,
D'un galejaire iéu li crese...
Siguessias-ti prince di Baus,
Talo noublesso noun la prese.

Ausès-me bèn : Gui de Laudun,
l'aura dous an au mes de jun,
    En caravano
Fuguè sousprés noun liuen d'eici
Pèr lou trounèire e la chavano ;
E tout-d'un-tèms, dison, veici

Qu'au vièi roucas de Glèiso-Blanco,
Roujo taiolo autour dis anco
    Éu s'assoustè...
Noun liuen d'aqui passavo Agreno...
Gui, tre la vèire, l'acoustè :
— O vierginello blanco e leno,

Fado di vau e di roucas,
Douço tourtouro dóu bouscas,

— Jeune homme, là-haut, loin de tout fracas, sur les crêtes, rouge de fruit, laissez que se montre le vert genévrier, moi des rochers, pour amoureux, j'aurai les merles, pas n'ai besoin d'autre galant.

Et si vous voulez ouïr ma réponse : sinon pitié, me faites rire ; vos paroles, d'un séducteur moi je les crois... Fussiez-vous prince des Baux, telle noblesse ne la prise.

Ecoutez bien : Gui de Laudun, il y aura deux ans au mois de juin, en caravane fut surpris non loin d'ici par le tonnerre et la pluie ; et sur le champ dit-on, voilà

Qu'au vieux rocher de Blanche-Eglise, écharpe rouge autour des hanches, il s'abrita... Non loin de là passait Agrène ; l'apercevant, Gui l'accosta : « O jeune vierge blanche et douce,

Fée des vallons et des rochers, douce palombe des bois, pour vous entendre me dire : je t'aime !

Pèr vous entèndre
Me dire : t'ame ! voulountié,
Emai jalèsse a pèiro fèndre
Iéu restariéu l'ivèr entié

A vòsti pèd !.. Mai de-que dise ?
Ie mouririéu ! cresès que rise ?
   Se lou cresès,
De moun amour fasès l'esprovo...
Iéu vous adore !.. lou vesès,
Moun treboulèri n'es la provo. —

Agreno, ai ! las ! lou creseguè ;
Tres mes après despareiguè
   Lou traite noble,
E la chatouno, aquéu matin,
Se penjè, dison, a-n-un moble
Emé sa cencho de satin...

Estremas dins vosto memòri,
Bèl amourous, aquelo istòri :
   Noun sias proun fin...
Siéu bastidano, e iéu desdegne
Voste blasoun. Sèmpre e sèns fin
Fau ama Diéu, e lou fau cregne !

Eigaliero, 20 de jun 1868.

volontiers ! gelât-il à fendre les pierres, je resterais
tout l'hiver

A vos pieds !...— mais que dis-je ? j'y mourrais !
Vous ne le croyez pas ? Si point ne le croyez, de
mon amour faites l'épreuve... Je vous adore !...
Vous le voyez, mon trouble vous le prouve. »

Agrène, hélas ! le crut trop bien ; trois mois
après disparut le traître noble, et la fillette, le
matin de ce jour-là, se pendit au faîte d'un meuble
avec son écharpe de soie...

Renfermez dans votre mémoire, bel amoureux,
cette historiette : point n'êtes assez fin. Je suis
paysanne et je dédaigne votre blason. Sans cesse
et toujours il faut aimer Dieu et le craindre !

Eygalières, 29 *juin* 1868.

(9) UN RAUBATORI

A LA MEMÒRI D'ANTOUNIETO DE BÈU-CAIRE.

> Soulet siéu lou soulas dis amo matrassado :
> Vène vers iéu,
> ANTOUNIETO DE BÈU-CAIRE.

Antan, au castelas di comte Bèu-cairen,
  Bloundo e lis iue seren,
Dins lou gris tourrihoun di rouino majestouso,
Liuen dóu mounde marrit, cantavo e grandissié
  Uno chato crentouso,
E soun amo vers Diéu sèmpre se gandissié.

Souleto eilamoundaut, quand tristo s'espaçavo,
  Dóu Rose que passavo
Vesié s'esperdre alin lou long riban d'argènt
Que, courrènt peravau vers lis erso marino,
  Regretous dóu sourgènt,
Gemissié 'n rousigant lis isclo d'amarino.

Plouravo (mai perqué ? noun se saup !) lou matin,
  Quand lou bàrri bloundin
Dreissavo si merlet dins lou cèu linde e rose ;
Plouravo (mai perqué ? noun se saup !) a l'errour,
  Quand avau dins lou Rose,
A cha pau, à cha rai, s'ennegavo lou jour.

UN RAPT

A LA MÉMOIRE D'ANTOINETTE DE BEAUCAIRE.

> Seul, je suis le consolateur des affligés :
> Viens vers moi !
> Antoinette de Beaucaire.

Jadis au château-fort des comtes de Beaucaire, blonde et les yeux sereins, dans la tourelle grise des ruines majestueuses, loin du monde pervers, chantait et grandissait une fille timide, dont l'âme vers Dieu sans cesse s'élevait.

Seule, là-haut, lorsqu'elle sortait triste, du Rhône qui passait, elle voyait se perdre au loin le long ruban d'argent, qui courant là-bas vers les vagues de la mer, regrettant sa source, gémissait en rongeant les îles de saulaies.

Elle pleurait (mais pourquoi ? on ne sait!), le matin, lorsque le blond rempart découpait ses créneaux dans un ciel clair et rose. Elle pleurait (mais pourquoi? on ne sait!) au crépuscule, lorsque là-bas, dans le Rhône, peu à peu, lentement, se noyait le jour.

E dison qu'uno fes à travès dis estello,
　　Proche la jouvencello
Voulè lóugeiramen un bèl ange de Diéu ;
E de la vèire en plour aqui dins sa tourriho
Lou bèl ange, amourous, ie diguè : — jouine fiho,

　　　Sian tourna-mai au mes d'abriéu ;
　　　Veici tourna la magarido ;
　　　Avau la bruno bouscarido (10)
　　　Fai sa nisado long dòu riéu.

Eme iéu vène-t'en, o bloundo rèino palo ;
　　T'acatarai souto mis alo !

　　　L'abiho trèvo pèr lou cèu ;
　　　L'aureto boufo dins li pibo ;
　　　I'a de vióuleto long di ribo
　　　E dins lis aubre i'a d'aucèu.

Vène-t'en eme iéu, o bloundo rèino palo ;
　　T'acatarai souto mis alo !

　　　Lis argelas (11) soun vesti d'or ;
　　　Tout reverdejo à la mountagno ;
　　　I'a de perfum dins la campagno
　　　E tout es joio dins moun cor.

Vène pereilamount, o bloundo rèino palo ;
　　T'empourtarai subre mis alo ! —

Et l'on dit qu'une fois à travers les étoiles, proche la jouvencelle, vola légèrement un bel ange de Dieu, et la voyant en pleurs là-haut sur sa tourelle, le bel ange lui dit : « Jeune fille,

De nouveau voici avril ; voici fleurir les marguerites ; là-bas, la brune fauvette fait son nid au bord du ruisseau.

Avec moi, viens-t'en, ô blonde reine pâle ; je t'abriterai sous mes ailes !

L'abeille vole vers le ciel ; la brise souffle dans les peupliers ; il y a des violettes le long des terres, et dans les arbres il y a des oiseaux.

Viens-t'en avec moi, ô blonde reine pâle : je l'abriterai sous mes ailes !

Les genêts sont vêtus d'or ; tout reverdit à la montagne ; il y a des senteurs dans les champs et tout est joie dans mon cœur.

Viens, et dans l'infini, ô blonde reine pâle, je t'emporterai sur mes ailes !... »

E dins l'èr, tout-d'un-tèms, lou parèu benurous,
    Entre de nivo rous,
Voulè trefoulissènt vers lou palais di Santo :
Toustèms e longo-mai souto un cèu siau e pur
    Aqui desempièi canto
Li lausenjo de Diéu e l'eterne bonur.

Bèu-caire, 3 *d'abrièu* 1865.

Et dans l'air tout-à-coup le couple bienheureux, entre des nuages dorés, vola tressaillant vers le palais des Saintes : sans cesse et pour toujours sous un ciel clair et pur, il chante depuis lors les louanges de Dieu et l'éternel bonheur.

Beaucaire, 3 avril 1865.

(12) LA FONT DOU MERLE

AU PINTRE GUILBERT D'ANELLE,

> Fau bèu counèisse avans d'ama.
> PROUVÈRBE.

Lou derrabaire de genèsto
    E d'argelas,
Ivèr-estiéu, aqui s'arrèsto,
    Sounjaire e las ;
    Pièi 'mé li merle
    Di mourre esterle
De-fes s'abéuro au fiéu d'argènt
    Dóu clar sourgènt.

Eila-bas dins lou vesinage
    Disoun adounc
Qu'uno di chato dóu meinage
    De Pie-Redoun,
    Gènto pastresso,
    Siguè mestresso
D'un noublihoun qu'èro parèi,
    Bastard dóu rèi.

Ero un cousin de la famiho
    Di Pourcelet (13) :
Courrié de-longo après li fiho,
    E, tout soulet

LA FONTAINE DU MERLE

AU PEINTRE GUILBERT D'ANELLE

> Il faut bien connaître avant d'aimer.
> PROVERBE.

L'arracheur de bruyères et de genêts, hiver-été, là s'arrête, rêveur et las, puis avec les merles des mornes stériles parfois s'abreuve au fil d'argent de la claire source.

Là-bas, dans le voisinage, on dit qu'une des filles de la métairie de Pierredon, gente pastourelle, fut la maîtresse d'un hobereau qui était, paraît-il, bâtard du roi.

Il était cousin de la famille des Porcelets ; sans cesse il courait après les fillettes, et tout seul, s'en

Sèmpre cassavo
E s'espaçavo
Dins li calanc, despièi lou jour
Fin-qu'a l'errour.

Se devinè qu'uno journado
Dóu gai printèms,
Se capitavo de tournado;
Fasié bèu tèms.
Touto souleto,
Vers la Founteto,
Trouvè 'mé soun troupelet blanc
Flour-di-calanc.

Flour-di-calanc èro la chato
D'un païsan;
Amigo bloundo di merlato,
Avié sege an,
Bèuta requisto;
Trevavo tristo
Li colo griso dóu valoun
De Vau-Biloun.

Lou brun segnour davans la bello
Restè, spanta;
Avau li blànqui tourtourello
S'ausien canta...
Entre la vèire
Ie faguè 'ncrèire
Que de soun biais èro amourous
E desirous:

allait chassant et promenant sur les rochers , depuis le jour jusques à la nuit.

Il advint qu'une journée de gai printemps, se trouvant en chasse, — il faisait beau, — toute seulette, vers la fontaine, il trouva gardant son blanc troupeau, Fleur-des-Rochers.

Fleur-des-Rochers était la fille d'un métayer ; blonde amie des merles, elle avait seize ans, beauté rare... elle parcourait triste les grises collines de la vallée de Val-Bilon.

Le brun seigneur, voyant la belle, fut ébahi ; là-bas, les blanches palombes roucoulaient ; et l'abordant, il lui fit croire que de ses grâces il était épris et désireux :

« Vène emé iéu! laisso ti fedo,
   Bello, e deman
Te vestirai d'or e de sedo;
   Pièi, à ta man,
   Man d'anjounello
   Véuso d'anello,
Metrai la bago dóu plesi
   E di lesi. —

Ço que siguè... La pauro fiho
   Souto un ciprès,
A l'oumbro longo di tourriho,
   Dous jour après,
   Frejo, agrouvado,
   Siguè trouvado...
Au det i'avié passa la mort.
   L'anello d'or.

Despièi, la font eilamount plouro
   Tal assassin;
Malur au pastre que s'amourro
   Dins soun bacin:
   La niue vengudo,
   Sanglènto e mudo
En sounge vèi, pale trevan,
   Flour-di-calanc.

Mouriés, 10 d'avoust 1869.

« Viens avec moi ! laisse tes brebis, et demain, belle, tu seras vêtue d'or et de soie ; puis, à ta main, main d'ange, veuve d'anneau, je mettrai la bague de la volupté et des loisirs. »

Ce qui fut fait... La pauvre fille, sous un cyprès, à l'ombre longue des tourelles, deux jours plus tard, froide, accroupie, fut retrouvée... Au doigt, la mort lui avait mis la bague d'or.

Depuis lors, la fontaine pleure tel assassinat ; malheur au pâtre qui se désaltère dans son onde : la nuit venue, sanglante et muette, en songe il voit, spectre pâle ! Fleur-des-Rochers.

Mouriès, 10 août 1869

(14) LOU MOULIN DI BAUSSEN

AU MUSICAIRE CH. GOUNOD

> Diéu pago tard,
> Mai pago larg.
> PROUVÈRBI.

I Baus, long dóu camin de la Coumbo-d'Infèr,
  Entre de cimo escalabrouso,
Sabe iéu un mouloun de roco espetaclouso,
Ounte vènon l'estiéu treva li capoun-fèr.
  Dins li niue frejo e nivoulouso,
Quand la luno, en passant, aqui jito si rai
  Aquéli roco fan esfrai !

  Vièio, grisasso, artisounado,
Dins li massugo (15) roso e li blu barjavoun (16)
Barrulon pèr lou sòu. — Dison que chasco annado,
Pèr Nouvè, quand lou jour saludo Mount-Pavoun (7),
  S'ausis de crid d'amo danado
Sourti d'aquel endré segrenous e maudi...
  Adounc, veici ço que m'an di :

  Mourgant Diéu, e manjant l'aiòli (18).
— Ero Nouvè, la messo anavo agué fini, —
Vint Baussen jouine e fort, oubrié dóu moulin d'òli,
A la glèiso di Baus s'èron pas vist veni.
  A l'ouro ounte sort lou béu l'òli,
La vèio, a miejo-niue, quand tóuti van prega,
  Èrou en trin de s'empega.

LE MOULIN DES BAUSSENCS.

AU MAESTRO CH. GOUNOD.

> Dieu paie tardivement,
> Mais il paie largement.
> Proverbe.

Aux Baux, le long du chemin de la Vallée d'Enfer, entre des cimes escarpées, je sais un amas de roches gigantesques, où viennent, l'été, tournoyer les sacres. Dans les nuits froides et nébuleuses, lorsque la lune, en passant, jette là-bas ses rayons, ces roches font peur !

Vieilles, grisâtres, rongées, au milieu des cistes à fleurs roses et des aphyllantes bleus, elles gisent sur le sol. — On dit que tous les ans, pour Noël, quand le jour salue Mont-Pavon, on entend des cris d'âmes damnées sortir de cet endroit effrayant et maudit... Donc, voici ce qu'on m'a conté :

Narguant Dieu, et mangeant l'*aiòli*, — c'était Noël, la messe allait être finie, — vingt Baussencs jeunes et forts, ouvriers du moulin d'huile, à l'église des Baux ne s'étaient pas rendus. A l'heure où sort le chat-huant, la veille, à minuit, alors que chacun va prier, ils étaient en train de s'enivrer.

« Coulègo, an, d'aut ! pourgès lou flasco !
Beven ! malan de Diéu !... cridavo lou plus vièi :
Fasen toujour Nouvè, l'an que vèn faren Pasco ;
Beven lou vin ama dóu papo Clemèn sièi ;
   La mort, aquelo vièio masco,
Segur nous fai pas pòu !... Beven, bèu moulinié,
   A la santa dóu rèi Reinié !

« Pourgès lèu lis oulivo molo !...
Jouvènt, aubouren-nous !... Vai pouncheja lou jour.
D'aut ! atalas li mióu, fasès vira li molo !
Que l'aigo di fournèu esperde sa frejour...
   l'a de nivage sus li colo...
Despachen-nous, ami !... pestelas lou moulin :
   Uiausso e trono aperalin.

« Vers Mount-Majour (19) lou tèms se gasto,
Aubouras-vous, mounié ! d'aut ! anen ! venès lèu !
Pourgès li terreiròu, li palo, li banasto :
Adusès li barrau, atubas li calèu ;
   Dins li cabas metès la pasto...
Emplissès ! clafissès !... l'òli vierge acampa
   Coume un flo d'or vai s'escampa.

« Li castelano à la vihado,
Poudran faire presènt i paure em'i galant
De fougasso di Baus, à l'òli, trauquihado :
Manco pas de genèbre, amount, dins li calanc,
   Pèr prefuma li tourtihado.

« Amis, voyons ! passez la bouteille ! buvons ! *malan de Dieu* ! s'écriait le plus âgé : « Fêtons toujours Noël, l'an prochain nous fêterons Pâques ; buvons le vin aimé du pape Clément VI ; la mort, cette vieille sorcière, assurément ne nous fait pas peur ! Buvons, beaux meuniers, à la santé du roi René !

« Donnez vite les olives molles !... Jeunes gens, levons-nous ! va poindre le jour. Debout ! attelez les mulets, faites tourner les meules ; faites chauffer l'eau des fourneaux .. Il y a des nuages sur les collines... Dépêchons-nous, amis ! fermez le moulin : il fait des éclairs et le tonnerre gronde au loin.

« Vers Montmajour le temps se gâte : levez-vous, meuniers ! Debout ! allons ! venez vite ! donnez les corbeilles, les pelles, les bannes ; apportez les barils, allumez les lampes ; dans les cabas mettez la pâte... Emplissez ! entassez ! l'huile vierge amassée — comme un flot d'or va se répandre.

« Les châtelaines, à la veillée, pourront faire servir aux pauvres et aux galants des gâteaux des Baux à l'huile, percillés ; il ne manque pas de genièvres, là-haut, dans les rochers, pour parfumer les

L'òli coulo, jouvènt ! lis infèr soun estré ;
Engreissas lou destré. .

« Encaro un cop !... Eiço se sarro !...
A la barro, enca 'n cop, lis óme groupon-se ;
Anen ! encaro un cop ! nous pausaren tout-aro.
Dirés pas, tron de Diéu ! qu'avès lou gousié se ?
    An dau ! ami, que n'i'en a 'ncaro :
Tre que lou marid tèms deforo calara,
    Lou castelan davalara. »

    Coume acabavo de la sorto,
Resclantiguè subran un tau cop de martèu
Qu'aurias di que lou diable esclapavo la porto :
« Vejan, durbès, mounié ! Sus lou plan de Castèu
    Tóuti li Fado (20) soun pèr orto...
Durbès-me ! durbès lèu !... » Lou baile durbiguè
    — « Es iéu ! » lou castelan diguè.

    « Bràvi Baussen, Diéu vous alegre !
Sias d'ome de la bono, e siéu countènt de vous ;
En tóuti baiarai dous sestié de blad negre,
Pièi, ami, l'an que vèn, i premié jour d'avoust,
    Aquéli que me voudran segre
Emé iéu partiran, — ai besoun de soudard ;
    Vous quite, se fai tard. »

tortillades. L'huile coule, jouvençeaux ! les enfers sont étroits ; engraissez le pressoir.

« Encore un coup !... nous touchons à la fin !... A la barre, encore une fois, que les hommes se groupent ; allons ! encore un coup ! nous nous reposerons tout-à-l'heure. Vous ne direz pas, tonnerre de Dieu ! que vous avez le gosier sec ? allons ! amis, il reste encore un peu d'huile : dès que le mauvais temps au dehors cessera, dévalera le châtelain.»

Comme de la sorte il achevait, retentit soudain un tel coup de marteau qu'on eût dit que le diable brisait la porte : « Voyons, ouvrez, meuniers !... Sur le Plan du Castel toutes les fées se promènent... Ouvrez-moi ! ouvrez-moi ! » Le contre-maître ouvrit : « C'est moi ! » dit le suzerain.

« Braves Baussencs, Dieu vous donne joie !... Vous êtes de bons travailleurs, je suis content de vous ; à tous je donnerai deux sétiers de blé noir ; puis, amis, l'an prochain, aux premiers jours d'août, ceux qui voudront me suivre — avec moi partiront, — j'ai besoin de soldats ; — je vous quitte, il se fait tard.

N'avié pa 'ncaro di, la colo
Subran se durbiguè coume un negre peiròu :
A bòudre lou fournèu, lou destré 'mé la molo,
Ome, miolo, cabas, banasto, terreiròu,
    Souto un mouloun de clapeirolo
Tout s'aproufoundiguè !... castelan, moulinié,
    Noublesso, bèsti, vilanié...

    Restè rèn !... Desempièi, li code
Acaton lou moulin dou castelan di Baus.
Au pèd d'aquéli ro que soun vièi coume Erode,
Lou merle fai soun nis dins li tousco d'avaus ;
    Jamai degun trèvo aquéu rode,
E lou limbert barrulo e se souleio au sen
    Dóu moulin d'òli di Baussen.

I Baus, 14 d'outobre 1869.

Il n'avait pas fini, la colline soudain s'ouvrit comme un noir chaudron : pêle-mêle le fourneau, le pressoir et la meule, hommes, mules, cabas, bannes, corbeilles, sous un monceau de roches tout disparut : châtelain, meuniers, noblesse, bêtes, vilenies...

Rien ne resta !... Depuis lors, les pierres recouvrent le moulin du château des Baux. Au pied de ces rochers qui sont vieux comme Hérode, le merle fait son nid dans les touffes de chênes nains; jamais personne ne vient là, et le lézard se promène et s'ensoleille dans le moulin à huile des Baussencs.

Aux Baux, 14 octobre 1869.

(21) LA TÈSTO DOU GAVOT

AU PINTRE PÈIRE GRIVOLAS,

Fatalité....

Dins li mountagno dou Vernegue,
Au front d'un baus, gris e souvert,
   En un rode desert,
— Plaçado aqui pèr que se vegue, —
Vièio, e clavado dins un trau,
Entre dos tousco de genèsto,
Se vèi grimaceja 'no tèsto,
Pausado sus uno destrau.

Quand pèr asard li jour de plueio,
De sis iue vueje, escur, prefound,
   Raio de plour, — s'escound
La paloumbello dins li fueio...
Sus li cresten, o dins la vau,
Lou pastre en la vesènt tremolo ;
Li chin coucha sus l'erbo molo
Japon en regardant lou bau...

Aquelo closco, seco e jauno
Coume uno tèsto de pavot,
   Es d'un pastre gavot.
De ie pensa lou cor me sauno

LA TÊTE DU GAVOT

AU PEINTRE PIERRE GRIVOLAS.

Fatalité...

Dans les montagnes du Vernègue, au sommet d'un roc, gris et sauvage, dans un endroit désert, — placée là pour être vue, — vieille, et fixée dans un trou, entre deux touffes de genêts, l'on voit grimacer une tête, posée sur une hache.

Lorsque par hasard les jours de pluie, de ses yeux vides, obscurs, profonds, coulent des pleurs, se cache la tourterelle dans les feuilles ; sur les pics ou dans le vallon, le pâtre, en la voyant, tremble ; les chiens, couchés sur l'herbe molle, aboient en regardant le roc...

Ce crâne sec et jaune, comme une tête de pavot est d'un pâtre montagnard. — A ce penser le cœur me saigne. — Né, ce dit-on, dans les environs de Gap, vers les montagnes de Provence il s'était

Nascu, se dis, dóu coustat d'aut,
Vers li mountagno de Prouvènço
S'èro gandi plen de jouvènço
Emé si cabro : fiéu dis Aup,

Venguè mau més, malaut e jouine ;
Panard e laid coume peca,
　　Blavas, entre-seca :
« Avans que l'âge, dis, m'arrouine,
Fau que jouïgue !... sus lou tard,
A iéu, dessouto la ramiho,
Li sen bessoun di gènti fiho
E si bras nus !... A iéu, bastard,

« Touti li brùni bastidano...
A iéu li bello de vint an...
　　A iéu, rèi di calanc,
Touti li chato de la plano !
A l'oumbro douço di bouscas,
Lou vin d'amour fau que se begue...
A iéu li jouvo dóu Vèrnegue !
A iéu li vierge di roucas. »

Tout lou jour franc, lou paure pastre,
Amourousi coume un cat-fèr,
　　Roudavo disavert..
La niue, coucha sus lou mentastre

acheminé, plein de jeunesse , avec ses chèvres :
fils des Alpes,

Il vint mal mis, malade et jeune; boiteux et
laid comme péché.., blême, poitrinaire : Avant
que l'âge, dit-il, ruine mes forces, il me faut
jouir!... à la nuit, à moi dans la ramée, les seins
jumeaux des jeunes filles ! et leurs bras nus !...
A moi. bâtard !

Toutes les brunes métayères.... A moi, les belles
de vingt ans ! à moi, roi des montagnes , toutes
les filles de la plaine ! A l'ombre douce des bois,
faut que le vin d'amour se boive... A moi les nymphes du Vernègue !... A moi, les vierges des
rochers !...

Tout le jour franc, le pauvre pâtre, amoureux
comme un chat sauvage, errait troublé... La nuit
couché sur le marrube il pleurait, disant : « Pourquoi suis-je laid ? pourquoi, mon Dien, me faut-il

Plouravo : « O, dis, perqué siéu laid ?...
Perqué, moun Diéu, fau que demore
Soul 'mé moun chin ?... e fau que more
Sèns pousqué plaire en quau me plai ?...

« N'ai pas vint an, lou sen me brulo !
Lou cor me bat, lou sang me boui !
   Dins li mato de bouis,
Coume uno loubo que barrulo,
M'envau soulet, sènso bastoun...
Abra, crema, dins la niue fousco,
N'ai pèr coumpagno dins li tousco
Que mi cabreto e mi moutoun.

« Peno sèns fin !... orre martire !
Ai toujour set, n'ai jamai fam...
   La niue, tau qu'un enfant
Ploure de-fes ! Fau bèn lou dire :
Bèn tant siéu laid, que quand m'an vist,
Rison de iéu touti li fiho...
Mai quauque jour, sout la ramiho
Me venjarai ! » — Moussèu requist,

Un jour, Martoun dóu Mas-di-Fèuse,
Bello chatouno de sege an,
   Trouvè lou pastre Jan
Subre la tardo, souto un éuse,

vivre seul avec mon chien ! me faudra-t-il mourir sans pouvoir plaire à qui me plaît ?...

« Je n'ai pas vingt ans, ma poitrine est en feu ! le cœur me bat ! mon sang bouillonne ! dans les touffes de buis nains, tel qu'une louve errante, je vais seul sans bâton..... Brûlé, embrasé dans la nuit sombre, je n'ai pour compagne dans les taillis que mes moutons et mes chèvres.

« Peine sans fin ! affreux martyre ! j'ai toujours soif, n'ai jamais faim ; la nuit, comme un enfant, je pleure ! — Il faut bien le dire, je suis si laid que lorsqu'elles m'ont vu se moquent de moi les filles... Mais quelque jour, sous la ramée, je me vengerai ! »
— Morceau rare,

Un jour, Marthe du Mas des Fougères, belle fillette de seize ans, trouva Jean le pâtre, au crépuscule, sous un chêne, qui l'attendait... « Pitié de moi ! dit le gavot, toutes mes chèvres, pour un

Que l'atendié : « Pieta de iéu !
Dis lou gavot, tòuti mi cabro,
Pèr un poutoun de vòsti labro !...
Iéu vous adore ! sang de Diéu ! »

La chato esclafiguè lou rire...
Pièi caressant lou grand chin rous
  Dóu gavot amourous...
Crentouso e blavo comme un cire,
Respoundeguè : « Pèr Sant-Laurènt !
Segur siéu qu'uno bouscatiero,
Me dounarias la terro entiero,
Jamai, jamai, me sarés rèn,

Car sias trop laid ! » Viéu emai proumte
Coume l'uiau, lou pastrihoun,
  L'arrapo i coutihoun
En ie disènt : « Fau que te doumte ! »
E la poussant vers si móutoun,
Derrabo lou fichu 'scarlato
Que recuerb li sen de la chato
E lou devouris de poutoun...

Ai ! vai toumba ! « Malur ! ma maire !...
Siéu morto ! s'escrido... ; au secour !... »
  Subran un ome cour,
Sus éli vèn. — Èro soun paire, —

baiser de votre bouche !... je vous adore !... sang de Dieu ! »

La fille éclata de rire... puis, caressant le grand chien roux de l'amoureux alpin, craintive et pâle comme un cierge, répondit : « Par Saint-Laurent ! surement, ne suis qu'une bûcheronne !.. vous me donneriez le monde entier que jamais rien ne me seriez.

Car vous êtes trop laid ! » Vif et prompt comme l'éclair, le pastoureau la saisit par les jupes, en lui disant : « Il faut que tu sois à moi ! » et la poussant vers ses moutons, il arrache le fichu rouge qui recouvre les seins de la fille, et le dévore de baisers..

Aïe ! elle va tomber ! Malheur ! » ma mère ! je suis morte ! s'écrie-t-elle... au secours ! » Soudain accourt un homme, sur eux il fond, — c'est son père. — Vieux bûcheron, né dans la Crau, il prend le pâtre

Vièi bouscatié, na dins la Crau,
Ganto lou pastre pèr la vèsto,
E zóu !... ie fai sauta la tèsto
D'un soulet cop de sa destrau !...

Countènt d'agué venja l'escorno
Facho à soun sang, lou bouscatié,
  Souto un nis de ratié
Abandouna, dins uno borno
Clavè la tèsto dóu gavot...
E dins li colo dóu Vernegue,
Quouro qu'un pastrihoun la vegue,
Coucho, en pregant, soun escabot.

Vernegue, 14 de jun 1869.

par la veste, et v' lan !... lui fait sauter la tête d'un seul coup de sa hache !...

Content d'avoir vengé l'injure faite à son sang, — le bûcheron, sous un nid d'épervier abandonné, — dans un trou cloua la tête du gavot ; et dans les montagnes du Vernègue, dès qu'un pâtre l'aperçoit, il chasse, en priant, son troupeau.

Vernègue, 14 juin 1869.

(22) LA TOURRE DOU CARDINAU

A MOUSSU CH. DE TOURTOULOUN.

> Morta dihuen qu'es,
> Mès jo la crech viva.
> V. Balaguer.

Noun liuen de Sant-Roumié, dintre de vigno e d'éuse,
　　　Souloumbrous coume un véuse,
S'enauro un bastimen auturous emai vièi :
Es l'anciano villa dóu papo Clemènt Sièi (23).

Coume lou pourtissòu d'un umble cementèri,
　　　Porto uno crous de fèrri,
Qu'espandis dins lou cèu si négri crousihoun
Amount, sus lou rivet de soun aut tourrihoun.

Souto si releisset la dindouleto niso ;
　　　A pièi uno deviso *
Escricho en letro d'or au front de soun pourtau...
A noum dins lou païs *Tourre dóu Cardinau.*

Es aqui qu'àutri-fes, alassa de la vilo,
　　　'mé sa pichoto filo
De canounge e d'abat, lou sant paire Clemènt,
De l'estiéu caudinèu venié passa lou tèms.

---

* Rure tibi vivas, aliis dum vixeris urbe. — 1448.

LA TOUR DU CARDINAL

A M. CH. DE TOUTOULON,

> On dit qu'elle est morte,
> Mais je la crois vive.
> V. Balaguer.

Non loin de Saint-Remy, entre des vignes et des yeuses, sombre comme un veuf, s'élève un édifice vieux et altier : c'est l'ancienne villa du pape Clément VI.

Comme le portail d'un cimetiére, elle porte une croix de fer qui étale dans le ciel ses noirs croisillons, là-haut sur l'appui de sa tour élancée.

Sous les saillies de sa corniche, l'hirondelle fait son nid. Elle a de plus une devise écrite en lettres d'or au front de sa porte d'entrée : elle a nom dans le pays *Tour du Cardinal*.

C'est là qu'autrefois, fatigué de la ville, avec son petit cortége de chanoines et d'abbés, le saint-père Clément venait passer le temps des chaleurs de l'été.

Autri-fes, es aqui que dins lou Bos de Guerro (24),
    A travès aigo e terro,
I son resclantissènt dóu graile di segnour,
Li cèrvi persegui landavon tout lou jour.

Es aqui tourna-mai que Reinié de Prouvènço
    Amavo emé plasènço
Permena pensatiéu dins li tousco d'avau
Au bras adoulenti de Jano de Lavau (25).

Quand lou fio rougissié ti grandi chaminèio,
    Digo-me, tourre vièio,
Digo se t'ensouvèn di prouvençau refrin
Que se cantavo alor au son di tambourin ?

Fiho di tèms mejan que drecho te mantènes,
    Digo se t'ensouvènes
Di clergue redisènt souto ti merlet gris
Lou noum tres fes beni de dono Beatris ?

Te souvèn, digo-me, di damo de l'Aupiho,
    Qu'amount de ta tourriho,
Saludavon alin dins lou cèu blu seren
L'ufanous castèu-fort di comte bèu-cairen ?

Castèu pountificau, vièi mounumen de pèiro,
    Quand lou jour s'enfresquèiro,
Lou soulèu resplendènt s'enintro dins l'oumbrun,
E la clarour fai plaço au sourne calabrun.

Autrefois, c'est là que dans le *Bois de Guerre*, à travers terre et eau, aux sons retentissants du cor des seigneurs, les cerfs poursuivis erraient tout un jour.

C'est là de rechef que René de Provence aimait avec plaisir se promener pensif dans les bouquets de chênes-nains, au bras indolent de Jeanne de Laval.

Quand la flamme rougissait tes grandes cheminées, dis-moi, vieille tour, dis, s'il te souvient des refrains provençaux que l'on chantait alors au son des tambourins ?

Fille du moyen-âge qui debout te maintiens, dis : as-tu souvenir des clercs redisant sous ta grise crénelure le nom trois fois béni de dona Béatrix ?

Te souvient-il, dis-moi, des dames de l'Alpille, qui du faîte de la tourelle saluaient là-bas dans le ciel bleu screin l'orgueilleux château-fort des comtes de Beaucaire ?

Château pontifical, vieux monument de pierre, quand le jour va finir, le resplendissant soleil disparait dans l'ombre, et la clarté fait place au sombre crépuscule.

Es ansin qu'a toumba ta courouno reialo,
  E que ti gràndi salo
Qu'assoustavon antan Clemènt-Sièis e Reinié
Souston despièi longtèms de pastre matinié.

Es ansin qu'a toumba, o rèino majestouso,
  Ta fourèst souvertouso,
E que toun grand passat óublida mai-que-mai,
Dins lou pople se perd, e dins la niue s'envai.

Adounc, vièi souveni de nosto anciano glòri,
  Ounour a ta memòri !
E veguen longo-mai entre li premieren
S'enaura dins lou cèu toun front Sant-Roumieren !

*
* *

  Azalaïs de Fountaniho
    Ero uno fiho
Magnifico, se dis, e cadun lou sabié ;
    A quàuqui lègo de la tourre
    Dóu cardinau, entre de roure,
Restavo en un castèu alin vers Sant-Grabié (26).

  De sang reiau èro nascudo :
    Esmougudo,
Li carreiroun estré, li long gaudre peirous,
    Chasque matin la poudien vèire
    Mountado sus un gris courrèire
Coussaia fieramen li reinard à péu rous.

C'est ainsi qu'est tombée ta royale couronne et que tes grandes salles, qui abritaient autrefois Clément VI et René, abritent depuis longtemps des pâtres matineux.

C'est ainsi qu'est tombée, ô reine majestueuse, ta forêt sauvage, et que ton glorieux passé, oublié de plus en plus, s'éteint parmi le peuple, et dans la nuit s'en va.

Donc, vieux souvenir de notre ancienne splendeur : Honneur à ta mémoire ! et puissions-nous voir longtemps encore entre les premiers se dresser dans le ciel ton front Saint-Rémois !

Azalaïs de Fontanille était une fille magnifique, dit-on, et chacun le savait : — à quelques lieues de la Tour du Cardinal, — entre des chênes elle habitait un château, là-bas vers Saint-Gabriel.

De sang royal elle était née : émue, les sentiers étroits, les longs ravins pierreux, chaque matin pouvaient la voir montée sur un gris coursier pourchasser fièrement les renards aux poils roux.

D'un mantelet de castelano,
Fa de lano,
La bello se curbié ; pourtavo sus lou cors
Uno tunico longo e blanco,
Tout-just sarrado sus lis anco
Pèr uno cherpo bluio emé de franjo d'or.

Fin-qu'à l'errour, à courso folo,
Vau e colo
Trevavo, s'arrestant au sourgènt di bouscas ;
Trempavo pièi si labro roso,
Retra vivènt de la flour roso
Qu'aduson li massugo amigo di roucas.

La niue, se dis, lasso de courre
Plan e moure,
Jougnié soun amourous Ugue de Mount-Pavoun,
Gènt troubadour plen de jouvènço ;
Soulet, parlant de la Prouvènço,
S'esmarravon ensèn dins li blu barjavoun.

E l'embrassant d'uno voues lindo
Venié 'nsindo
Azalaïs : « Ami, emé iéu vène-t'en
Dins ma tourriho : aqui, alegre,
Béuras l'amour dins mis iue negre...
— Bello, à vósti merlet prefère mi cresten !...

Pamens la fièro cassarello,
Plourarello,

D'un manteau de châtelaine, fait de laine, la belle se couvrait : elle portait sur le corps une tunique longue et blanche, nouée à la ceinture par une écharpe bleue frangée d'or.

Jusques au crépuscule, à course folle, vallons et collines, elle parcourait. S'arrêtant à la source des bois, elle y trempait ses lèvres roses, image vivante de la fleur rouge que portent les cystes *cotonneux* amis des rochers.

La nuit, dit-on, lasse de courir plaines et mornes, elle joignait son amoureux Hugues de Mont-Pavon, gai troubadour plein de jeunesse ; puis, seuls, parlant de la Provence, ensemble ils se perdaient dans les aphyllantes bleues.

Et l'embrassant, d'une voix claire disait ainsi Azalaïs : « Ami, avec moi viens-t'en dans ma tourelle... là, joyeux, tu boiras l'amour dans mes yeux noirs... » — « Belle, à vos créneaux je préfère mes cimes alpestres. »

Cependant la fière chasseresse éplorée, le long des mornes gris, abandonnés, sauvages, maudissant

Long di moure grisas, abandouna, souvert
    Mau-disènt poutoun e caresso,
    Un sèr, lou cor plen d'amaresso,
S'esmarrè peravau souto li grand bos verd.

    Mourènt, gausi pèr lou malastre,
        Un vièi pastre
La rescountrant, ie dis tremoulant de l'esfrai :
    — Un gros loup, que lou sang assedo,
    M'a sagata dos bèlli fedo...
Dèu agué, m'es avis, fugi souto li frai. —

    La castelano aqui s'abrivo.
        Tre qu'arrivo,
Arrèsto soun coursié ; pièi, d'un gèste reiau,
    Trai sa cravacho dins lis erbo ;
    Espalo soun fusiéu ; supèrbo,
Vai dre dins lou bouscas, subit coume l'uiau...

    Lou loup sousprés, feroun, aurouge :
        Lis iue rouge,
Sus elo se gandis revechinant sa co...
    De l'esfrai lou chivau s'aubouro :
    Vesènt veni sa darriero ouro,
La chato paliguè... pèr bonur sus-lou-cop.

    Un cop de fio rasant lou vièsti
        De sa bèsti,
Estènd lou loup feroun sur un clot d'argelas,
    E vers la bello mita-morto,
    Dous abatoun, qu'eron per orto,
S'avançon tout-d'un-tèms adurre de soulas.

caresses et baisers, un soir, le cœur plein d'amertume, s'égara au loin dans les grands bois verts.

Mourant, usé par le mal, un vieux pâtre la rencontrant, lui dit tout tremblant d'effroi : « Un gros loup que le sang altère m'a saigné deux belles brebis... Il doit, m'est avis, avoir fui sous les frênes. »

La châtelaine alors s'élance, bride abattue. Une fois arrivée, elle arrête son coursier ; puis, d'un geste royal, jette sa cravache dans les herbes, épaule son fusil, et superbe, va droit dans le bosquet, — pompte comme l'éclair.

Le loup surpris, furieux, farouche, les yeux rouges, sur elle se jette en retroussant la queue ; de l'effroi, le cheval se dresse ; voyant venir sa dernière heure, la fille pâlit... Par bonheur sur le champ.

Un coup de feu rasant la robe de sa monture, étend le loup furieux sur une touffe de genêts ; et vers la belle, moitié morte, deux jeunes abbés, qui rôdaient aux alentours, s'avancent soudain pour la secourir.

Estavanido, palo e mudo,
Esperdudo,
La chato, pèr lou sòu, dedins soun vanc ardènt,
Avié toumba... éli l'escoundon
Au found d'un gaudre, e ie semoundon
D'un rous coucourelet un degout d'aigo-ardènt.

Malur !... la pòu estènt passado,
Alassado,
Plan-plan s'endourmiguè sus un tapis de jounc :
E lou qu'avié sauva la bello
La traspourtè subre sa sello,
E lache, l'estaquè 'm'un double courrejoun.

Pièi envejant sa caro bruno
A la bruno,
Treitamen l'enmenè, galoi coume un lésert,
Liuen de la toumbo de sa maire,
Liuen di roucas de soun amaire,
Au tourrihoun dóu Cardinau, ai las ! desert.

Fièr, ourgueious de talo presso,
Pèr mestresso,
Lou lache en arribant pèr forço la vouguè.
Roumpènt si liam, la Prouvençalo :
« Sièu rèino, dis », e noun vassalo !...
Sagaté soun raubaire, e libro devenguè.

Sant-Grabié, 12 de setèmbre 1869.

Evanouie, pâle et muette, éperdue, la fille sur le sol dans son fougueux élan était tombée... Ils la cachent au fond d'un ravin et lui donnent à boire d'une gourde jaunâtre quelques gouttes d'eau-de-vie.

Malheur !... la peur étant passée, lasse, peu à peu elle s'endormit sur un tapis de joncs, et celui des deux qui l'avait sauvée *de la mort*, la transporta sur sa selle, et lâche, l'y attacha d'une double courroie.

Puis enviant sa brune chair, à la faveur de la nuit, traîtreusement il l'emmena, alerte comme un lézard, loin de la tombe de sa mère, loin des rochers de son ami, à la Tour du Cardinal, hélas déserte.

Fier, orgueilleux de telle prise, pour maîtresse, le lâche, en arrivant par force la voulut. Brisant ses liens, la provençale : « Je suis reine, dit-elle, et non vassale » Et elle poignarda son ravisseur, et libre elle devint.

Saint-Gabriel, 12 septembre 1869.

(27) LOU DESBALEN

A A. ARNAVIELLE.

>L'amour es uno foulié
>Prouvèrbi.

Païsan, fiéu de la pauriho,
Un sèr, dins li colo d'Aureio,
  Pèire e Mario,
Tóuti dous bèu jouvènt, l'un de l'autre amourous,
 Lou cor èbri, e l'amo en fèsto,
 Mesclavon si dos brùni tèsto
 A l'oumbrinello di genèsto,
Asseta sus lou bord, desert e secarous,
  D'un gaudre clapeirous.

« Escouto : un jour, emé moun paire, »
Disié Mario, « anerian faire
  « Au Mas-de-l'Aire (28)
« Quàuqui trousso de bouis,—intravian dins l'ivèr.—
 « An ! lèvo-te, vejan, ma fiho,
 « Prene toun sa 'mé ta fauciho,
 « Digué moun paire, e de l'Aupiho,
« Amount desvestiren li grand moure sóuvert
  « De si bouis rouge e verd. »

LE PRÉCIPICE

A A. ARNAVIELLE.

> L'amour est une folie.
> Proverbe.

Paysans, fils de la plèbe, un soir, dans les collines d'Aureille, Pierre et Marie, tous deux beaux jeunes gens, l'un de l'autre amoureux, le cœur joyeux, et l'âme en fête, mêlaient leurs deux têtes brunes, à l'ombre douce des genêts, assis sur le bord, désert et sec, d'un ravin pierreux.

« Ecoute : un jour, avec mon père, » disait Marie, « nous allâmes couper au Mas-de-l'Air,
» quelques quintaux de buis,— l'hiver arrivait... —
« Allons ! lève-toi, voyons, fillette, prends ton sac
» et ta serpe, me dit mon père, et de l'Alpille,
» là-haut, nous dépouillerons les grands mornes
» sauvages de leurs buis rouges-verts. »

« Adounc, uno semano entiero,
« Countinuiè la bouscatiero,
« Baus e coustiero,
« Despuierian... Malur! un pastre dóu quartié
« Que fasié paisse dins Vau-Tordo,
« Raubè la niue nosto recordo...
« Lou lendeman à n-uno cordo
« Atroubèron penja, souto un nis de ratié,
« Lou pastre carretié. »

— « Acò me sèmblo pas de crèire ! »
Subitamen s'escridè Pèire :
« Meno-me vèire
« Aquéu rode maudi ! » — Subran lis amourous,
Coume dos oumbro s'aubourèron ;
Sus lou camin se poutounèron ;
L'un davans l'autre caminèron ,
Davalant aflanqui , pensatiéu, mau-urous,
Lou carreiroun peirous.

Quand pièi siéguèron dins Vau-Tordo,
— « Amount entre li branco tordo,
« Veses la cordo
« Nousado en aquéu pin, amount sus lou cresten ?...
« Coume la bruno cacalauso
« Dins sa couquiho rèsto clauso,
« Siegue rejouncho aquesto causo
« Au fin founs de toun cor! » — Blave, mourènt,
[estèn...
— « Ei tèms que s'arresten !... »

« Donc, une semaine entière, continua la bûche-
» ronne, escarpements et coteaux nous dépouillâ-
» mes. — Malheur ! un pâtre du quartier qui fai-
» sait paître (*ses brebis*) dans Val-Torte, la nuit
» vola notre récolte : le lendemain, au bout d'une
» corde, on trouva pendu sous un nid d'épervier
» le pâtre ravisseur. »

— « Ceci me semble un conte !... » subitement
s'écria Pierre, « conduis-moi voir cet endroit mau-
» dit ! » — Soudain les amoureux se levèrent
comme deux ombres, sur le chemin s'embrassè-
rent, et cheminèrent l'un devant l'autre, descendant efflanqués, pensifs et tristes, le sentier
rocailleux.

Puis lorsqu'ils furent dans Val-Torde, là-haut
» entre les branches tortues : « Vois-tu la corde ?
» attachée à ce pin, là-haut sur la crête ?... Comme
» l'hélice brune dans sa coquille est close, soit
» clos ce que je viens de dire dans le fond de ton
» cœur ! » — Pâle, mourant, suffoqué... « Il est
» temps que nous nous arrêtions !... »

Dis lou drole, d'uno voues rauco,
« Semblable a-n-un fedoun que cauco
« Siéu lourd ! » — e sus la bauco
Cabusso de soun long. — Tout d'un cop coume fòu,
S'aubouro lou jouvènt, e pale :
« Sus aquéu baus, dis, fau qu'escale,
« E que la cordo se davale.
« D'aquel orre malur i'a 'n an que porte dòu...
« Vène !... n'agues pas pòu !...

« Es causo tristo, n'en counvène :
« D'aquéu pastre iéu me souvène,
« Mai, vène ! vène !...
« Amount, sus lou cresten, vène-t'en emé iéu ! »
Acò di, l'amourous pèr orto,
Treinant la chato mita-morto,
Caminè pièi de talo sorto
Qu'arribè tout saunous sus lou serre... Grand
[Diéu !...
Aqui, mai mort que viéu,

Entre de bouis e de clapiho,
Alor lou drole s'ajuniho :
« O Mario . »
Ie vèn d'un èr pietous, « me veses à ti pèd !...
« Subre li cèndre de ma maire,
« Pode plus èstre toun amaire,
« Car aquéu pastre èro moun paire !...
« Oh ! perqué, bèu bon Diéu ! en parlant sèns respèt•
« Nouu m'as fa naisse pè ! »

Dit le jeune homme, d'une voix étranglée, comme un jeune poulain qui tourne : « Je suis « lourd! » — et dans les herbes, il tombe de toute sa hauteur. — Soudain, comme un fou, se relève le jeune gars, et pâle : « Sur ce roc, dit-il, il faut « que je grimpe, et que la corde se descende. De cet « affreux malheur, depuis un an, je porte deuil.. « Viens!... n'aie pas peur!...

« C'est chose triste, j'en conviens ; de ce pâtre « j'ai souvenir. Mais viens donc!... Là-haut sur ce « sommet, viens-t'en avec moi ! » Cela dit, l'amoureux, à tout hasard, traînant la fille moitié morte, chemina, puis, de telle façon, qu'il arriva tout en sang sur le pic. — Grand Dieu!... là, plus mor^t que vif,

Au milieu des buis et des rochers, alors le jeune homme s'agenouille : — « O Marie!... » dit-il d'un air contrit, « tu me vois à tes pieds!... sur les cen- « dres de ma mère, je ne puis plus être ton « fiancé, car ce pâtre était mon père!.. Oh! pour- « quoi, mon Dieu! — en parlant sans respect, — « ne m'as-tu pas fait naître idiot! »

« Perqué m'as pres joio e bèn-èstre,
« E tra la mort dins tout moun èstre...
« O moun mèstre !
« Sant Pèire, moun patroun, agues pieta de iéu !
« Iéu sabe pas ço que me dise...
« Coume la souco amo soun vise,
« Iéu t'ame, chato, e te lou dise, »
Cridavo l'amourous : « O moun Diéu ! ô moun Diéu !
« Sus l'iero dins l'estiéu,

« Gènto Marío ! o moun amigo,
« Coume, pecaire, la fournigo
« Amo l'espigo
« Que ie pourgis lou blad, qu'assadoulo sa fam,
« Coume l'óulivo amo l'autouno,
« Iéu t'ame, ô rèino di chatouno ! »
E d'un eissame de poutouno
L'amourous curbissié li gauto de l'enfant...
« Eilavau, de-que de fan ?...

« Li fedo paisson dins li draio...
Respond la chato que s'esfraio.
« Lou baus trantaio !... »
Éu vèn desvaria : « O moun Diéu, que sian aut !...
« Cercant lou sourne e la calamo,
« L'ourtoulan canto dins la ramo...
« Que sant Laurèn ague moun amo !... »
« Me vole desbaussa ! » Subran, coume l'uiau,
Entre li gris caiau,

« Pourquoi m'as-tu pris bien-être et joie, et jeté
« la mort dans toute ma personne... O mon maî-
« tre... saint Pierre mon patron ayez pitié de
« moi! ǝf ne sais plus ce que je dis... Comme la
« vigne aime ses branches, je t'aime, fille, et te
« le dis, s'écriait l'amoureux ! — « O mon Dieu !
« ô mon Dieu ! sur l'aire dans l'été,

« Belle Marie ! ô ma promise ! comme pauvrette,
« la fourmi aime l'épi de blé, qui lui donne le
« grain qui la nourrit, comme l'olive aime l'au-
» tomne, je t'aime, ô reine des fillettes, » et d'un
essaim de baisers l'amoureux couvrait les joues
de l'enfant. — « Là-bas que fait-on ?...

« Les brebis paissent le long des sentiers... »
répond la fille qui se donne peur. — « Le roc
« vacille !... » lui s'écrie éperdu... « O mon Dieu,
« que nous sommes élevés !... Cherchant la soli-
« tude et le calme, l'ortolan chante dans la futaie..
« Que saint Laurent reçoive mon âme ! je veux me
« précipiter ! » Soudain, comme l'éclair, entre les
gris cailloux,

Palo, susarènto, alassado,
D'uno fernetico brassado,
Pecaire, uno passado
La chato lou mantèn au bord dóu degoulòu.
Lou cor ie manco...; e dins la coumbo,
Coume uno pèiro que trestoumbo,
Long dóu roucas sauto e retoumbo
Lou parèu enliassa!... Paloumbo e rateiròu
Soulet pourtèron dòu !...

Desempièi, fiéu de la pauriho,
Amount dins li colo d'Auriho,
Pèire e Mario,
Tòuti dous bèu jouvent, l'un de l'autre amourous,
Lou cor ébri, e l'amo en fèsto,
Entre-mesclant si brùni tèsto,
Dormon à l'oumbro di genèsto,
Sus lou davans sòuvert, esterle e secarous
Dóu baus escalabrous.

Auriho, 12 de nouvèmbre 1870.

Pâle, tressuant, fatiguée, d'une étreinte frénétique, hélas! un moment, la fille le retient au bord du précipice : la force lui fait défaut. . et dans la vallée, comme une pierre qui dégringole, le long du rocher saute et retombe le couple enlacé!...
Palombes et martinets, seuls portèrent deuil!...

Depuis lors, fils de la plèbe, là-haut dans les collines d'Aureille, Pierre et Marie, tous deux beaux jeunes gens, l'un de l'autre amoureux, le cœur joyeux et l'âme en fête, entremêlant leurs têtes brunes, dorment à l'ombre des genêts, devant le roc sauvage, stérile et sec, du précipice abrupt.

Aureille, 12 novembre 1870.

* LOU COMTE DE MOUNT-FRIN

LOU PACAN

> Malheur à vous qui dès l'aurore
> Respirez les parfums du vin.
> A. DE LAMARTINE.

I.

Ero en douge-cènt-dès : nosto bello Prouvènço
Pèr Simoun de Mount-fort, èro caucado à plat.
Si vièi, sis enfantoun, e sa bruno jouvènço,
    Tout èro escoutela !
De l'un à l'autre bout, li soudard, à cha milo,
    Trevavon dins si vilo,
Boutant li glèiso en fio e li couvènt à sang ;
    En aquèu tèms de malurançò,
    Aquelo sorre de la Franço
Sèmpre resclantissié dóu brut dóu toco-sant.

II.

Soulet, dins un castèu, subre li bord dóu Rose,
Entoura de roufian, cantant de gai refrin,
Vivié siau e rida coume un cruvèu de nose
    Lou comte de Mount-frin.

---

* Tira d'uno crounico en proso francoso de moussu A. de Lavergne.

LE COMTE DE MONTFRIN

LE MANANT

> Malheur à vous qui dès l'aurore
> Respirez les parfums du vin.
> A. DE LAMARTINE.

I

C'était en douze-cent-dix : notre belle Provence par Simon de Montfort était foulée à plat. Ses vieillards, ses enfants et sa brune jeunesse, tout était égorgé ! De l'un à l'autre bout, les soldats, à milliers, parcouraient ses villes, incendiant les églises, et forçant les couvents ; en ce temps de malheur, cette sœur de la France sans cesse retentissait du bruit du tocsin.

II

Seul, dans un château, sur les bords du Rhône, entouré de ruffiens, chantant de folles chansons vivait calme et ridé comme une coquille de noix le comte de Montfrin. Chaque jour attablé, chape-

Chasque jour entaula, capeiroun sus la tèsto,
    Presidavo si fèsto,
S'un sèti de velout, escoutant inchaiènt,
    Au brut dóu cant, au tuert di vèire,
    Lou dous parla de nòsti rèire,
Envirouna de femo, à sen nus e bouiènt.

III.

Ome, mouine, pichot e pàuri chato jouino,
Pauras mau atrenca, palinèu femelan,
Venien se refaudi dins la capello en rouino
    Dóu noble castelan.
— « Avèn pòu ! avèn fre ! lou nemi es pèr orto !
    « Durbès-nous vòsti porto ! »
Ie disien coume acò : « Pihon li mounastié ! »
    Mai éu, quiha sus la tourriho,
    Ie respoundié : « Isso, pauriho !...
« Senoun, vous fau trauca pèr mis aubarestié ! »

IV.

E mourènt, chasque jour, au pèd de si grand bàrri,
Rau e desalena, lou pople se plagnié.
E lou comte maudi cridavo : « Arri ! àrri !
    « Espeiandrado vilanié !... »
« Mounsegnour, reprenien, brulon nòsti demoro,
    Nous fau coucha deforo...

ron sur la tête, il présidait ses fêtes, sur un trône de velours, écoutant indifférent, au bruit du chant, au heurt des verres, la douce langue de nos aïeux, entouré de femmes aux seins nus et bouillants.

III

Hommes, moines, enfants et pauvres, jeunes filles, mendiants mal vêtus, femmes pâles, venaient se réfugier dans la chapelle en ruines du noble châtelain. — « Nous avons peur ! nous « avons froid ! l'ennemi nous pourchasse ! ouvrez-« nous vos portes ! » disaient-ils ainsi, « on pille « les monastères ! » Mais lui, juché sur sa tourelle, leur répondait : — « Hue, truands !..., ou je vous « fais trouer par mes arbalétriers ! »

IV

Et mourant chaque jour, au pied de ses grands remparts, rauque et hors d'haleine, le peuple se plaignait. Et le comte maudit s'écriait : — « Arrière ! « arrière ! tourbe déguenillée !... » — « Monsei- « gneur, reprenait la foule, on brûle nos demeures, « il nous faut coucher dehors. Et cependant, vous

« E pamens, lou sabès, avèn fam ! avèn set !...
   « Aubouras-nous vosto cadaulo,
   « Rousigaren souto la taulo !... »
— « Arri !... » sèmpre disié lou comte d'un èr se.

V.

De fes, 'mé si velet ie toumbant fin-qu'is anco,
Cassado di couvènt, palo coume la mort,
Au sourne de l'errour venien li mounjo blanco
   De vers lou castèu fort...
« Mounsegnour ! sauvas-nous ! » mourènto s'es-
                              [cridavon
   Li mourgo, que plouravon,
Jougnènt si pàli man em'un esfrai mourtau.
   Pièi, quand li vierge se teisavon,
   Li pont de bos lèu se beissavon,
E li page durbien lis alo dóu pourtau.

VI.

Car li mourgo èron jouino !... — Un vèspre, sus
                              [la tardo
A quauque tèms d'aqui, bèn après l'angelus,
Dins l'auturous castèu, mau-grat lis alabardo,
   Un ome mita nus,
Jouine, mau atrenca, li gauto meigrinello,
   La fàci blavinello,

« le savez, nous avons faim! nous avons soif !...
« Ouvrez-nous votre logis, nous rongerons les os
« sous votre table!... » — « Arrière !... » répétait
le comte d'un air sec.

V

Parfois, avec leur voile leur tombant jusqu'aux
hanches, chassées des couvents, pâles comme la
mort, au sombre crépuscule venaient les blanches
religieuses de vers le château fortifié. — « Monsei-
« gneur, sauvez-nous !... » s'écriaient mourantes
les nonnes qui pleuraient, joignant leurs pâles
mains avec un effroi mortel. Puis, quand les vier-
ges se taisaient, les ponts-levis se baissaient soudain, et les pages ouvraient les battants du portail.

VI

Car les sœurs étaient jeunes !... Un soir, sur le
tard, à quelques temps de là, bien après l'*Angelus*,
dans l'altier château, malgré les hallebardes, un
homme presque nu, jeune, mal vêtu, la face blême,
pénétra jusques aux pieds du châtelain maudit. Et
baisant le bas de sa robe : — « Avant que ne luise

Penetrè 'njùsqu'i pèd dóu castelan maudi.
E, beisant l'orle de sa raubo :
« Avans que luse la primo aubo,
« Escoutas, mounsegnour, ço que lou pople a di. »

VII

Lou comte , l'alucant em'un aire terrible,
Ie dis : — « Quau t'a manda? sies noble, vo pa-
[can ?... »
— « Vesès qu'a vòsti pèd coume un canèu me gible :
« Derroumpès vòsti cant !
« Sièu un paure pacan de vosto bono vilo :
Sachènt la causo utilo,
« Siéu vengu fin qu'eici, e vous pode afourti
« Que siéu bèn vist de tout lou mounde !... »
— « Es pas necite que t'escounde !... »
Lou comte ie cridè : « N'en dèves plus sourti ! »

VIII.

— « Oublide eisadamen tout ço que me pertoco,
« Lou sabe ! » aquest ie vèn... — « Au founs
[d'aquest palai,
« Se d'un pople afama lou long malur vous toco,
« Ausès-me, se vous plai :
« Vène vous demanda, au noum de la Prouvènço,
« De courre a la defènso

« l'aurore, écoutez, Monseigneur, ce que le peu-
« ple a dit ! »

VII

Le comte, le fixant avec un air terrible, lui dit :
— « Qui t'a envoyé ? es-tu noble ou manant ?... »
— « Vous voyez qu'à vos pieds, comme un roseau,
« je m'incline, interrompez vos chants ! je suis un
« pauvre manant de votre bonne ville ; sachant la
« chose nécessaire, je suis venu jusqu'ici et je puis
« vous certifier que je suis bien vu de tout le
« monde ! » — « Il est inutile de te laisser igno-
« rer, » le comte lui cria, « que tu n'en dois plus
« sortir ! »

VIII

— « J'oublie aisément tout ce qui m'est person-
« nel. Je le sais ! » dit celui-ci... « Au fond de ce
« palais, si d'un peuple affamé le long malheur
« vous touche, oyez-moi, s'il vous plaît : je viens
« vous demander, au nom de la Provence, de cou-
« rir au secours de notre ville en pleurs, qui gémit
« comme moi. J'ai souffert comme un martyr pour

« De nosto vilo en plour, que gemis coume iéu.
 « Ai rebouli coume un martire,
 « Pèr intra ici veni vous dire
« Que venguès tout-d'un-tèms !... lou fau, malan
         [de Diéu ! »

IX

« Eilavau, Remoulin, que la pòu enmourraio,
« Se rěnd... D'aut ! Mounsegnour, sourtès d'aqueste
         [lio !
« N'avèn rèn pèr manja, e dins nósti muraio,
 « Ai-las ! tout es en fio !
« E deja la famino escalo nósti bàrri ;
 « Pale còume un susàri,
« Lou pople ei chapóuta pèr Simoun de Mount-fort !
 « N'avèn pa 'n sòu dins nosto bourso ;
 « Sias, vous soulet, nosto ressourso :
« Vejan ! an d'aut ! sourtès de voste castèu-fort ! »

X.

— « D'abord que dins l'endré vanego la famino,
« Cresès-ti, fai lou comte, attentiéu devengu,
« Que iéu posque gava touto vòsto vermino
 « 'mé quàuqui revengu ?... »
— « Senoun lou pan dóu cors, auren aquêu de
         [l'amo ! »
 Dis l'ome que s'aflamo,

« venir ici vous dire : que vous veniez tout d'un
« trait !... il le faut, malan de Dieu ! »

IX

« Là-bas, Remoulins, que la peur muselle, se
« rend... Allons, Monseigneur, sortez de ce lieu !
« Nous n'avons rien pour manger, et dans nos murs,
« hélas ! tout est en feu !... Ah ! déjà la famine
« grimpe sur nos remparts : pâle comme un suaire,
« le peuple est mis en pièces par Simon de Mont-
« fort ! Nous n'avons pas un sou dans nos bourses ;
« seul, vous êtes notre ressource ; voyons ! allons,
« debout ! sortez de votre château-fort ! »

X

— « Puisque dans la ville se montre la famine,
« croyez-vous, dit le comte, attentif devenu,
« que je puisse repaître toute votre multitude
« immonde, avec quelques revenus ?... » — « Sinon
« le pain du corps, nous aurons celui de l'âme ! »
dit l'homme qui s'échauffe. « Venez ! mais venez

« Venès ! mai venès dounc !... ansin veirés ço qu'es.
  « La vilo plouro, se vòu rèndre...
  « E se tardas la veirés vèndre
« I crousaire maudi, bourrèu dis Aubigés ! »

XI.

— « Se, dins noste païs, arribo tàli causo,
Lou castelan repren, devengu pensatiéu :
« Cresès-ti bounamen que n'en siegue l'encauso.? »
      — « Mounsegnour, lou sabiéu !...
« O, sabiéu qu'embarra dins vòsti salo basso,
      De tout ço que se passo
« Ignouravias, segur, lou sourne e long retra ;
  « Vaqui perqué, bravant li ferre,
    « Ai vougu iéu veni vous querre...
« Mount-frin, se'-n-cop vous vèi en fèsto se metra !...

XII.

« Ai leissa dins li plour ma sorre e ma mestresso :
« Tout-d'un-tèms siéu vengu, en courrènt, fin qu'eici
« Venès !... soulajarés nosto amaro tristesso,
      « Vous diren gramaci.
« Dóu tèms, vendra belèu, travessant la flamado,
      « Nosto jouinesso armado...
« Venès ! es enca tèms ! l'espèr nous rendra fort !
    « E de Simoun (ço qu'es de crèire)
    « Se noun poudèn èstre vincèire,
« Dirés, sus nósti cros, la preguiero di mort !... »

« donc !... ainsi vous verrez ce qu'il en est. La
« ville pleure et veut capituler... Et, si vous tardez,
« vous la verrez se rendre aux croisés maudits,
« bourreaux des Albigeois ! »

XI

— « Si dans notre pays telles choses arrivent, »
le châtelain reprend devenu pensif : « croyez-vous
« bonnement que j'en sois la cause ?... » — « Mon-
« seigneur, je le savais !... Oui, je savais qu'enfermé
« dans vos salles basses, de tout ce qui a lieu vous
« ignoriez sûrement le sombre et long tableau.
« Voilà pourquoi, bravant le fer, j'ai voulu moi
« venir vous chercher... Montfrin, en vous voyant,
« en fête se mettra !... »

XII

« J'ai laissé dans les pleurs ma sœur et ma
« fiancée ; d'un trait je suis venu en courant jus-
« qu'ici. Venez !... vous soulagerez notre amère
« tristesse, on vous dira grand merci. Pendant ce
« temps viendra peut-être, traversant les flammes,
« notre jeunesse armée... Venez ! il est temps
« encore ! l'espoir nous rendra forts ! Et de Simon
« (ce qui est à croire), si nous ne pouvons être
« vainqueurs, vous direz sur nos fosses la prière
« des trépassés !... »

XIII.

Lou comte afemeli, que lou plesi refermo
Entre de counvida pèr lou vice gausi,
Parladuro mai justo, e subre-tout mai fermo.
      N'avié jamai ausi.
Tambèn dis au pacan : — Revenès dins uno ouro...
    « Alor vous dirai quouro
« 'Mé vous iéu anarai : sias un ome de sen ;
    « Voste aire franc, e pièi l'arengo
    « Que m'avès facho en vosto lengo
« M'an treboula lou cors : ai lou fio dins lou sen ! »

XIV.

« Dóu tèms que pregarai, ami, coste que coste, »
Crido pièi à si gènt, qu'escoutavon en round :
« D'aquel ome agués siuen !... Diéu lou mando,
                  es moun oste.
    « Coume s'èro baroun !... »
Quand l'ouro aguè passa, ma fe, diguè lou lache :
    « Fau que ie fague un pache... »
E mando, tout-d'un-tèms, querre lou deputa.
    Aquest se rènd à sa demando
    Davans lou mèstre que lou mando.
Lou comte ansin ie vèn ; — « Noun fau nous
                  [disputa ! »

XIII

Le comte efféminé, que le plaisir renferme entre ses conviés usés par le vice, discours plus juste et surtout plus ferme n'avait jamais ouï. Aussi dit-il au manant : « Revenez dans une heure, alors je « vous dirai quand avec vous j'irai ; vous êtes un « homme de sens ; votre air franc, et puis la haran- « gue que vous m'avez faite en votre parler, m'ont « troublé le cœur. J'ai la poitrine en feu !

XIV

« Pendant que je prierai, amis, coûte que « coûte, » puis il crie à ses gens qui écoutaient en rond : « de cet homme ayez soin !... Dieu l'envoie, « il est mon hôte, comme s'il était baron !... » Quand l'heure eût passé : « Ma foi, dit le lâche, il faut « que je lui fasse un pacte... » Et il envoie sur-le-champ quérir le député. Celui-ci se rend à sa demande devant le maître qui le mande. Le comte ainsi lui dit : — « Point ne faut nous disputer ! »

XV.

« Longtèms ai reflechi sus vosto maluranço ;
« Veici ço qu'à la fin voste segnour fara.
« Pèr vèire se tenès à vòsti remoustranço,
  « Lou jo decidara !
« S perde, avans qu'au cèu la palo niue s'esvarte,
  « Boutas, de segur parte !...
« Mai ac'òs pas lou tout... repren pièi sus-lou-cop :
  « Se vous perdès, à ma grand tourre,
  « Que vosto vilo cante o ploure,
» Subran vous fau penja !... Se voulès coume acò...

XVI.

« Amount i brun merlet, que cenchon ma tourriho,
« Sarés penja !... Voulès ? » — « Tène voste
  [marcat ! »
S'escrido calourènt lou fiéu de la pauriho...
  « An ! d'aut !... veguen, marca !...
« Marca ! marca li poun... Li dat soun sus la taulo !
  « Vous doune ma paraulo
« Que tremole pas mai que voste vièi castèu !.. »
  E tout-d'un-tèms, sènso coumando,
  Pren li dat blanc, e pièi li mando
Subre lou verd tapis... — « Que meton li pestèu ! »

XV

« Longtemps j'ai réfléchi sur vos malheurs, voici
« ce qu'à la fin votre seigneur fera. Pour voir si
« vous tenez à vos remontrances, le jeu décidera !
« Si je perds avant qu'au ciel la pâle nuit se dis-
« sipe, eh bien, assurément je pars !... Mais ceci
« n'est pas tout... reprend-il soudain. Si vous per-
« dez, à mon donjon, que votre ville chante ou
« pleure, soudain je vous fais pendre !... Si vous
« voulez ainsi !...

XVI

« Là-haut, aux bruns créneaux qui ceignent ma
« tourelle, vous serez pendu !... Voulez-vous ? »
— « Je tiens votre marché ! » s'écrie avec chaleur
le fils de la plèbe. « Allons ! debout ! voyons, mar-
« quez ! marquez les points !... Les dés sont sur la
« table ! Je vous donne ma parole que je ne tremble
« pas plus que votre vieux manoir !... » Et tout-à-
coup, sans ordre, il prend les dés d'ivoire et puis
les jette sur le vert tapis... — « Qu'on mette les
« verrous ! »

XVII

Feroun cridè lou comte, « e tu, marrias, alongo,
« Fin-que vegues vers iéu arriba moun bourrèu
« S'apiela sus la crous de soun espaso longo
          « Foro de soun fourrèu !
« Sara peréu temouin e juge di partido...
          « E pièi, bello amo ardido,
« Dèves agué besoun, sai, de te counfessa ?
          — « Oh ! Mounsegnour, pèr acò faire
          « Ai pas 'spera ! » vèn lou jougaire,
« Senoun sariéu pa 'ici !... mai, tenès, coumença ! »

XVIII

Lou comte, en ausissènt ço que venié de dire,
Pale, trefouliguè !.. Tourna-mai risoulet,
Cridè pièi : « D'aut ! li got ! que lou vin vièi se tire !
          « E que siguen soulet !... »
Li varlet, tout-d'un-téms, intrèron dins la salo
          Adusènt sus l'espalo
De douire epetaclous, plen de vin calourènt...
          — « Lou vin adus joio e bèn-èstre...
          « Beven un cop ! » diguè lou mèstre...
— « Gramaci, Mounsegnour ! » — « Bevès ! » —
          [« N'en farai rèn ! »

XVII

Furieux, cria le comte : « Et toi, vaurien, attends
« jusqu'à ce que tu vois vers moi arriver mon
« bourreau, s'appuyant sur la poignée de sa longue
« épée, sortie de son fourreau ! Il sera tout à la fois
« témoin et juge de la partie... Et puis, belle âme
« hardie, tu dois avoir besoin peut-être de te con-
« fesser ? » — « Oh ! Monseigneur, pour cela faire
« je n'ai pas attendu ! » dit le joueur, « sinon je ne
« serais point ici !... Mais, tenez, commencez ! »

XVIII

Le comte, en entendant ce qui venait d'être dit,
pâle, tressaillit. De nouveau joyeux, il cria puis :
— « Allons ! les verres ! que le vin vieux se tire !
« et que nous soyons seuls !... » De suite les valets
« rentrèrent dans la salle, portant sur leurs épau-
« les des brocs énormes pleins de vin capiteux...
— « Le vin apporte joie et bien-être... Buvons un
« coup ! » dit le maître. — « Grand merci, Monsei-
« gneur ! » — « Buvez ! » — « Je n'en ferai rien ! »

XIX

Lou comte avié carga soun capeiroun de lano ;
Uno ouro de matin venié just de souna :
« Moun bourrèu ! » s'escridè, » courrès à la campano ;
 « Que lou vagon souna !... »
— « Veleici !... veleici !... cridè 'qui la coumpagno ;
 « La fe que m'acoumpagno,
« Se pensè lou pacan, noun pòu que m'ajuda... »
 Pren lou cournet, e pièi n'en signo
 Lou verd tapis emé dos ligno...
Se signo, tour-namai e pièi, bandis li dat.

XX

Pamens, tòuti li fes qu'èro éu que mandavo,
Fasié 'mé devoucioun lou signe de la crous.
I sant dóu Paradis pièi se recoumandavo...
 E sèmpre mal-urous,
Perdié, perdié toujour... Lou comte countemplavo
 Sa maigro fàci blavo
Emé d'iue verinous e lusènt de plesi ;
 Pièi, de la pòu que s'escapèsse,
 E de la mort se derrabèsse,
Faguè signe au bourrèu de lou faire sesi...

XIX

Le comte avait coiffé son chaperon de laine ; une heure du matin venait tout juste de tinter. — « Mon « bourreau ! » cria-t-il, « courez à la cloche ; « qu'on aille l'appeler ! » — « Le voici ! le « voici !... » s'écria la compagnie. « La foi qui me soutient, se dit tout bas le manant, ne peut que m'aider... » Il prend le cornet, puis il le promène en signe de croix sur le vert tapis, il fait également le signe de la croix, et puis il jette les dés.

XX

Cependant, toutes les fois que c'était à lui à jouer, il faisait avec dévotion le signe de la croix. Aux saints du Paradis, puis, il se recommandait... Et constamment malheureux, il perdait, perdait toujours... Le comte contemplait sa maigre face blême avec ses yeux pervers et luisants de plaisir ; puis de la peur qu'il s'échappât et de la mort ne s'arrachât, il fit signe au bourreau de le faire empoigner...

XXI

Mai, escoutas eiçó... (de-segur sèmblo un conte),
L'ome que de-segur d'aquest moumen plagnè,
Ganto mai lou cournet, que ie semound lou comte,
  E dins dous cop gagnè.
Pièi, d'un bound, rejitant li man que l'esquichavon,
  Dóu tèms que lou fissavon,
Carguè soun long bounèt. Acò fa, pièi diguè :
 — An ! vosto espaso, anas la querre,
  Que partiren !... iéu vous espère !... »
Lou comte de Mount-frin sus-lou-cop paliguè.

XXII

— «Vai-t'en ! » crido blavas, enterin que s'aubouro,
« Sorte ! sorte d'eici .. e prégo lou bon Diéu
« Vo lou diable, se vos .. Prègo tóutis lis ouro
  De n'èstre sourti viéu !... »
— « Ai las ! se i'a de que au bon Diéu rèndre gràci »
  En ie moustrant l'espàci
Rebèco lou pacan, « noun dèu èstre pèr iéu,
 « Car iéu, enfant de la pauriho,
 « Sariéu ploura dins ma famiho,
 « E vous sarias maudi pèr lis ome e pèr Diéu !... »

XXI

Mais écoutez ceci (pour sûr, ça semble un conte) : l'homme, qu'assurément vous plaignez, prend de nouveau le cornet que lui offre le comte, et dans deux coups il gagna. Puis, d'un bond, rejetant les mains qui l'étreignaient pendant qu'on le fixait, il coiffa son long bonnet. Cela fait, puis il dit :
— « Allons ! votre épée, allez la chercher ! nous partirons ! je vous attends !... » Le comte, sur-le-coup pâlit...

XXII

« Vas-t'en ! » crie-t-il blême, et se levant : « Sors ! sors d'ici ! et prie le bon Dieu ou le diable, si tu veux. Prie à toutes les heures d'en être sorti vivant ! » — « Hélas ! s'il y a de quoi au bon Dieu « rendre grâces, » en lui montrant le ciel, réplique le manant, « ce ne doit être pour moi, car moi, enfant de la plèbe, je serais pleuré dans ma famille et vous seriez, vous, maudit par les hommes et par Dieu !... »

XXIII

En aquéu fièr discours, tóuti se regardèron,
Tremoulant pèr lou sort dóu pacan courajous;
Un moumen li sóudard à visto lou gardèron...
   Pensatiéu, aurajous,
Lou comte d'aquéu tèms ferouje caminavo;
  Cadun l'eisaminavo...
A la fin s'arrestan : — « Vièi sóudard dóu pecat ! »
  Crido à si gènt 'm'un èr de rage :
  « De quèi qu'avès ?... ei lou courage
« D'aquel ome d'aqui que tant vous a neca ?...

XXIV

« Tenès, alucas-lou : l'espèr l'escarrabiho ;
« Prouvas-me qu'a pali, s'acò pòu se prouva...
« Mai noun ! car a proun vist qu'èro uno coumedio
   « Facho pèr l'esprouva...
« Es egau ! o pacan ! es iéu que te lou dise,
   « Sies ome !.. e iéu m'avise
« Que cregnes ni la mort, ni fèrri ni rigour.
  — « Subre li font dóu batistèri
   « M'an bateja Barro-de-Fèrri !...
« E, Mounsegnour, vesès qu'ai nèr emai vigour. ! »

XXIII

A ce fier discours tous se regardèrent tremblant pour le sort du manant courageux ; un instant les soldats le gardèrent à vue... Pensif, orageux, le comte, durant ce temps, marchait farouche, chacun l'examinait... A la fin, s'arrêtant :
— « Vieux soldats du péché ! » crie-t-il à ses gens avec colère, « qu'avez-vous donc ?... c'est le courage de cet homme-là, qui tant vous a stupéfaits ?...

XXIV

« Tenez, regardez-le : l'espoir le ravive ; prou-
« vez-moi qu'il a pâli, si ça peut se prouver. Mais
« non ! car il a bien vu que c'était là une comédie
« faite pour l'éprouver... C'est égal ! ô manant !
« c'est moi qui te le dis, tu es homme, et je m'a-
« perçois que tu ne crains ni la mort, ni rigueurs. »
— « Sur les fonts baptismaux on m'a baptisé Barre-
« de-Fer ! et, Monseigneur, vous voyez que j'ai
« nerfs et vigueur ! »

XXV

— « Eh bèn, ause-me dounc : fuge, Barro-de-Ferri !
« Entourno, entourno-te de mounte sies vengu,
« Dire à mi ciéutadin que liuen dóu cementèri
   « Lou mau m'a retengu !...
« Digo ie que soulet dins ma sourno capello
   « Prègue pèr la sequèlo
« De mi bon vilagés, que me siéu repenti ! »
   — Acò sufis... aro vous quite, »
   Fai lou pacan, « mai venès vite,
« O deman vène mai, dire : N'avès menti !... »

XXVI

E lou deputa fièr, acabant de la sorto,
Saludè l'assemblado, e tre qu'aguè fini
S'enanè tout-d'un-tèms, despestela la porto...
   Res l'ausè reteni.
Un moumenet plu tard, lou comte que plouravo,
   E que se maucouravo,
Sounè 'mé lou verin un dis aubarestié,
   (Lou mai adré)... ié faguè 'durre
   Un blanc chivau pèr lou coundurre,
E bandiguè lou tout vers l'ome que partié.

XXV

— « Eh bien ! écoute-moi, fuis, Barre-de-Fer !
« retourne-t'en d'où tu es venu, dire à mes conci-
« toyens que, loin du cimetière, la maladie m'a
« retenu !... Dis-leur que seul dans ma sombre
« chapelle je prie pour la foule de mes bons villa-
« geois ; que je me suis repenti ! » — « Cela
« suffit !... maintenant je vous quitte, » dit le
manant, « mais venez vite, ou demain je reviens
« vous dire : Vous en avez menti ! »

XXVI

Et le fier député, terminant de la sorte, salua
l'assemblée, et dès qu'il eut fini, s'en alla tout d'un
trait rouvrir la porte ; personne n'osa le retenir.
Un moment plus tard, le comte qui pleurait et qui
se désolait, appela avec colère un des arbalétriers,
(le plus adroit) ; il lui fit amener un blanc cheval
pour le porter et envoya le tout vers l'homme qui
partait.

XXVII

Res a jamai sachu ço que diguè risèire
A-n-aquéu mandadou... Au jour, quand revenguè,
Aquest èro soulet, e soun fougous courrèire
    Noun sai que devenguè.
Avié mes, en partènt, la causo èro seguro,
    Tres flècho à sa centuro...,
Pamens, n'avié que dos, quaud s'entournè tranca...
    Diguè que l'autro s'èro routo...
    Qu'avi' assaja, long de la routo,
De tira su 'n pijoun, e que l'avié manca.

XXVII

Nul n'a jamais su ce qu'il dit, rieur, à ce messager... Au jour quand il revint, celui-ci était seul, et son fougueux coursier, on ne sait ce qu'il devint. Il avait mis en partant, la chose était sûre, trois flèches à sa ceinture ; cependant il n'en avait que deux, lorsqu'il retourna blessé ; il dit que l'autre s'était brisée, qu'il avait essayé le long de la route de tirer un pigeon et qu'il l'avait manqué.

LOU COMTE DE MOUNT-FRIN

LOU NOBLE

> Les peuples ont leur lendemain.
> V. Hugo.

XXVIII

Un mes s'èro escoula, caudo èro la journado ;
I trau dóu ribéirés s'escoundien lis aucèu ;
Lou Rose gemisssié coume uno amo danado
    Qu'entre-vèi dins lou cèu.
Alin, de vers l'uba, un triste vènt de plueio
    Plouravo dins li fueio ;
Lou tèms s'ensournissié, arribavo la niue
    De tèms en tèms sus li tourriho,
    Coume de flamo de broundiho,
Resplendissié d'uiau que brulavon lis iue.

XXIX

Sus soun sèti quiha, dedins sa grando salo,
Lou comte de Mount-frin èro mai entaula ;
Contro éu avié de mounjo, emé de chato palo ;
    Tout èro encadaula.

LE COMTE DE MONTFRIN

LE NOBLE

> Les peuples ont leur lendemain.
> V. Hugo.

XXVIII

Un mois s'était écoulé, chaude était la journée ; aux trous du rivage se cachaient les oiseaux; le Rhône gémissait comme une âme damnée qui entrevoit le ciel. Là-bas, de vers le nord un triste vent de pluie pleurait dans les feuilles ; le temps s'assombrissait, arrivait la nuit ; de temps en temps sur les tourelles, comme des feux de ramée, resplendissaient des éclairs qui brûlaient les yeux.

XXIX

Sur son siége juché, dans sa grande salle, le comte de Montfrin était encore attablé ; à côté de lui, il avait des nones et des filles pâlies : tout était fermé à clef. On était alors à la fin du souper qui ne fut

S'atroubavon alor au bout de la soupado,
    Que noun siguè coupado
Que pèr de rire gai... Li flasco èron vuja
    E barrulavon sus la napo ..
    — « Quand pòu pas béure, lou chin japo !...»
Cridavo Mousegnour pèr lou vin mestreja.

XXX

E galoi revira de-vers si mercenàri,
Enfiouca ie disié : « Brinde à vòsti santa !
Peravans que lou jour escale sus soun càrri,
    Ausès-me, vau canta !... »
Lou comte s'aubourè... D'enterin la muraio
    Coume un pin que trantraio,
Tremoulè... Sus-lou-cop istè plus res de siau.
    Un tron petè sus la bastisso :
    Di foundamento à la téulisso,
S'esclarè lou castèu au fio blu dis uiau.

XXXI

Alor, aquéli gènt, pèr rèsto d'abitudo,
Se signèron pamens 'm'un rire de mesprés ;
Pau à pau se faguè coume uno soulitudo,
    L'esfrai lis avié pres.
Noun s'ausié que lou brut di tron que petejavon;
    Plueio e vènt fouitejavon ;

interrompu que par des rires joyeux, les flacons étaient vides et roulaient sur la nappe... — « Lorsqu'il ne peut boire, le chien aboie ? » criait Monseigneur par le vin maîtrisé.

XXX

Et joyeux, retourné de vers ses mercenaires, avec feu, il leur disait : « Je bois à vos santés ! avant que le jour monte sur son char, oyez-moi, je vais chanter !... » Le comte se leva. — A ce moment, la muraille, comme un pin qui oscille, trembla.. Sur le coup, il ne resta plus personne de calme, un tonnerre éclata sur la bâtisse ; des fondations à la toiture, s'éclaira le château du feu bleu des éclairs.

XXXI

Alors, ces gens-là, par reste d'habitude firent néanmoins le signe de la croix avec un rire de mépris. Peu à peu, il se fit comme une solitude : l'effroi les avait gagnés. On n'entendait que le bruit du tonnerre qui grondait ; pluie et vent fouettaient les sombres vitraux du château seigneu-

Li veiriau souloumbrous dóu castèu barounen ;
Rire e cansoun alor calèron ;
Femo e roufian se regardèron ;
Tóuti s'entre-disien : Fau dounc que s'enanen ?

XXXII

Pamens, au vènt jala, qu'ourlavo dins la plano
Subran s'apoundeguè li planh d'un mal-urous.
A la porto dindè lou son d'uno campano,
Pressa, mai pietadous.
Creseguèron d'abord que l'aire s'engourgavo
Au souspirau di cavo ;
Mai pamens dindè mai l'esquerlo dóu castèu ;
Lou comte alor : — « Sèns que lou sache,
Tenès, ami, n'en fau lou pache,
Lou que vèn a segur de dènt coume un rastèu,

XXXIII

E vèn crida qu'a fam !... » Dous ome sourtiguèron,
Dessus éli barrant lou vièi pourtau cintra ;
Pièi bèn plan revengu : « És de mourgo, diguèron,
Que voudrien intra.
De-matin, lis arland an creba si grasiho ,
E li dos pàuri fiho
An fugi dóu couvènt, pecaire, an tout quita.
An lou velet dis Oursulino
Subre si taio mistoulino,
Demandon pèr aniue vosto espitalita... »

rial, rires et chansons alors cessèrent ; femmes et ruffiens se regardèrent tous, s'entredisant : « Il faut donc que nous nous levions de table. »

XXXII

Cependant au vent glacé qui hurlait dans la plaine, soudain s'ajoutèrent les plaintes d'un malheureux ; à la porte tinta le son d'une cloche, pressé, mais déchirant ; on crut d'abord que l'air s'engouffrait aux soupiraux des caves, mais de nouveau tinta la cloche du château : — « Sans que je le sache, tenez, amis, j'en fais la gageure, celui qui vient a pour sûr des dents comme celles d'un râteau

XXXIII

Et vient crier qu'il a faim ! » Deux hommes sortirent, refermant sur eux la vieille porte cintrée ; puis sans bruit revenus : — « Ce sont des religieuses, » dirent-ils, « qui voudraient entrer ; ce matin, les croisés ont enfoncé leurs grilles, et les deux pauvres filles ont fui du couvent, pauvrettes ! ont tout laissé. Elles ont le voile des Ursulines sur leur taille légère, elles demandent pour cette nuit votre hospitalité. »

XXXIV

— « Varlet, fasès de fio !... Digas à moun clavaire
Que li fague veni : uiausso, e fai de vènt.
D'abord qu' acò 's ansin, iéu sarai lou sauvaire
    Di mounjo dóu couvènt. »
En aquéu sant prepaus d'ipoucrito amistanço,
    Li gènt de l'assistanço
S'aluquèron subran emé d'iue de coustat,
    Car jamai mouine nimai page
    Avien ausi un tau lengage...
Lou comte avié begu de vin de semoustat.

XXXV.

L'aurige avié cala, soulet lou vènt boufavo,
Lou tron noun s'ausié plus qu'alin dins la liunchour.
Lou comte èro ana au fio e galoi se caufavo,
    Tremoulant de frejour.
Tóuti li counvida, vujant li làrgi dourgo,
    Esperavon li mourgo...
— « Li veici !... » Tout d'un tèms se van ageinouia
    Davans lou mèstre que li signo.
    E de soun ounglo ie grafigno
Uno crous sus lou front, disènt : *Alleluia !*

XXXVI

Pièi ie vèn, s'assetant souto la chaminèio :
— « Metès-vous contro iéu, vous levarés la fre :
Lou fio, bèus angeloun, escaufo emai recrèio ..
    Ansin restés pas dré. »

XXXIV

— « Valets, faites du feu ! dites à mon portier qu'il les fasse venir : les éclairs se succèdent rapides, et il fait du vent. Puisqu'il en est ainsi, je serai le sauveur des religieuses du couvent. » A ce saint propos d'hypocrite amitié, les gens de l'assistance se regardèrent soudain obliquement, car jamais ni moines ni pages n'avaient ouï un tel langage... Le comte avait bu du vin capiteux.

XXXV

L'orage avait cessé, seul le vent soufflait, le tonnerre ne s'entendait plus que là-bas dans le lointain. Le comte était allé au feu, et joyeux, se chauffait, tremblant de froid. Tous les conviés, vidant leurs larges cruches, attendaient les sœurs... Les voici !... Tout d'un trait, elles vont s'agenouiller devant le maître qui les signe, et de son ongle leur trace une croix sur le front, disant *Alleluia !*

XXXVI

Puis il leur dit, s'asseyant sous la cheminée :
— « Mettez-vous à côté de moi, vous vous chaufferez : le feu, beaux anges, échauffe et récrée, ne restez pas ainsi debout. » Les sœurs, jusques aux

Li mourgo fin-qu'i pèd de negre èron velado,
　　　E bèn agouloupado,
Mai pas proun pèr que noun si raubo de cadis
　　　Leissèsson vèire la simplesso,
　　　L'estè, lou biais e la souplesso
De si cors angeli, digne de Paradis.

XXXVII

Mounsegnour, impaciènt de vèire li chatouno,
Ie dis mai : — « Venès vous asseta contro iéu,
Voste segnour lou vòu, lou respèt vous l'ourdouno,
　　　Vous parlarai de Diéu !... »
Li mounjo plan-planet, la lengo toujour mudo,
　　　S'aubouron esmougudo...
Ço que vesènt alor, lou castelan crudèu,
　　　Qu'aurié vougu pousqué li mordre :
　　　— « Que Diéu maudigue li sants ordre
Qu'embarron vòsti cor souto aquéu long ridèu !... »

XXXVIII

Enfiouca, pièi repren enterin que se mouco :
— « Digas-me, mis enfant, se voste foundatour
Pèr iéu a claus ansin vòsti pichòti bouco
　　　De-segur facho au tour ?
Se iéu noun pode ausi ta gènto parladuro,
　　　Chatouno, descourduro

pieds, de noir étaient voilées et bien enveloppées, mais pas assez cependant pour que leur robe de bure ne laissa voir la simplicité, la grâce, le galbe et la souplesse de leurs corps angéliques, dignes du Paradis.

XXXVII

Monseigneur, impatient de voir les fillettes, leur dit : — « Venez vous asseoir à côté de moi : votre seigneur le veut, le respect vous l'ordonne, je vous parlerai de Dieu !... » Les religieuses, lentement, la langue toujours muette, se lèvent émues... ce que voyant alors, le châtelain cruel qui aurait voulu pouvoir les mordre : — « Que Dieu maudisse les saints ordres qui enveloppent vos corps sous ce long rideau !... »

XXXVIII

Enflammé, puis il reprend tout en se mouchant : — « Dites-moi, mes enfants, si votre fondateur, pour moi, a clos ainsi vos petites bouches pour sûr faites au tour ? Si je ne puis ouïr ta douce voix, fillette, décous les plis de ce voile qui cachent ta figure... » Puis il dit à la première qui était près

Li ple d'aquéu velet qu'escoundon toun mourroun..»
Pièi dis ansin à la premiero
Qu'èro toucant de sa cadiero :
« Dèves agué d'iue blu linde coume un lauroun ! »

XXXIX

La mourgo sourpirè, fasènt noun de la tèsto ;
Pièi, gounflo, bandiguè de gème rau e sourd.
Mai lou comte enchuscla, voulènt fini la fèsto,
      Ourlè : — « D'aut ! coupen court !...
Veguen, descurbès-vous, es iéu que lou coumande,
      Aro, e vous recoumande
De pensa qu'ai lou dre de vous persecuta...
    D'aut ! esvartas la negro vèlo
    Que vous escound souto sa tèlo,
Lou vole ! sang de Diéu ! fau vous eisecuta ! »

XL

Alor, se coumprenènt, li mourgo se sarrèron
Coume pèr se parla. L'uno d'éli, pamens,
Crentouso, s'aubourè : tóuti la regardèron...
     — « l'a 'n mes, e belèu mens,
Qu'aviéu un fraire ama qu'èro ma prouvidènci :
      A perdu l'eisistènçi,
l'an travessa lou cors à dos lègo d'eici,
    E iéu, sa sorre, l'ourfanello,
    Dis Oursulino ai mes l'anello
A moun det meigrinèu pèr lou june passi !...

de sa chaise : « Tu dois avoir des yeux bleus, limpides comme une source ! »

XXXIX

La sœur soupira, disant non de la tête ; puis oppressée, elle laissa échapper un gémissement rauque et sourd. Mais le comte enivré, voulant finir la fête, hurla : — « Sus ! coupons court !... Voyons, découvrez-vous, c'est moi qui l'ordonne ; maintenant je vous recommande de réfléchir qu'il est en mon pouvoir de vous persécuter. Debout ! écartez le voile noir qui vous cache sous sa trame, je le veux ! sang de Dieu ! il faut s'exécuter ! »

XL

Alors se comprenant, les sœurs se rapprochèrent comme pour se parler ; l'une d'elles, cependant, craintive se leva, tous la regardèrent... — « Il y a un mois (peut-être moins), j'avais un frère aimé qui était ma providence : il a perdu la vie, on lui a traversé le corps à deux lieues d'ici, et moi, sa sœur, l'orpheline, des Ursulines j'ai mis l'anneau à mon doigt maigrelet par le jeune flétri !...

XLI

« Sus li bard dóu couvènt, tant jouino quand veguère
Toumba li long trachèu de mi négri chevu,
Dins moun cor trafiga, mounsegnour, iéu faguère,
    A Diéu faguère vu.
Jurère que jamai la vèlo que me cencho
    E que lou dòu a tencho
Sus moun front palinèu devié plus s'auboura
    Qu'au jour beni que pourriéu vèire
    L'assassinaire à blanc courrèire
Que sus moun fraire mort tant m'avié fa ploura...

XLII

Ansin Diéu l'a vougu! pièi souspirè crentouso,
Respetas si voulé!... » Lou comte tremoulant,
Esmougu se virè vers l'autro religiouso,
    E ie diguè bèn plan :
— « Digo-me, moun enfant, noun dèu èstre toun
                                  [fraire
    Qu'èi mort dins moun teraire ?
Perqué subre toun front gardes toun long velet ?»
    — « Ai fa lou vu qu'a fa ma sorre,
    E lou tendrai d'aqui que morre! »
Aquesto respoundè beisant soun capelet.

XLIII

Pièi jougnènt si dos man, murmurè d'un èr triste :
— « Ero moun amourous !... » Lon comte avié ferni...
A l'autro rediguè : — « Vejan, fiho dóu Criste,
    S'avès lou souveni

XLI

« Sur les dalles du couvent, si jeune, lorsque je vis tomber les longues boucles de mes cheveux noirs, eu mon cœur ulcéré, Monseigneur, moi je fis à Dieu, je fis un vœu : je jurai que jamais le voile qui me ceint, et que le deuil a teint, sur mon front pâli ne devait plus se lever qu'au jour béni où je pourrais voir l'assassin au blanc coursier qui sur mon frère mort tant m'avait fait pleurer...

XLII

« Ainsi Dieu l'a voulu ! » puis soupira-t-elle timide, « respectez ses volontés ! » Le comte, tremblant, ému, se tourna vers l'autre religieuse, et lui dit bien doucement : — « Dis-moi, mon enfant, ce ne doit pas être ton frère qui est mort dans mon terroir ? Pourquoi sur ton front gardes-tu ton long voile ?...»
— « J'ai fait le vœu qu'a fait ma sœur et le tiendrai jusqu'à ce que je meure ! » Celle-ci répondit baisant son chapelet.

XLIII

Puis, joignant ses deux mains, elle murmura d'un air triste : — « C'était mon fiancé ! » Le comte avait frémi..... A l'autre, il redit : — « Voyons, fille du Christ, si vous avez le souvenir de votre frère

De voste fraire mort, eh bèn, à moun auriho,
　　Digas soun noum, ma fiho ? »
La sorre reprenguè : — « Voulès saché soun noum?
　　Subre li font dóu batistèri
　　L'avien nouma Barro-de-Fèrri,
E dins tout lou païs lou tenien en renoum ! »

XLIV

A-n-aquéu soulet noum, lou comte devèn pale ;
Tout-d'un-tèms la roujour i'escalo vers lou su,
Espèro un moumenet que l'emoucioun ie cale,
　　E pièi em'un pessu
Ganto l'autro, e ié dis : — « De pèr ta santo maire,
　　Lou noum de toun amaire ?... »
La mestresso cridè : — « Soun noum, voulès soun
　　　　　　　　　　　　　　　　　　[noum ?
　　Subre li font dóu batistèri
　　L'avien nouma Barro-de- Fèrri,
E dins tout lou païs lou tenien en renoum ! »

XLV

— « Pertout quéu noum d'aqui me seguis e m'a-
　　　　　　　　　　　　　　　　　　[trovo ! »
Lou comte souspirè ; pièi risènt, ajustè :
— Ei mort assassina... mounte soun vòsti provo ?
　　Quau èi que l'assisté ?...
Sabès proun, mis enfant, que tout es au pihage...
　　Belèu es en viage...

mort, eh bien ! à mon oreille dites son nom, ma fille ? » La sœur reprit : — « Vous voulez savoir son nom ? Sur les fonts du baptême on l'avait nommé Barre-de-Fer, et dans tout le pays on le tenait en renom ! »

XLIV

A ce nom seul le comte devient pâle ; tout-à-coup la rougeur lui envahit le front, il attend un moment que son émotion cesse : puis, prenant l'autre par le bras, il lui dit : — « De par ta sainte mère, le nom de ton futur ?... » La fiancée s'écria : — « Son nom, vous voulez son nom ? Sur les fonts du baptême on l'avait nommé Barre-de-Fer, et dans tout le pays on le tenait en renom ! »

XLV

— « Partout ce nom-là me suit, et me trouve ! » le comte soupira ; puis riant, il ajouta : « Il est mort assassiné... où sont vos preuves ? Qui est-ce qui l'assista ? Vous savez bien, mes enfants, que tout est au pillage : peut-être est-il en voyage... ou peut-être encore seul il s'est égaré dans les détours

O belèu tourna-mai soulet ses esmarra
   Dins li replé de quauco draio,
   E lou nemi qu'eici varaio
I'a mes la man dessus, l'a pres e l'a 'mbarra...

XLVI

— Ei mort!... noun liuen d'eici, an trouba soun
   [cadabre !
— Li sóudard de Mount-fort, de-segur, l'an trauca!—
La mestresso cridè : — L'espaso emai lou sabre
   Soun cors n'an pas touca !...
E vite desgajant si dos man de sa faudo,
   Sourtiguè bruno e caudo
Uno flècho, disènt : — I'a 'ici d'aubarestié
   Que vous diran qu'eiçò se mando
   'M'uno aubaresto de coumando !...
— Es verai ! faguè 'qui un qu'èro dóu mestié.

XLVII

Pièi ie prenguè di man (degun lou remarcavo),
Quand pale e revira de-vers soun coumpagnoun :
— Ei lou dard, ie diguè, que l'autre mes mancavo
   A noste ami Vignoun.
Es mort aquesto niue counsuma pèr li fèbre.
   Aiglo, ratié, vo lèbre,
Vignoun l'aubarestié traucavo chasco fes,...
   Se t'ensouvèn, i'a 'no mesado,
   Quand retournè de sa crousado :
« Fraire, diguè, n'ai plus monn cop d'iue d'àu-
   [tri-fes...»

de quelque chemin, et l'ennemi qui par ici rode,
a mis la main sur lui, la pris, et l'a emprisonné...»

XLVI

— « Il est mort !... Non loin d'ici on a retrouvé
son cadavre ! » — « Les soldats de Montfort pour
sûr l'ont percé ! » La fiancée s'écria : — « L'épée
ni le sabre, son corps n'ont point touché !... » Et
vite dégageant ses deux mains de son tablier,
elle sortit brune et chaude une flèche, disant : « Il y
a ici des arbalétriers qui vous diront que ceci se
lance avec une arbalète de commande ! » — « C'est
vrai ! fit là un homme du métier.

XLVII

Puis, il la lui prit des mains, (nul ne le remar-
quait) lorsque pâle, et retourné vers son compagnon : — C'est le dard, lui dit-il, qui l'autre mois
manquait à notre ami Vignon... il est mort cette
nuit consumé par les fièvres ; aigle, épervier ou
lièvre, Vignon l'arbalétrier tombait chaque fois ;
s'il t'en souvient, il y a un mois, lorsqu'il revint de
sa croisade : « Frères, dit-il, je n'ai plus mon coup
d'œil d'autrefois... »

XLVIII

L'arquié, se derroumpènt : —Au noum de Diéu ! —
[ve, guincho
Mounsegne de Mount-frin, coume pale èi vengu...
Davans lis anjounèu que vergougnous espincho,
Belèu s'èi souvengu !...
O, o, s'èi souvengu ! pougnènt coume uno aguïo,
Lou remors que lou tuio,
Pèr la premiero fes, i' bard l'a clavela...
Desavia, blave e tranquile,
Davans lou fio rèsto inmoubile
Coume un sant de capello en mabre cisela. —

XLIX

Lou castelan maudi, vesènt que lou doutavon,
Alucavo, mourènt, emé d'iue de galis ;
Parlavo plan-planet cresènt que l'escoutavon...
Verd coume un negadis,
S'aubouro. Vergougnous d'agué perdu sa joio,
En van cerco sa voio
Pèr mai pousqué canta... e retoumbant blavas,
Feroun, derrabo à l'anjounello
La flècho encaro sanguinello,
E la trais dins lou fio, au mitan dóu brasas.

L

Pièi subran, d'un toun rau que jalo li mesoulo :
— Varlet, crido, esglaria, dindas lou cuerbe-fio !
Tóuti que sias eici, es tard, la niue s'escoulo ;
Sourtès d'aqueste lio !...

XLVIII

L'archer s'interrompant : « Au nom de Dieu ! regarde Monseigneur de Montfrin, comme il est devenu pâle. Devant les anges que honteux il épie peut-être s'est-il souvenu !... Oui, il s'est souvenu ! poignant comme une aiguille, le remords qui le tue, pour la première fois aux dalles l'a cloué : défait, blême et tranquille, devant le feu il reste immobile comme un saint de chapelle en marbre ciselé. »

XLIX

Le châtelain maudit, voyant qu'on le soupçonnait, regardait mourant avec des yeux de travers ; il parlait tout bas, croyant qu'on l'écoutait... Vert comme un noyé, il se lève honteux d'avoir perdu sa gaîté, en vain il cherche sa voix pour chanter de nouveau... et retombant blême, furieux il arrache à la créature angélique la flèche encore rouge de sang et la jette dans le feu au milieu du brasier.

L

Puis, soudain, d'un ton rauque qui fige la moelle dans les os : — « Valets, crie-t-il égaré, tintez le couvre-feu ! Tous qui êtes ici, il est tard, la nuit s'écoule, sortez de ce lieu !... » Deux heures plus

A dos ouro d'aqui, lou comte roupihavo ;
Enca tout soumihavo,
De Mount-fort li sóudard fourçavon lou castèu,
E la demoro segnouresso,
Qu'entre-dourmido èro souspresso,
Brulavo dins l'escur coume un fais de gavèu.

LI

— Isso ! veniè lou pople... Isso ! mort e venjanço !
Sagaten ! sagaten lou lache castelan !
I gourbèu afama que serve de manjanço,
Éu e si femelan !... —
Lou comte, coumprenènt tout ço que se passavo,
Davalo dins la cavo.
Abriga pèr la niue s'enfounso dins l'escur ;
Pièi se diregis long di bàrri
Vers uno tourre soulitàri,
Couneigudo que d'éu... pèr èstre mai segur.

LII

Sèns agué rescountra souleto amo que vive.
Au bèu founs dóu castèu arribo s'aplanta :
— Se vèn res, se disié, e qu'à la tourre arrive,
Me podon plu 'ganta !... —
Mai uno fés amount, au bout de la viseto,
Li dos blànqui moungeto

tard, le comte ronflait, tout son monde sommeillait encore, les soldats de Montfort forcèrent le château ; et la demeure seigneuriale qui, au repos, était surprise, brûlait dans l'obscurité comme un faix de sarments.

LI

« Hue ! criait le peuple... Hue ! mort et vengeance ! Egorgeons ! égorgeons le lâche châtelain ! aux corbeaux affamés qu'il serve de proie lui et ses gourgandines !... » Le comte, comprenant tout ce qui se passait, descend dans la cave abrité par la nuit, il s'enfonce dans l'obscurité ; puis il se dirige le long des remparts, vers une tour solitaire connue de lui seul... pour être plus sûr.

LII

Sans avoir rencontré âme qui vive, au fin fond du château il arrive se placer. « S'il ne vient personne, se disait-il, et qu'à la tour j'arrive, on ne peut plus me prendre !... » Mais parvenu là-haut au bout de l'escalier, les deux blanches religieuses se dressent tout-à-coup, lui arrachant la clef ; d'un bras

S'aubouron tout-d'un-cop ié derrabant la clau ;
    D'un bras chascuno pièi l'arrapon,
    Mé si triau subran l'estacon
E dins si blanc pougnet lou manténon esclau.

LIII

— Leissas-me ! leissas-me ! disié sa vues asclado ;
Oh ! leissas-me fugi ! mi fiho, au noum de Diéu !...
E li mourgo tenien entre si man crispado
    Lou comte à peno viéu...
Alor à la lusour de la roujo flamado,
    Sus la tourre cremado,
Aubourèron en l'èr si negre e long velet ;
    Pièi sus lou noble que gulavo,
    Sentènt lou fio que lou brulavo,
Fissèron si grands iue, beisant si capelet...

LIV

Lou comte tremoulè fin qu'au founs de soun amo :
Perdoun ! perdoun pèr iéu ! mi fiho ! s'escridè :
— Regardas qui-de-bas 'quéli lengo de flamo
    Que lipon nòsti pèd...
Es verai !... ai manda pourri au cementèri
    Guihèn Barro-de-Fèrri...
Mai éu m'avié òufensa !... O mi fiho !... pieta !...
    Ausès aquéli cridadisso :
    Lou fio 's deja sus la téulisso ;
Leissas-me vo fugi vo me percepita ! —

chacune ; puis, le saisissent, avec leurs cordes soudain l'attachent, et dans leurs blancs poignets le maintiennent esclave.

LIII

— « Laissez moi ! laissez-moi ! disait sa voix brisée, oh ! laissez-moi fuir ! mes filles, au nom de Dieu ! » Et les sœurs tenaient entre leurs mains crispées le comte à peine vif. Alors à la lueur de la flamme rougeâtre, sur la tour embrasée, elles levèrent leurs longs voiles noirs ; puis, sur le noble qui beuglait, sentant le feu qui le brûlait, fixèrent leurs grands yeux, baisant leurs chapelets.

LIV

Le comte trembla jusqu'au fond de son âme : « Pardon ! pardon pour moi, mes filles ! cria-t-il, regardez là-bas ces langues de flamme qui lèchent nos pieds. C'est vrai ! j'ai envoyé pourrir au cimetière Guilhem Barre-de-Fer... mais il m'avait offensé... O mes filles ! pitié !... oyez ces clameurs le feu est déjà sur la toiture, laissez-moi ou fuir ou me précipiter ! »

LV

E lou comte, estaca sus li bard, se troussavo,
Cercant à s'escapa di man que lou tenien,
Mai la cordo enca mai sus si ren se nousavo...
    E li mourgo disien :
— Au pèd de la viseto arribo la flamado ..
    Espincho la fumado
Qu'enrego l'escalié 'm'un orre brut d'infèr ! —
    E li belugo s'acampavon
    Tout-à-l'entour ; pièi s'escampavon,
Courrènt long di sóumié coume de róugi serp.

LVI

Miechouro eilamoundaut sus aquelo tourriho
Se passè quaucarèn que douno fernisoun.
Lou comte mita-nus entre li sànti fiho
    Ero toumba 'geinoun ;
Li vièi bàrri crema de mai en mai brulavon,
    Li membre s'escroulavon
Souto éli. — Un moumen lou cèu trefouliguè ;
    Pièi tout-d'un-cop, coume un grand roure
    Desracina, la longo tourre,
Lou noble, lis anjoun, tout s' aprefoundiguè !

LVII

Lou pople èro venja !... Desempièi, sus li ribo
Ounte se vèi enca li rouino dóu castèu
Degun vèn... e li serp, tre que l'estiéu arribo.
    Trèvon dins li canèu

LV

Et le comte attaché se tordait sur les dalles, cherchant à s'échapper des mains qui le tenaient, mais la corde, de plus en plus sur ses reins, se nouait, et les sœurs disaient : — « Au bas de l'escalier arrive la flamme, regarde la fumée qui s'engouffre dans la spirale avec un épouvantable bruit d'enfer! » et les étincelles se massaient tout autour ; puis, s'éparpillaient, courant le long des poutres comme de rouges serpents.

LVI

Demi-heure, là-haut, sur cette tourelle, se passa quelque chose qui donne le frisson, le comte moitié nu entre les saintes filles était tombé à genoux ; les vieux remparts embrasés de plus en plus brûlaient, les pièces s'écroulaient sous eux. Un moment, le ciel tressaillit ; puis, tout-à-coup, comme un grand chêne déraciné, la haute tour, le comte, les anges, tout s'abîma.

LVII

Le peuple était vengé !... Depuis, sur les rives, où se voient encore les ruines du château, nul ne vient, et les couleuvres dès qu'arrive l'été, courent dans les roseaux qui bordent à cet endroit les vertes

Que bordon qui-de-long li verd ribas dóu Rose.
  Lou sèr, dins lou cèu rose,
Ausès li martelet dins l'aire blu quiela,
  E, sus li pèiro enterrousido
  De si muraio demoulido,
Li pàuri pescadou i 'estèndon si fielat.

Mount-frin, 30 de nouvèmbre 1865.

rives du Rhône. Le soir, dans le ciel rose, on entend les martinets crier dans l'air, et sur les pierres terreuses de ses murailles démolies, les pauvres pécheurs étendent leurs filets.

Montfrin, 30 novembre 1865.

UNO CHATO DI BORD DOU ROSE

A MADAMISELLO M. COURNIHOUN.

> L'absence est le plus grand des maux.
> La Fontaine.

— Bloundo jouvènto, encantarello,
Tu qu'ères gaio e riserello,
Perqué, de fes que i'a, de plour bagnon tis iue;
Perqué ti gauto trefoulido
Soun blavinello?... O ma poulido,
Pèrqué ploures ansin tre qu'arribo la niue?

Sies tout-bèu-just fiheto facho :
Sóuvagello flour de pourracho (30),
Toun amo s'espandis coume un perfum de cèu...
Mai perqué, chato, noun vos dire
Ço que te lèvo ansin lou rire,
Tu qu'ères autri-fes gaio coume un aucèu...

— Jouvènt, lou sort que me maucoro,
Despièi long-tèms sus ièu demoro ;
L'estello dóu bonur noun vòu lusi pèr ièu ;
Bandisse à Diéu mi plagnitudo,
Mai uno founso languitudo
M'adus, mai que d'un cop, de jour aspre e catiéu.

— Pamens, chatouno maucourado,
La terro bruno s'èi daurado :

UNE FILLE DES BORDS DU RHONE

A MADEMOISELLE M. CORNILLON.

> L'absence est le plus grand des maux.
> La Fontaine.

— Blonde jeune fille, enchanteresse, toi qui étais gaie et rieuse, pourquoi t'arrive-t-il parfois de pleurer ? Pourquoi tes joues roses d'ordinaire sont-elles pâlies ?... O ma jolie, pourquoi pleures-tu ainsi dès qu'arrive la nuit ?

Tu es tout juste fille faite ; sauvage fleur d'asphodèle, ton âme s'épanouit comme un parfum du ciel... Mais pourquoi, fille, ne veux-tu dire ce qui te rend ainsi soucieuse, toi qui étais autrefois gaie comme un oiseau ?...

— Jeune homme, le sort qui m'est contraire depuis longtemps sur moi se fixe : l'étoile du bonheur ne veut point luire pour moi ; j'adresse à Dieu mes plaintes, mais une profonde langueur m'apporte plus d'une fois des jours âpres et mauvais.

— Cependant, fillette attristée, la terre brune s'est dorée : voici le mois de juin couronné d'épis,

Veici lou mes de jun courouna d'espigau :
   L'auro d'estiéu, qu'escarrabiho
   L'eissame fòu di jóuini fiho,
Adus di meissounié li refrin fouligaud.

   Dins lou Trebon (31) tout es en aio ;
   Di làrgi prat lou fen se daio :
Lou campas es clafi de bèu garbeiroun rous ;
   E perabas dins li draiolo,
   Carga de fen, miòu e carriolo
Caminon plan-planet sus li camin peirous.

   — E que m'enchau que ligarello,
   Brun meissounié, rastelarello,
Treboulon l'aire blu de si cant agradiéu !
   Despièi dous an lou que iéu ame
   N'a touca daio ni voulame :
Pèr orto èi sus lou Rose, à la gàrdi de Diéu.

   — Mai de-que fai toun brun fringaire ?
   — Fiéu de marin, e bon pescaire,
En davalant lou flume, alin de-vers l'adré,
   Se m'en souvèn, me diguè : « Bello,
   Se-'n-cop flouris la cabridello,
Long-tèms noun passara que sarai dins l'endré. »

   Tamben, despièi que iéu lou ploure,
   De-long dóu Rose fau que courre,

la brise d'été qui rend plus vif le fol essaim des jeunes filles apporte des moissonneurs les folâtres refrains.

Dans le Trébon tout est en mouvement ; des larges prés le foin se fauche ; le champ est parsemé de beaux gerbiers roux ; et là-bas dans les chemins, chargés de foin, mulets et chariots avancent tout doucement sur les routes empierrées.

— Et que me fait à moi, que lieuses, bruns moissonneurs, faneuses, troublent l'air bleu de leurs chants joyeux ! Depuis deux ans, celui que j'aime n'a touché faulx, ni faucille : il navigue sur le Rhône à la garde de Dieu !

— Mais que fait donc ton brun prétendant ? — Fils de marin, et pêcheur expérimenté, en descendant le fleuve, là-bas vers le midi, s'il m'en souvient, il me dit : « Belle, quand fleuriront les asters, longtemps ne tardera ma venue au pays. »

— Si bien, depuis que je le pleure, le long du Rhône, je ne fais qu'errer, épiant si l'on voit poin-

Espinchant se se vèi pouncheja peralin
    De soun lahut la velo blanco,
    E chasco fes, despièi que manco,
Reprene en souspirant la draio di salin.

    — Pamens, floureto di broutiero,
    Li pescadou de la coustiero
Demoron mens de tèms de-vers lou toumple amar...
    E soun lahut, que vourrias vèire,
    En coustejant, — acò 's de crèire, —
Belèu s'èi peralin gandi sus l'auto mar.

    — Acò dèu èstre ! — Diéu lou fague !...
    Mai, o jouvènt, fau que m'envague...
Se bagne de mi plour moun faudau de basin,
    Es dóumaci que ma pauro amo,
    Brout palinèu que perd sa ramo,
Es un vise enca verd que n'a plus soun rasin.

Font-Vièio, 5 de jun 1869,

dre là-bas, au loin, de son bateau la blanche voile, et chaque fois, depuis qu'il est parti, je reprends en soupirant le chemin des Salines.

— Cependant, fleur des oseraies, les pêcheurs de la côte séjournent moins de temps de vers le gouffre amer... Et son bateau, que vous voudriez voir, en cotoyant, — ceci est à croire, — peut-être s'est-il là-bas dirigé vers la haute mer.

— Cela doit être ! — Dieu le fasse !... Mais, ô jeune homme, il faut que je m'en aille... Si je mouille de mes pleurs mon tablier de basin ; c'est que, voyez-vous, ma pauvre âme, rameau pâle qui perd ses feuilles est une branche de vigne verte encore qui n'a plus son raisin.

Fontvieille, 5 *juin* 1869.

LA COULOBRO

A M. VICTOR HUGO.

> Quau bèn fara,
> Bèn trouvara.
> PROUVÈRBI.

Nostradamus (32), lou mège ilustre
Que sus soun tèms a jita lustre...
  Fin qu'à sa mort
Au pichot det de la man drecho
A pourta, devengudo estrecho,
  Anello d'or.

Aquelo anello façounado,
Uno damo i'avié dounado,
  E retrasié
Au det d'aquéu que la pourtavo
Uno serp que s'enviróutavo
  E lou mourdié.

Es uno istòri de jouinesso
Pau couneigudo... Iéu l'ai messo
  Pèr vous éici ;
Mai de vous plaire noun me pique,
Sourfès, moussu, que vous dedique
  Aquest recit.

LA COULEUVRE

A M. VICTOR HUGO.

> Qui bien fera,
> Bien trouvera.
> PROVERBE.

Nostradamus, le médecin illustre qui sur son temps a jeté de l'éclat, jusqu'à sa mort au petit doigt de la main droite a porté — devenu étroit — un anneau d'or.

Cet anneau ciselé, une dame le lui avait donné, il imitait, au doigt de celui qui le portait, un serpent qui s'entortillait et le mordait.

C'est une histoire de jeunesse peu connue. Je l'ai mise pour vous ici : bien que de vous plaire je n'aie la prétention, souffrez, monsieur, que je vous dédie ce récit.

Adounc noste ome en estènt jouine
Vivié, parèis, coume li mouine ;
E m'es avis
Que sóuvagèu coume uno abiho,
Jamai degun em'uno fiho
L'avié vist.

L'aiglo emplanado sus li moure,
Nòu mes de l'an lou vesié courre
E mount e vau,
Vesti de negre coume un véuse,
Trevant pèr orto dins lis éuse
O sus li baus.

Coupant la griso ferigoulo (33),
Bouscant la bruno berigoulo ;
Tres jour sus cinq,
Soulet, de-longo barrulavo :
De pau à pau se revelavo
Lou medecin.

Lou jour, couchavo dins li baumo,
La niue 'scalavo sus li caumo ;
Finalamen
Ivèr-estiéu, emé li pastre
Roudavo en óusservant lis astre
Dóu fiermamen.

De sis escourregudo folo
Dintre li vau e sus li colo,

Donc, notre homme, étant jeune, vivait, paraît-il, comme les moines, et m'est avis que, légèrement sauvage comme une abeille, jamais personne avec une fille ne l'avait vu.

L'aigle qui plane sur les mornes, neuf mois de l'année, le voyait courir par monts et vaux, vêtu de noir comme un veuf, errant au hasard sous les yeuses ou sur les sommets abruptes.

Coupant le thym grisâtre, cherchant le brun champignon, trois jours sur cinq, constamment seul il errait : peu à peu en lui se révélait le médecin.

Le jour il se reposait dans les grottes ; la nuit, il grimpait sur les plateaux élevés ; finalement, hiver, été, avec les pâtres il rôdait, observant les astres du firmament.

De ses folles excursions dans les vallons et sur les collines, puis il apportait des cantharides

Adusié pièi
De cantarido d'esmeraudo,
De cacalauso garrigaudo,
L'erbo dóu vièi (34),

D'òrri grapaud, de serp verdalo,
D'escarava que n'an gens d'alo (35),
De terraioun,
L'iruge que poun e que sauno,
De rous tavan, de guèspo jauno,
De parpaioun.

Dison, qu'estènt en caravano (35),
Trouvè la damo de Servano
Au pèd d'un bouis,
Blanco e poupudo coumo uno auco,
Entre-dourmido sus la bauco (37)
E rèn au coui.

Soun rous lebrié, soun fièr courrèire,
Emé soun page èron, fau crèire,
Las, aflanqui;
Car nosto damo risouleto
Ero vengudo tout souleto
Se coucha 'qui.

Soun espesso cabeladuro,
Coulour de sorbo bèn maduro,

d'émeraude, des hélices solitaires, l'herbe *du vieux*.

D'affreux crapauds, des serpents verdâtres, des akis, des courtilières, la sangsue qui pique et qui saigne, de fauves hannetons, des guêpes jaunes, des papillons...

On dit qu'étant en excursion, il trouva la dame de Servanes au pied d'un buis, blanche et dodue comme un oie, endormie sur l'herbe et rien au cou.

Son roux levrier, son fier coursier, avec son page, étaient, il faut croire, las, efflanqués : car notre dame, souriante, était venue toute seule s'étendre là.

Son épaisse chevelure, couleur des cormes en pleine maturité, sur son sein s'échappait, dessi-

Subre soun sen
S'escapavo fasènt d'anello...
E di long ple de sa gounello,
　　Blanc e rousen,

Foro sa raubo entre-duberto,
Sourtié dous teté nus que certo
　　Vous fasien gau.
Tambèn, Miquèu de Nostodamo
Restè ravi davans la damo,
　　E coume un gau

Venguè 'scarlatin : — O divesso !
Se te raubave uno caresso ?...
　　Res me veirié ! —
Rampant coume un vise de souco,
S'alongo pèr pausa sa bouco...
　　Quau lou creirié !

Ageinouia, se trais à rèire,
Palafica ! — Venié de vèire,
　　Sus li sen nus
De la dono que soumihavo,
Uno serp que se souleiavo,
　　Sentènt lou musc,

Inmoubilo de talo sorto
Que l'aurias cresegudo morto...

nant des anneaux... et des longs plis de sa chemisette, blancs et roses,

Hors de sa robe entr'ouverte, sortaient deux seins nus qui, certes, faisaient plaisir à voir. Si bien que Michel de Nostredame resta en extase devant la dame, et comme un coq

Devint écarlate. « O déesse! si je te dérobais un baiser?... Personne ne me verrait!... » Rampant comme une branche de vigne, il s'allonge pour poser ses lèvres... Qui le croirait !

Agenouillé, il se jette en arrière, stupéfait ! — Il venait de voir, sur les seins nus de la dame qui sommeillait, un serpent qui s'ensoleillait, sentant le musc,

Immobile, de telle sorte qu'on l'eût cru mort.. D'un seul coup, comme un ressort, Michel se

D'un soulet cop,
Coume un ressort, Miquèu s'aubouro
Blave coume à sa darrièro ouro,
E pèr la co,

Di sen de la jouvo agarrido
Lèvo subran la serp marrido ;
Pièi coume un fouit
L'aubouro en l'èr ; mai la coulobro
Se retoursènt se met à l'obro,
Gounflo soun coui ;

Autour dóu bras que la gansouio,
En cacalauso s'entourtouio ;
Negro e siblant,
Aferounado e verinouso,
Se ie mantèn e se ie nouso
Coume un riban.

De mai en mai lou sarro e siblo ;
Tout en un cop, bado e se giblo...
Ai ! ai ! lou mord...
Desfa, blave coume un ce-ome,
Subran febli lou juvenome,
E, mita mort,

Cabusso e vai pica de-tèsto
Contro uno tousco de genèsto,

lève, blême comme à sa dernière heure, et par la queue,

Des seins de la jeune femme attaquée, il ôte soudain le serpent dangereux ; puis, comme un fouet, l'élève en l'air. Mais la couleuvre, se redressant, se met à l'œuvre, gonfle son cou,

Autour du bras qui la secoue, en spirale s'entortille ; noire et sifflant, irritée et venimeuse, elle s'y maintient et s'y noue comme un ruban.

De plus en plus elle le serre et siffle ; tout-à-coup elle ouvre sa gueule, et se recourbant sur elle-même... Aïe ! aïe ! elle le mord... Défait, blême comme un *ecce-homo*, soudain faiblit le jeune homme, et demi-mort,

Il tombe, et va donner de la tête à côté d'une touffe de genêts, juste sur les pieds de la dame qui

Just sus li pèd
De la dono que se reviho
E que suspresso lèu s'abiho...
Emé respèt :

— Agués pieta de moun bescomte !
Crido lou drole : noun siéu comte,
Ni grand, ni du..,
Uno serp, uno serp negrasso
Coume uno alo de tartarasso,
Ai ! m'a mourdu !

Vès-la !... fugis dedins lis erbo...
Pieta de iéu, dono superbo !
Aqui de bas
Atrouvarés uno flour bluio
Qu'a 'n pecou long coume uno aguïo
Pèr li debas... —

Dins li clapiho, au pèd di tousco,
Elo subran se baisso e bousco
La bluio flour...
Roujo coume uno parpaiolo,
Au bras ie passo sa taiolo :
E lis iue 'n plour,

De la saunouso mourdeduro
Esquicho alor la macaduro
Premeiramen ;
Pièi de si labro d'anjounello
Suço la plago sanguinello...
Entandòumens

se réveille et qui, surprise, vite rajuste ses vêtements.... Avec respect :

—« Ayez pitié de mon mécompte ! » s'écrie le
gars ; point ne suis comte, ni grand, ni duc... un
serpent, un serpent noirâtre comme l'aile d'un
oiseau de proie, hélas ! m'a mordu !

» Le voilà !... Il fuit dans les herbes !... Pitié de
moi, superbe dame ! à deux pas d'ici, vous trouverez une fleur bleue, qui a une tige longue comme
une aiguille à tricoter... »

Dans les roches, au pied des touffes, elle soudain
se baisse et cherche la fleur bleuâtre... Rouge
comme une coccinelle, au bras elle lui passe son
écharpe, et les yeux en larmes,

De la sanglante morsure elle presse alors la
partie meurtrie ; puis, de ses lèvres d'ange, elle
aspire la plaie saignante. Et pendant

Qu'emé la flour acoulourido
Freto la plago endoulourido,
    Ansin ie vèn
Lou juvenome : — Noblo dono,
Tout lou tourmen qu'eiçò me dono
    Es que souvènt

Aurai besoun de vous revèire...
Car sus li cèndre de mi rèire,
    Lou jure eici,
Vous amarai d'aqui-que more :
Sarés i vilo ounte demore
    Tout moun soucit.

— Bèu cavalié, diguè la dono,
Siéu maridado!... L'amour dono
    Proun de tourmen,..
Anen-nous-en, vous lou redise :
Siéu maridado!... Pièi m'avise,
    I'a 'n bon moumen,

Qu'es tard : belèu me creson morto...
Segur mi gènt saran pèr orto...
    Quand vèn la niue,
Emé de roso sus la tèsto,
L'amour rodo dins li genèsto
    E sus li piue... —

Qu'avec la fleur colorée elle frotte la plaie endolorie, ainsi lui dit le jeune homme : — « Noble dame, tout le souci que me donne cette aventure, c'est que souvent

J'aurai besoin de vous revoir ! car, sur les cendres de mes aïeux je le jure ici, je vous aimerai jusqu'à ce que je meure, et vous serez aux villes où je réside tout mon souci. »

— « Beau cavalier, dit la dame, je suis mariée ! L'amour donne pas mal de tourments. Allons-nous-en : je vous le redis, je suis mariée !... Puis, je m'aperçois, il y a un bon moment,

Qu'il se fait tard ; peut-être on me croit morte. assurément mes gens seront à ma recherche... Quand vient la nuit, avec des roses sur la tête, l'amour rode dans les genêts et sur les pics... »

E s'esbignè la jouino femo...
Lou cor gounfla pèr li lagremo,
  Noste droulas,
Coume uno santo la belavo,
E darèire elo s'enanavo,
  Sounjaire e las.

Nòu jour après (èro sant Come),
En se levant, lou juvenome
  Trouvè eiçavau
Un page que lou demandavo.
La castelano lou mandavo :
  Èro à chivau.

La bello dono de Servano
l'avié remés, — daurèio vano, —
  'Mé plen poudé,
Un anèu d'or pèr ie trasmetre,
Emè preguiero de lou metre
  Au pichot det.

Vaqui perqué touto sa vido,
Mut, pensatiéu, l'amo ravido,
  Nostradamus
Au pichot det de la man drecho
Pourtè 'n anello d'or estrecho
  Sentènt lou musc.

Eiguiero, 16 d'Avoust 1873.

Et s'en fut la jeune femme..... Le cœur gros de larmes, notre jeune homme, comme une sainte, la contemplait, et derrière elle s'en allait rêveur et las.

Neuf jours après (c' ait saint Côme), en se levant, le jeune homme trouva dans la cour un page qui le demandait ; la châtelaine l'envoyait : il était à cheval.

La belle dame de Servanes lui avait remis — parure vaine — avec plein pouvoir, un anneau d'or pour lui remettre, avec prière de le mettre au petit doigt.

Voilà pourquoi toute sa vie, muet, pensif, l'âme ravie, Nostradamus, au petit doigt de la main droite, porta un anneau d'or étroit, sentant le musc.

Eyguières, 16 *Août* 1869

(32) LA PROUVENÇALO

A MADAMO E. B***.

> Es la galanto prouvençalo
> Flour di felibre e dou bon Diéu.
> FELIBRESSO D'ARENO.

Alis, coumtesso de Vau-rugo,
Avié l'èr simple e lou cor aut ;
Au front pourtavo uno berrugo. ;
Eron si labro de courau ;
Sis iue jitavon de belugo.

Alis, madamo, avié vint an,
E, bèn d'aploumb sus li dos anco,
Anavo soulo au bèu mitan
De la draio póussouso e blanco
Que d'Entressen meno à l'estang.

Gaiardo enfant di mountagnolo,
En plen miejour de soun printèms.
En caminant à l'eigagnolo,
Cantavo pèr tua lou tèms
Emé lou biais d'uno espagnolo :

Lou soulèu èro caud :
Margai, à pèd descaus,
I parpaioun cassavo ;
Flourissien li blavet,
E folo pèr n'avé
Dins li blad rous passavo.

LA PERVENCHE

A MADAME E. B***,

> Est la jolie pervenche
> Fleur des félibres et du bon Dieu
> Félibresse d'Arène.

Alis, comtesse de Valrugues, avait l'air simple et le cœur haut placé : au front elle portait une verrue, étaient ses lèvres de corail, ses yeux jetaient des étincelles.

Alis, madame, avait vingt ans ; et, bien d'aplomb sur ses hanches, elle allait seule au beau milieu de la route poudreuse et blanche qui mène à l'étang d'Entressen.

Robuste enfant des montagnes, en plein midi de son printemps, en cheminant à la rosée, elle chantait pour tuer le temps, avec la grâce d'une espagnole :

« *Le soleil était chaud : Margaï, pieds-nus, aux papillons chassait ; fleurissaient les bluets, et folle pour en cueillir, dans les blés mûrs passait.*

Margai avié sege an :
Un jour, lou pastre Jan
Raubè la bastidano ;
E touti dous counsènt
Beguèron pièi ensèn
Lou vin d'amour que dano...

S'arrestè net..., Un long jouvènt,
Laid e ventru coume uno dourgo,
Fièr, amounèu coume lou vènt,
Qu'avie, m'an di, rauba 'no mourgo
En Avignoun dins un couvènt,

Venié sus elo. — Aire ferouge,
Dago batènt sus lou boutèu,
Ero couifa d'un bounet rouge ;
A sa taiolo avié 'n coutèu,
Èro pensamentous, aurouge.

Orre, grela coume un dedau,
Avié la vèsto sus l'espalo,
La barbo rousso, l'iue verdau,
Lou front estré, li gaugno palo...
Arribavo dóu coustat d'aut.

Davans la jouvo adounc s'arrèsto :
— L'argènt a resoun di plus fort ! —
Ie vèn ansin... e de sa vèsto
Tiro un boursoun de flourin d'or...
La castelano i'aguè lèsto :

Margaï avait seize ans : un jour, le pâtre Jean enleva la paysanne, et tous deux consentants, ils burent puis ensemble le vin d'amour qui damne... »

Elle s'arrêta net... Un long jeune homme laid et ventru comme une cruche, fier, capricieux comme le vent, et qui avait, m'a-t-on dit, enlevé une religieuse à Avignon dans un couvent,

Venait vers elle. — Air farouche, dague battant sur le mollet, il était coiffé d'un bonnet rouge ; à sa ceinture il avait un couteau ; il était pensif, ombrageux.

Affreux, grêlé comme un dé à coudre, il avait la veste sur l'épaule, la barbe rousse, l'œil verdâtre, le front étroit, les joues pâles... Il venait de là-haut, du Nord.

Devant la jeune fille donc il s'arrête : — « L'argent a raison des plus forts ! » lui dit-il... et de sa veste il tire une bourse de florins d'or. La châtelaine lui riposta vivement :

— De-que voulès ?... quau èi que sias ?...
Arrèire !... o bèn, traite fulobro,
Au pège tort d'un perussias,
Vous farai estaca !... Tout-obro,
Passas liuen de iéu... Adessias !...

— Bon vin e bello, acò se pago !...
Escouto : t'ame coume un fòu !
Em'aquel or auras de bago,
E te pendoularas au còu
Li pèiro fino de ma dago. —

La segnouresso vesié bèn
Qu'estènt souleto en aquéu rode
Ero perdudo... — Vès ! tambèn,
Pèr vous coumplaire en ço que pode,
Respoundeguè, larguesso e bèn

Vous baiarai !... Mai vole vèire
Se voste dire es vertadié...
L'afourtissès, lou vole crèire...
Amour coungreio messourguié
E pensamen, disié moun rèire...

Vesès aqui aquel estang,
Aquel estang d'aigo blavenco ?
Au bord de l'aigo en s'arrestant,
Se pòu aguedre de pervenco,
Flour sóuvagello qu'ame tant.

— « Que voulez-vous ? Qui êtes-vous ? Arrière !... ou bien, traître sacripant, au tronc noueux d'un poirier sauvage je vous ferai lier !... Bon à tout, passez loin de moi... Adieu !... »

— « Bon vin et belles, ça se paie !... Ecoute : je t'aime comme un fou. Avec cet or tu auras des bagues, et tu te pendras au cou les pierres fines de ma dague. »

La suzeraine voyait bien qu'étant seule en cet endroit, elle était perdue... — « Voyez ! eh bien ! pour vous complaire en ce que je puis, répondit-elle, largesses et biens

Je vous donnerai !... Mais je veux voir si vos propos sont sincères... vous l'assurez, je veux le croire : amour fait naître et menteurs et soucis, disait mon aïeul...

Voyez-vous là cet étang, cet étang d'eau bleuâtre ?... au bord de l'eau, en s'arrêtant, on peut avoir des pervenches, fleurs sauvages que j'aime beaucoup...

Estremas dounc vòsti peceto ;
Anas me querre lèu, lèu, lèu ,
Uno d'aquéli flour viòuleto
Que s'espandisson au soulèu,
Au bord de l'aigo belugueto.

— Seguissès-me !... ie vau ana ! —
En arribant jito sa vèsto
Emé sa dago, — e lou fena
Plan-plan davalo, pièi s'arrèsto
Subre lou bord : aquéu dana

Guèiro lou founs, palis, s'esfraio,
A pòu !... s'aubouro tout-d'un-cop,
Mando li man en l'èr... trantraio...
E tremoulant, s'arrapo au clot
Coume un pescaire à n-uno traio.

Aqui l'estang èro prefound,
Escalabrouso èro la ribo,
E li pervenco en verd bouissoun
S'entre-nousavon... Ai ! arribo
Que lou clot souple coume un jounc

Vèn à la man que l'estanaio...
Alis, madamo, sènso pòu
Sesis la dago, e touto en aio
Davalo vite coume pòu
Vers lou fena, cridant : Canaio !

Rempochez donc votre or ! allez me chercher vite, vite, vite, une de ces fleurs violettes qui s'épanouissent au soleil au bord de l'eau étincelante. »

— « Suivez-moi !... je vais y aller !... » En arrivant, il jette sa veste avec sa dague, — et le vaurien, doucement, doucement, descend, puis s'arrête sur le bord. — Ce damné

Sonde la profondeur, pâlit, s'effraie, a peur ! Il se lève tout d'un coup, dresse les mains en l'air .. vacille... et tremblant, se cramponne à la touffe comme un pêcheur à une corde.

Là, l'étang était profond, escarpé était le bord, et les pervenches en vert buisson s'entrenouaient... Aïe ! il arrive que la touffe flexible comme un jonc

Vient à la main qui la tenaille... Alis, madame, sans peur, ramasse la dague, et en hâte descend vite, comme elle peut, vers le vaurien en lui criant : « Canaille !

Vau metre fin à ti jour gai,
Cor de Caïn ! amo de sujo !
Avau au founs dóu garagai
Serviras de pitanço i mujo...
E zóu ! trenco lou liame... Ai ! ai !

Lou miquelet piquè de tèsto
Dins l'aigo founso de l'estang ;
La dono counservè sa vèsto
Emé la flour tencho de sang :
I paure pièi dounè lou rèsto.

En souvenènço d'aquéu jour,
La segnouresso bruno e palo
Batejè la sóuvajo flour
Dóu galant noum de *Prouvençalo*,
Simbèu moudèste de l'ounour.

Entressen, 6 de jun 1876.

Je vais mettre fin à tes jours gais, cœur de Caïn ! âme de suie !... là-bas, au fond du gouffre, tu serviras de proie aux poissons !... » Et crac ! elle tranche le lien... Aïe ! aie !

Le bandit tomba tête première dans l'eau profonde de l'étang. La dame conserva la veste avec la fleur teinte de sang ; aux pauvres, puis elle donna le reste.

En mémoire de ce jour, la suzeraine brune et pâle baptisa la sauvage fleur du joli nom de *Provençale*, symbole modeste de l'honneur.

Entressens, 6 juin 1876.

LOU TRAU DE LA CABRO D'OR

A L'ARCHITÈITE H. RÉVOIL.

> S'avès pòu di pious mistèri,
> Tiras-vous liuen dou cementèri...
> C. Raybaud.

Long dóu Rose, noun liuen dóu Grau
De Pegoulié, — se vèi lou trau
De la Cabro d'Or : grand foutrau,
  Gardian de brau,
Alabre d'or, bouscant fourtuno,
Un jouvènt brun, gaiard e gai,
  Tout-d'uno
Davalè dins 'quéu garagai,
 Un sèr au clar de luno.

S'avès pòu de la negro mort,
Liuen dóu trau de la Cabro d'or
Passas, tre que veirés de lume
  Flameja sus lou bord
   Dóu flume !

D'aquéu sourne trau que s'escound,
A flour de gravo, escur e round,
Res a jamai trouva lou founs,
  Tant es prefound...

LE TROU DE LA CHÈVRE D'OR

A L'ARCHITECTE H. RÉVOIL.

> Si vous avez peur des pieux mystères,
> Passez loin du cimetière
> C. Raybaud.

Le long du Rhône, non loin du grau de Pégoulié se voit le trou de la Chèvre d'Or. Grand benêt, gardien de taureaux sauvages, avide d'or, cherchant fortune, un jeune homme brun, robuste et gai, prestement descendit dans ce gouffre, un soir au clair de lune.

Si vous avez peur de la noire mort, loin du trou de la Chèvre d'or passez, dès que vous verrez le feu follet danser sur les bords du fleuve !

De ce sombre trou qui se cache, à fleur de terre, obscur et rond, personne n'a jamais pu sonder la profondeur, tant il est profond... Et de Saint-Clair à Saint Trophime, la nuit venue, on y voit des

E de Sant-Clar à Sant-Trefume,
La niue vengudo aqui se vèi
   De lume
Dansa subre li bord, e pièi
   S'amoussa dins lou flume !

S'avès pòu de la negro mort,
Liuen dóu trau de la Cabro d'or
Passas, tre que veirés de lume
   Flameja sus lou bord
      Dóu flume !

Uno niue dounc que fasié fre,
Lou gardian couneissènt l'endré,
Au bord dóu trau negras, estré,
   Vengu tout dre,
Sauto subran de sa cavalo,
Quito sa pipo d'entre dent,
   Avalo
Sa coucourdeto d'aigo-ardènt,
   Pièi dins lou gourg davalo.

S'avès pòu de la negro mort,
Liuen dóu trau de la Cabro d'or
Passas, tre que veirés de lume
   Flameja sus lou bord
      Dóu flume !

flammes errer sur ses bords, et puis s'éteindre dans le fleuve !

Si vous avez peur de la noire mort, loin du trou de la Chèvre d'or passez, dès que vous verrez le feu follet danser sur le bord du fleuve !

Une nuit donc qu'il faisait froid, le bouvier connaissant l'endroit, au bord du trou, étroit, obscur, venu tout droit, saute soudain de sa cavale, lève sa pipe d'entre les dents, écoule sa gourde d'eau-de-vie, puis... dans le gouffre descend.

Si vous avez peur de la noire mort, loin du trou de la Chèvre d'or passez, dès que vous verrez le feu follet danser sur les bords du fleuve !

Tout-en-un-cop pres pèr lou còu,
Lou toucadou se douno pòu...
— Ma migo, dis, pourtara dòu ! —
　　E coume fòu,
Vòu escarta l'orro racino
Que dins sis àrpio l'a sesi ;
　　Cracino
Lou bos... Ai ! ange benesi !...
　Pèr malur se devino...

S'avès pòu de la negro mort,
Liuen dóu trau de la Cabro d'or
Passas, tre que veirés de lume
　　Flameja sus lou bord
　　　Dóu flume !

Que la racino que lou tèn
Peto subran ; éu tout-d'un-tèms
Di man, pecaire, se retèn
　　E se mantèn...
— A quau me sauvara semounde
Cènt louvidor !... mai, tron de Diéu !
　　Lon mounde
Es fa de lache !... e li judiéu
　Aro soun en abounde !

S'avès pòu de la negro mort,
Liuen du trau de la Cabro d'or

Subitement pris par le cou, le bouvier se donne
peur... — « Ma-mie , dit-il , portera deuil ! » Et
comme fou, il veut écarter l'horrible racine qui
dans ses enchevêtrements l'a saisi... Craque le bois...
— Aïe ! anges bénis !... par malheur il se devine,..

Si vous avez peur de la noire mort, loin du trou
de la Chèvre d'or passez, dès que vous verrez le
feu follet danser sur les bords du fleuve !

Que les racines qui le tiennent rompent soudain :
lui promptement des mains, pauvret, se retient.
et se maintient... — « A qui me sauvera j'offre
cent louis d'or ! Mais, tonnerre de Dieu ! le monde
est fait de lâches !... et les juifs maintenant
abondent !

Si vous avez peur de la noire mort, loin du trou

Passas, tre que veirés de lume
Flameja sus lou bord
Dóu flume !

La mort au founs dóu garagai,
Ai ! me póutiro !... Adiéu, Margai !
S'anaren plus asseta gai
Sus lou margai !... —
Coume un bechet dins la banasto
Sauto, boumbis emé vigour...
Pièi tasto
La paret frejo... e dins lou gourg
Alin toumbo e s'avasto.

S'avès pòu de la negro mort,
Liuen dóu trau de la Cabro d'or
Passas, tre que veirés de lume
Flameja sus lou bord
Dóu flume !

Aqui, gardian e pescadou
An fa basti un rougadou,
En souveni dóu toucadou
Gros jougadou ;
E, de Sant-Clar à Sant-Trefume,
La niue vengudo, se ie vèi
De lume
Flameja tout autour... e pièi
S'amoussa dins lou flume !

Faraman, 14 *de Mai* 1876.

de la Chèvre d'or passez, dès que vous verrez le feu follet danser sur les bords du fleuve !

« La mort au fond du gouffre, aïe ! me tire !... Adieu, Margaï, nous n'irons plus nous asseoir gais sur la verte ivraie !... » Comme un brochet dans la banne, il saute, bondit avec vigueur... puis il tâte la paroi froide... et dans le gouffre, là-bas, tombe et se perd.

Si vous avez peur de la noire mort, loin du trou de la Chèvre d'or passez, dès que vous verrez le feu follet danser sur les bords du fleuve !

A cet endroit, gardiens de taureaux sauvages et pêcheurs ont fait bâtir un oratoire, en souvenir du bouvier, gros joueur. Et de Saint-Clair à Saint-Trophime, la nuit venue, on y voit des flammes errer tout autour... et puis disparaître dans le fleuve.

Faraman, 14 mai 1876.

L'ERMITAN DE GAUSSIÉ.

A L'ESTATUAIRE J. AMY.

> On n'est pas maître de ses aversions,
> mais on est conpable de leurs effets,
> S. Dubray.

I

Dins la vau de Sant-Clergue, en intrant, à man
[drecho,
S'aubouravo àutri-fes uno capello estrecho,
Perdudo au pèd d'un ro coume un trau de lapin :
Èro Nosto-Damo de la Vau. — Quàuqui pin,
Un rèsto de pieloun, de pastouiro, de graso,
Uno muraio griso en pèiro que s'acraso,
De long queiroun bruni jasènt dins lis avaus,
Vuei es tout ço que i'a.

La glèiso de la Vau,
Au couvènt de Sant-Pau, a passa, tèms soumesso,
Avié de religious que ie disien la messo ;
E moun grand m'a counta, — vous parle de long-
[tèms, —
Qu'un d'éli chasco annado arribavo au bèu tèms,
Tèsto raso, descaus, e longo barbo blanco,
La raubo de cadis sarrado sus lis anco,

L'ERMITE DE GAUSSIÉ

AU STATUAIRE J. AMY.

> On n'est pas maître de ses aversions,
> mais on est coupable de leurs effets.
> S. Dubray.

I

Dans le val de Saint-Clerc, en entrant, à main droite, s'élevait autrefois une étroite chapelle, perdue au pied d'un rocher comme un trou de lapin : c'était Notre-Dame de la Val. Quelques pins, un reste de pilier, des moëllons, des dalles, un mur grisâtre en pierre qui se démolit, de longs blocs brunis gisant dans les chênes-kermès, c'est maintenant tout ce qui reste.

L'église du Val, au couvent de Saint-Paul autrefois soumise, avait des religieux qui y disaient la messe, et mon aïeul m'a conté, — je vous parle de longtemps, — que l'un d'eux venait chaque année au beau temps, tête rasée, pieds nus et longue barbe blanche, la robe de bure serrée sur les hanches, grand et maigre, n'ayant que la peau et les os. Il portait à la ceinture un chapelet de

Grand e maigre, n'aguènt que la pèu e lis os.
Pourtavo à la centuro un capelet de bos ;
Avié taia 'no crous dins li branco d'un roure,
E pièi l'avié plantado eilamount sus lou moure
De Gaussié lou gigant, de Gaussié l'auturous.
Aqui, lou sèr vengu, l'ermitan benurous
Se boutavo a geinoun e disié si preguiero.
Enterin dins la Vau toumbavo la fresquiero,
Lou soulèu se trasié subre de nivo d'or,
E coume un diéu pagan alassa que s'endor,
Lou front ciéucla de rai de flamo resplendènto,
Cremavo li grand piue. — Lou cors clin, l'amo
[ardènto,
Alor eilamoundaut lou mounge esbalauvi
Dins l'estàsi toumbavo, e pau à pau ravi,
Vesié s'esperdre alin lis estang, la Camargo,
La mar, lou Rose grand que vers elo s'alargo,
Barbentano, sa tourre embrecado, si baus
Eilalin Avignoun, e soun palais papau
Que vuei semound à Diéu sa Maire en estatuio,
Nadavo à l'ourizount dintre li founsour bluio :
E pièi alin plus liuen en raro emé lou cèu,
Lou Ventour aubourant soun capelut de nèu,
Vaqueiras, si cresten… enfin, mai prés, à baudre,
De colo, de rountau, de desbalen, de gaudre,
Emé l'inmensita, la flamo, lou cèu blu,
L'espàci regoulant de lus e de belu.

bois ; il avait taillé une croix dans les branches d'un rouvre , et puis il l'avait placée là-haut sur le morne de Gaussié le géant, de Gaussié l'altier. Là, le soir venu, l'ermite bienheureux se mettait à genoux et disait sa prière. Entre temps, dans la vallée tombait la fraîcheur, le soleil se couchait sur des nuages d'or, et comme un dieu païen fatigué qui s'endort, le front ceint d'une auréole de flammes resplendissantes , embrasait les grands pics. Le corps incliné, l'âme ardente, alors de làhaut, le moine ébloui tombait dans l'extase, et peu à peu ravi, voyait se perdre au loin les étangs, la Camargue, la mer, le Rhône grand qui vers elle court, Barbentane, sa tour ébréchée, ses rocs ; làbas Avignon, et son palais des Papes qui aujourd'hui offre à Dieu sa Mère en statue, nageait à l'horizon dans les profondeurs bleues : et puis làbas plus loin, se confondant avec le ciel, le Ventour dressant sa huppe de neige : Vacqueyras ses crêtes... enfin plus près, à profusion, des collines, des tertres, des précipices, des ravins, avec l'immensité, la flamme, le ciel bleu, l'espace ruisselant de rayons et de lueurs.

II

Subre lou Mount-Gaussié, cavado dins la roco,
I'a 'no baumo que liuen s'enfounso : quàuqui broco
De figuiero, d'espi, vengu sus lis autour,
De mourven, d'argelas, ie crèisson à l'entour.
Dins uno asclo de ro badanto, founso e torto,
Un eissame d'abiho abito sus la porto,
E dins lou flanc dóu baus que faço Sant-Roumié,
Ie niso tout un vòu de blu pijoun ramié...
Intren : dins un cantoun, d'erbo e de ferigoulo
Pèr se jaire la niue. Un banc de bos, uno oulo
Sus dos clapo. A la paret, penjado sus lou ro,
Uno roupo, un fauci, uno cordo em'un cro
Pèr liga li balaus coupa dins li clapiho ;
Un capelas de jounc pèr courre lis Aupiho,
Un bastoun de roumiéu, un calèu... e pèr sòu
Uno dourgo, un saquet de tros de pan, de sòu...
Vès-aqui lou redu qu'abitavo lou mounge
Pendént sièis mes de l'an.

      En milo-sèt-cent-vounge,
Un sèr dóu mes de jun, à geinoun sus lou baus,
Disié soun capelet, front clin e pèd descaus,
Quand tout-d'un-cop veguè veni davans sa porto
Uno chato de mas, palo coume uno morto :
Au secours ! sauvas-me ! cridavo, un galapian
Escalo darrié iéu... Aquéu lache bóumian

II

Sur le Mont-Gaussié, creusée dans la roche, il y a une grotte qui au loin s'enfonce : quelques branches de figuier, des lavandes venues sur les hauteurs, des genévriers, des ajoncs épineux, y croissent à l'entour. Dans une fente de rocher ouverte, profonde et tortueuse, un essaim d'abeilles habite sur la porte, et dans le flanc du pic qui vise Saint-Remy niche une volée de bleus pigeons ramiers...
— Entrons : dans un coin des herbes et du thym, pour reposer la nuit. Un banc de bois, une marmitte sur deux quartiers de roche. A la paroi, appendus sur le roc, un manteau, une hache, une corde avec croc pour lier les fagots coupés dans les rocailles ; un grand chapeau de jonc pour courir les Alpilles, un bâton de pèlerin, une lampe, et par terre une cruche, une besace, des morceaux de pain, des sous... Voilà le réduit que le moine habitait pendant six mois de l'année.

En mil-sept-cent-onze, un soir du mois de juin, à genoux sur le pic, il disait son chapelet, front incliné et pieds nus, quand tout-à-coup il vit venir devant sa porte une fille des champs, pâle comme une morte : — « Au secours ! sauvez-moi ! criait-elle, un goujat grimpe derrière moi... Ce lâche bohémien est un contrebandier de tabac... Il demeure à

Es un contro-bandié de taba... Rèsto en Arle,
Belèu lou couneissès... l'aura 'n an pèr Sant-Carle
Que neguè sa mestresso... E me vòu ! e me vòu !
Sauvas-me de si man : me seguis e n'ai pòu ! —
L'ermitan s'aubourè, faguè rintra la chato,
E la fasènt escoundre au bèu founs sus de mato
De roumanin coupa : Fiho, remetès-vous,
N'agués pa pòu : boutas, sarai proun fort pèr dous.
Vaqui moun capelet beni dins Sant-Trefume...
Aro pèr precaucioun vau amoussa moun lume :
Pregas Diéu !... — Entremen, rau e desalena,
Meme davans la baumo arribo lou fena.
— De-que vos ? ounte vas ? ie vèn d'un èr rouërgue
L'ermitan garrigaud : retourno dins Sant-Clergue...
Intres pas ! autramen sus la roco, capoun,
Te cabusse pèr sòu d'un mourtau cop de poung !
— Gourbèu, aucèu de piue, feinian, lache senistre,
Vène, tu que de Diéu te dises lou menistre,
Te durbirai lou cran d'un cop de ma destrau
E te desbaussarai, iéu, foro de toun trau !...
Ount èi qu'as escoundu Jano la Maussanenco ?
Digo-lou, vo senoun !...

III

                 Sus li colo baussenco
La luno d'enterin tamisavo si rai...
Jano la Maussanenco, ardido e sèns esfrai,
Escalant li roucas, jouino, escarrabihado,
Aquéu sèr venié dounc vers la baumo quihado

Arles, peut-être vous le connaissez. Il y aura un an
à la Saint-Charles qu'il noya sa maîtresse... et il me
veut ! il me veut ! sauvez-moi de ses mains, il me
suit et j'en ai peur ! L'ermite se leva, fit rentrer la
fille, et la faisant cacher tout au fond sur des touffes
de romarin coupés : — « Fille, rassurez-vous, n'ayez
« peur, allez, je serais assez fort pour deux.
« Voilà mon chapelet béni à Saint-Trophime :
« maintenant par précaution je vais éteindre ma
« lampe; priez Dieu ! » Entre temps, rauque et
hors d'haleine, même devant la porte arrive le
sacripant. — « Que veux-tu ? où vas-tu ? lui dit d'un
ton sec l'ermite solitaire ; retourne dans Saint-Clerc,
n'entre pas : autrement sur la roche, capon, je t'é-
tends à terre d'un mortel coup de poing ! » — « Cor-
beau, oiseau des pics, fainéant, lâche et sinistre,
viens, toi qui de Dieu te dis le ministre, je t'ouvri-
rai le crâne d'un coup de ma hache et je te précipi-
terai, moi, hors de ton trou ! Où as-tu caché Jeanne
la Maussanaise ; dis-le ou sinon..... »

III

Sur les collines des Baux, la lune entre-temps tami-
sait ses rayons ; Jeanne la Maussanaise hardie et
sans effroi, escaladant les rochers, jeune, réveillée,
ce soir-là venait donc, vers la grotte perchée, quérir le religieux solitaire, pensif, pour venir porter

Querre lou religious garrigaud, pensatiéu,
Pèr veni à sa maire adurre lou Bon-Diéu.
La pauro èro bèn mau : despièi un an malauto,
Sousclavo e soufrissié, falié parti sèns fauto...
Èro liuen, e la femo afougado, à grand crid
Sounavo l'ermitan.

    Dins li canto-perdri,
Noste controbandié davalavo d'Auriho,
E sadou s'èro tra subre lis erbouriho
De-long lou carreiroun que meno sus Gaussié.
A la baumo, en plourant, Jano se gandissié ;
E d'asard davans éu coume se capitavo,
L'ome, se revihant, sur l'erbo rejitavo
Lou vin qu'avié begu... Mai tre vèire l'enfant,
Lou gourrin s'aubourè coume un reinard qu'a fam.
Alor balin-balòu, sadou coume uno grivo
Qu'a manja de rasin, vers la chatouno abrivo,
E vòu, lou sacamand, l'aguedre e la vióula.
Li béulòli souspres s'arréston de miaula
En vesènt barbela dedins li ferigoulo
Aquéu traite gusas que bavo à pleno goulo.
Arribèron ansin en courrènt tóuti dous
Vers la baumo.

IV

    Pamens l'ermitan pietadous,
Enterin qu'en plourant la chatouno pregavo
E lou contro-bandié vers la porto enregavo,
S'avanço vitamen, l'arrapo pèr lou còu,
Ie lèvo sa destrau, lou plegant vers lou sòu,

à sa mère le saint Viatique. La pauvre était bien mal ; depuis un an malade, elle gémissait et souffrait, il fallait partir sans faute : c'était loin, et la femme affolée à grands cris appelait l'ermite.

Dans les terrains pierreux où chantent les perdrix, notre contrebandier revenait d'Aureille, et saoul s'était couché sur les herbes, le long du sentier qui conduit à Gaussié. A la grotte, en pleurant, Jeanne se rendait, et par hasard devant lui comme elle se devinait, l'homme se réveillant, sur l'herbe rejetait le vin qu'il avait bu... Mais dès qu'il vit l'enfant, le ruffien se dressa comme un renard qui a faim : alors clopin-clopant, saoul comme une grive qui a mangé des raisins, vers la fillette il court et il veut, le scélérat, l'atteindre et la violer. Les chats-huants surpris s'arrêtent de miauler en voyant panteler dans les thyms ce traître gueux qui bave à pleine bouche. Ils arrivèrent ainsi en courant tous deux vers la grotte.

IV

Cependant l'ermite apitoyé, alors qu'en pleurant la fille priait, et le contrebandier à la porte arrivait, s'avance promptement, le saisit par le cou, lui enlève sa hache, le courbant vers le sol il le fait mettre à genoux : « Morveux, baise la roche et

Lou fai metre à geinoun : — Marrias, baiso la roco
E demando perdoun ! ta pèu e ta desfroco
Soun pas facho pèr iéu. Davalo sus-lou-champ ! —
E lou lacho... Lou gus s'aubouro coume un lamp
E sauto au còu dóu mounge : aquest sus li clapiho
L'envèsso tourna-mai. Alor lou desabiho,
Emé sa cordo à nous i'estaco pièi li man
E li pèd : — Margoulin, nous-reveiren deman.
Bono niue ! — Lou gusas sus la roco sacrejo,
E se viéuto pèr sòu e se trosso e s'eigrejo...
Lou mounge aperaqui derrabo un argelas
E lou fouito. — Lou laire escumo. — Jamai las,
Lou mounge sèmpre fouito... e lou paure fulobro ;
Se trosso sus lou baus coume un tros de coulobro :
Uno grelo de cop crevello tout soun cors.
Lou paciènt viro l'iue, rangoulo, fai lou mort
E rougis de soun sang li bouis e li clapiho.
Lou religious, alor aqui sono la fiho :
— Vène, n'agues pas pòu, lou traite vai mouri,
« E dins terro deman s'enanara pourri ! —
La chato s'avancè, palo, beisè la raubo
De l'ermitan : — Deman de bon matin, à l'aubo,
Te vendrai entarra ! — Pièi lou ligo au mourven
Que courouno lou baus. —Despachen-nous ! aven,
« Pèr arriba 'Maussano, uno bono estiblado :
« La niue vèn, moun enfant, ai l'esquino giblado
« E camine plan-plan... D'aut ! enanen-nous lèu,
« Que me fau èstre eici deman avans soulèu ! —
E parton tóuti dous...

demande pardon ! ta peau et ta défroque ne sont faites pour moi. Dévale sur-le-champ ! » Et il le lâche.. Le gueux se relève comme un éclair et saute au cou du moine ; celui-ci sur les rocailles le renverse à nouveau. Alors il le déshabille, avec sa corde à nœuds il lui attache puis les mains et les pieds : « Marjolet, nous nous reverrons demain. Bonne nuit ! » Le gueusard sur la roche blasphème et se roule par terre et se tord et se secoue... Le moine, non loin de là, arrache un ajonc épineux et le fouette (le larron écume) jamais las : le moine fouette toujours, et le pauvre sacripant se tord sur le roc comme un tronçon de couleuvre. Une grêle de coups percille tout son corps. Le patient tourne l'œil, râle, fait le mort et rougit de son sang les buis et les rocailles. Le religieux là appelle la fille : « Viens, n'aie pas peur, le traître va mourir, et dans la terre demain il s'en ira pourrir ! » La fille s'approcha, pâle ; elle baisa la robe de l'ermite : « Demain, de bon matin, à l'aurore, je viendrai t'enfouir ! » Puis il l'attache au genévrier qui couronne l'escarpement. « Dépêchons-nous : nous avons pour arriver à Maussane une bonne course ; la nuit vient, mon enfant, j'ai le dos voûté et je chemine doucement. Allons-nous-en vite, qu'il me faut être ici demain avant le lever du soleil ! » Et ils partent tous deux.

Plouravon li machoto ;
Li lebraud, li couniéu, de davans la pichoto
Partien en tabouscant. Amount, dedins lou cèu
Passavon li grand-dugo... e de bando d'aucèu
Que dourmien dins li bouis, li bauco, li lavando,
S'aubouravon dóu sòu, s'enauravon pèr bando
Au mitan dis estello... e dins la bluio niue
La luno en se levant poutounavo li piue.

V

Lou soulèu pounchejavo alin darriè la Caumo,
Quand l'ermitan rintrè l'endeman à la baumo :
Noste controbandié sus la roco alounga
Anequeli dourmié, saunous, amaluga.
L'ermitan au clavèu remeteguè sa roupo,
Pièi alumè soun fio, meteguè 'n trin sa soupo...
Acò fa, 'scarlimpè sus lou moure auturous
E s'anè prousterni davans la santo crous
Pèr prega. — Lou soulèu rougissié li grand nivo,
La frescour dóu matin èro deja mens vivo,
Li quinsoun reviha cantavon dins li pin,
E dins li espi blu jougavon li lapin,
Quand lou controbandié, durbènt si dos parpello,
Se revihè blaven. — Abas dins la capello
Li mounge de Sant-Pau esperavon deja
E dins la vau, àbrand, s'ausié campaneja :
Lou mounge aquéu matin devié dire la messo,
E la napo à l'autar èro esplingado e messo,

Pleuraient les chouettes : les lièvres, les lapins de devant l'enfant, partaient et s'enfuyaient. Là-haut dans le ciel passaient les grand-ducs... et de nombreux oiseaux qui dormaient dans les buis, les herbes, les lavandes, se levaient du sol, s'envolaient par bandes au milieu des étoiles... et dans la nuit bleue, la lune en se levant, baisait les grands sommets.

V

Le soleil paraissait là-bas derrière la Caume, quand l'ermite rentra le lendemain à la grotte ; notre contrebandier, sur la roche allongé, dormait exténué, saignant, roué de coups ; l'ermite au clou accrocha son manteau ; puis il alluma son feu et mit sa soupe en train : cela fait, il grimpa sur le morne élevé, et alla se prosterner devant la sainte croix pour prier... Le soleil rougissait les grands nuages ; la fraîcheur du matin était déjà moins vive, les pinsons réveillés chantaient dans les pins, et dans les lavandes bleues les lapins folâtraient, lorsque le contrebandier, ouvrant ses deux paupières, se réveilla bleui... Là-bas dans la chapelle les moines de Saint-Paul attendaient déjà, et dans le vallon on entendait sonner la cloche à toute volée ; le moine ce jour-là devait dire la messe, et la nappe à l'autel était épinglée et mise, quand tout-à-coup des cris d'angoisse et d'ironie troublèrent les

Quand tout-d'un-cop de crid d'angouisso e d'irounié
Treboulèron li niéu. Li mouine matinié
Sorton de la capello e se bouton à courre,
E regardant amount sus la tèsto dóu moure,
Veson subre la crous tout un vòu de vóutour
Que planon dins lou cèu e viron à l'entour
Dóu controbandié viéu alounga sus la roco.
Lou paciènt estaca se douno póu, s'acroco
I branco dóu mourven... Pau à pau descendien
Li vóutour à còu nus, e vers l'ome venien
Emé de crid de fam e de batemen d'alo
Que vous fasien ferni : sèmpre crèis e davalo
Lou vòu vers lou capoun que, fòu de desespèr,
Trais un bram esfraious que dins l'aire se perd
E cabusso subran eiçabas dins lou vabre :
Afama, li vóutour manjèron soun cadabre.

VI

L'ermitan repentous, tuia pèr lou remors,
Toumbè davans la crous. Pertouca de sa mort,
Li mounge en proucessioun davalèron lou prèire.
A Sant Pau, dins la clastro, encaro poudès vèire
Grava sus la muraio à coustat d'un rousié :
« Eici jais dins la pas l'ermitan de Gaussié. »

Sant-Pau, 19 *de mars* 1877.

nuages. Les moines matineux sortent de la chapelle et se mettent à courir et regardant là-haut sur le sommet du morne : ils voient sur la croix toute une volée de vautours qui planent dans le ciel et tournent tout autour du contrebandier vivant, étendu sur la roche ; le patient attaché se donne peur, s'accroche aux branches du genévrier... Peu à peu descendaient les vautours à col nu et vers l'homme venaient avec des cris de faim et des battements d'ailes qui faisaient frissonner ; sans cesse croît et descend l'essaim vers le contrebandier qui, fou de désespoir, jette un cri effrayant qui dans l'air va se perdre et tombe soudain là-bas dans le ravin : affamés, les vautours mangèrent son cadavre.

VI

L'ermite repentant, tué par le remords, tomba devant la croix. Touchés de sa fin, les moines en procession descendirent le prêtre. A Saint-Paul, dans le cloître, encore vous pouvez voir, gravé sur la muraille à côté d'un rosier : « Ici gît dans la paix l'ermite de Gaussié. »

Saint-Paul, 19 *mars* 1877.

LOU RABASSAIRE

A A. DAUDET

> La faim et la misère ont troué mon manteau, mais la liberté sainte en tout lieu m'accompagne !
> Le Gitano.

Au bord d'un caraven,
A l'oumbro d'un mourven,
Sa maire qu'èro fiho,
Un jour, en plen soulèu
Soulo, s'acouchè d'èu
I ro de Fountaniho.

Souleto dins lou champ,
Pecaire, en s'acouchant,
Liéurado à-n-elo memo,
Coume uno barco au port,
Soumbrè : la frejo mort
Siguè la sajo-femo.

Un ome, sus lou tard,
Ramassè lou bastard
Sus lou sen de sa maire :
L'enfant èro enca viéu,
L'ome lou faguè siéu ,
N'en devenguè lou paire.

LE CHERCHEUR DE TRUFFES

A A. DAUDET

> La faim et la misère ont troué mon manteau, mais la liberté sainte en tout lieu m'accompagne !
>
> Le Gitano.

Au bord d'un précipice, à l'ombre d'un genévrier,
sa mère qui était fille, un jour, en plein soleil,
seule accoucha de lui, aux Roches-de-Fontanille.

Seulette dans la campagne, hélas ! en accouchant,
livrée à elle-même, comme une barque au port,
elle sombra : la froide mort lui tint lieu de sage-
femme.

Un homme, à la nuit tombante, ramassa le bâtard,
sur le sein de sa mère : l'enfant vivait encore,
l'homme s'en empara, il en devint le père adoptif.

Galerin e dana,
L'ome èro un coundana
Qu'aviè subi sa peno :
Vièi, umble, repentous,
Barrulavo crentous
Subre lis àuti peno.

Enraja bracounié,
Avié dins un canié,
De-long d'uno roubino,
Un sèr qu'èro à l'arrèst,
Tuia 'n gardo-fourèst
D'un cop de carabino.

Noste ome adounc tout l'an
Trevavo li calanc
E li cresten arèbre ;
Amavo li roucas,
Lou sourne di bouscas
E li grand piue menèbre...

Èro pastre. L'enfant
Plouravo de la fam ;
L'ome apliquè si labro,
Pèr lèu lou counsoula,
Au teté plen de la
De l'uno de si cabro.

Acò fa, pièi l'aussè
Dins si bras ; desbaussè

Galérien et damné, l'homme était un forçat qui avait subi sa peine : vieux, humble, repentant, il errait honteux, sur les hautes montagnes.

Enragé braconnier, il avait, dans des roseaux, le long d'un fossé d'écoulement, un soir qu'il était à l'affût, tué un garde forestier, d'un coup de carabine.

Notre homme donc, toute l'année, errait sur les versants et les crètes abruptes : il aimait les roches, le fourré des grands bois, et les hauts pics sauvages.

Il était pâtre : l'enfant pleurait de la faim : l'homme appliqua ses lèvres, pour vite le consoler, au pis gonflé de lait de l'une de ses chèvres.

Cela fait, puis il le leva dans ses bras et poussa dans le vide le corps froid de la fille ; puis l'homme

Lou cors fre de la fiho...
Pièi l'ome se signè,
E, blave, s'esbignè
A travès li clapiho.

La luno, aquelo niue,
Amount sus li grand piue
Se levè 'scarlatino,
Quand en lou batejant
Pèr noum ie dounè Jan,
Jan de Roco-Martino.

L'enfant s'abariguè ;
Pièi l'ome mouriguè.
Si cabro se lagnèron...
Un paure capouchin,
Lou bastard, soun vièi chin,
Soulet, l'acoumpagnèron.

L'enfant avié, se dis,
Di flour d'entravadis
Lou ten blancas e sale,
Emé li bouscastié
Tout pichot se batié ;
Iè disien : Jan lou Pale.

Plus tard, mau abiha,
Fièr, escarrabiha,
Restavo d'ouro entiero
A gueira li vóutour,
Planant sus lis autour
Di ro de Vau-Petiero.

fit le signe de la croix, et blême s'esquiva à travers les pierres.

La lune, cette nuit-là, en haut sur les grands pics, se leva rougeâtre, lorsqu'en le baptisant, pour nom il lui donna Jean, Jean de Roquemartine.

L'enfant grandit, puis l'homme mourut : ses chèvres le plaignirent... Un pauvre capucin, le bâtard, son vieux chien, seuls, l'accompagnèrent.

L'enfant avait, dit-on, des fleurs de la clématite des haies le teint blafard et sale, avec les bûcherons, tout petit, il se battait ; on l'appelait Jean le Pâle.

Plus tard, mal vêtu, fier, réveillé, il restait des heures entières à regarder les vautours planer sur les hauteurs des rocs de Val-Pétière.

Enfin, pastre à la Crau,
Traucavo de sèt trau
Soun flahutèu de cano,
E à soulèu tremount,
Regardavo li mount
Au founs de la grand plano...

Alor, à jour fali,
Quand dins lou cèu pali
La luno roussejavo,
A travès li trescamp,
A cop de massacan,
Si fedo coussejavo.

Vuei lou drole a grandi,
Es à Novo, m'an di,
Que fai lou rabassaire :
Es negre coume un tau,
E porto dès quintau,
E béu coume un rassaire.

Au founs di grand bouscas
De pin e de blacas,
'Mé soun chin s'amatino...
Rèsto dins li palun,
E dèu rèn en degun
Jan de Roco-Martino.

Novo, lou 6 de jun 1873.

Enfin, pâtre à la Crau, il perçait de sept trous sa flûte de roseau, et au soleil couchant regardait les monts, au fond de l'immense plaine.

Alors, à la brune, lorsque dans le ciel pâli, la lune jaunissait, à travers les landes, à coups de pierres, il chassait devant lui ses brebis.

Aujourd'hui, l'adolescent a grandi, il demeure à Noves, on m'a dit, où il fait le métier de chercheur de truffes. Il est noir comme un taureau sauvage, il porte dix quintaux, et boit comme un scieur de long.

Au fond des grands bois de pins et de chênes, avec son chien, il va le matin. Il habite dans les paluds, et il ne doit rien à personne, Jean de Roquemartine !

Noves, 6 juin 1878.

LOU TÈUME

A MADAMISELLO E. M.

> Il est plus facile de profiter de
> l'occasion que de la faire naître.
> MASSIAS.

Faneto la Baussenco,
Pèr un soulèu de fio,
Souto un brès de pervenco
Mescla de cabro-fio,
Fugènt l'escandihado,
S'èro desabihado
Un jour à Peirofio.

Dise desabihado,
Ai tort — de sang latin,
Bello, escarrabihado,
Floureto à soun matin,
Gaire cato-faneto,
Avié quita, Faneto,
Sa raubo de satin.

Tristo e simplo de miso,
Lis iue bagna de plour,
En mancho de camiso,
Souto lou tèume en flour
La bello un pau auroujo
Dourmié, li gauto roujo,
Deforo, à la calour.

LA TONNELLE

A MADEMOISELLE E. M.

> Il est plus facile de profiter de
> l'occasion que de la faire naître.
> MASSIAS

Phanette la Baussenque, par un soleil de feu, sous un berceau de pervenches mêlé de chèvrefeuilles, fuyant la chaleur brûlante, s'était déshabillée un jour à Pierrefeu.

Je dis déshabillée — j'ai tort : — de sang latin, belle, alerte, fleur dans tout son éclat, peu prude, Phanette avait ôté sa robe de satin.

Triste et simplement vêtue, les yeux mouillés de larmes, en manches de chemise, sous la tonnelle en fleurs, la belle un peu farouche dormait les joues rosées, dehors, à la chaleur.

A dous pas de la dono,
Noun liuen d'un cereisié,
La jauno courbo- dono
Au parpaioun disié :
— More fauto de plueio ! —
E courrènt dins li fueio,
Lou rajeiròu risié.

Dins li rai e lou lume
Dóu dardai ensucant
Qu'aurié foundu 'n enclume,
Jougavo noun-sai-quant
De mousco belugueto ;
Li cacalaus mourgueto
Mourien dins li trescamp.

D'asard se capitavo
Que Raous de Gassin
Aperaqui jitavo
I ciéune dóu bacin,
Dins l'aigo clarinello,
De sorbo rouginello
E d'age de rasin.

Raous èro un troubaire
Ardènt e plen de fio,
Que, libre coume l'aire,

A deux pas de la fille, non loin d'un cerisier, la jaune narcisse disait au papillon : — « Je meurs faute de pluie ! » Et courant au milieu des feuilles tombées, le ruisseau riait.

Dans le feu et la lumière du rayonnement brûlant qui eût fondu un enclume, jouaient je ne sais combien de mouches étincelantes ; l'hélice nonnain mourait dans les landes arides.

Le hasard faisait que Raoul de Gassin, non loin de là jetait aux cygnes du bassin, dans l'eau limpide, des cormes rougeâtres et des grains de raisin.

Raoul était un trouvère ardent et plein de feu, qui, libre comme l'air, s'arrêtait partout, s'en allant

S'arrestavo en tout lio,
Barrulant dins li vigno,
De Roumanin à Signo,
De Signo à Pèirofio.

Permenant sus la gravo,
Au bord de l'aigo errant,
Lou troubaire esperavo
Ugouno de Sabran..,
Penetrè dins lou tèume..
Ravi coume sant Èume,
Mut, s'aplantè subran.

La bello, — e l'èro foço, —
Dourmié, sen noun rejun,
Aurias di dins la cosso
Dous cese sóuvajun.
La caud èro mourtalo,
Cantavon li cigalo,
Erian au mes de jun.

De la cremour que dono
Lon nus — èu à noun plu,
Aguè davans la dono
De celestiau belu,
E tapè la Baussenco
De roso, de pervenco,
E de roumanin blu...

dans les vignes, de Romanin à Signe, de Signe à Pierrefeu.

Promenant sur le sable, errant, au bord de l'eau, le trouvère attendait Hugonne de Sabran. Il pénétra sous la tonnelle... Ravi comme saint Elme, muet, il s'arrêta soudain.

La belle — et elle l'était beaucoup — dormait les seins découverts. (Vous eussiez dit, dans leur gousse entr'ouverte, deux pois sauvages). La chaleur était mortelle, les cigales chantaient, nous étions au mois de juin.

De l'ardent désir que fait naître le nu — lui, éperdu, devant la fille eut un éblouissement du ciel, et il couvrit la Baussenque de roses, de pervenches et de bleus romarins...

Lou comte de Gantèume,
Segnour de Roumanin,
Venguè souto lou tèume
Rauba lou roumanin,
E preguè, galejaire,
Raous — de s'ana jaire
Au castèu d'Escanin.

Lou sèr, estènt à taulo,
Eiço s'esbrudiguè,
E veici li paraulo
Que Gantèume diguè :
— Ièu semounde à Faneto
Moun noum pèr sa maneto ! —
E Faneto..... riguè.

La noço siguè bello,
Foço vin se beguè ;
Touto uno ribambello
De dono ie venguè :
E Raous l'acabaire,
Lou luna, lou troubaire,
Aquéu jour se neguè.

Pèirofio, 7 de nouvèmbre 1877.

Le comte de Ganthelme, seigneur de Romanin, vint sous la tonnelle, voler le romarin, et, goguenard, pria Raoul d'aller se coucher au château d'Escanin.

Le soir, à table, la chose s'ébruita, et voici les paroles que Ganthelme dit : — « Moi, j'offre à Phanette mon nom pour sa main ! » Et Phanette rit malicieusement.

La noce fut belle, on y but les meilleurs crus; tout un essaim de filles y vint assister, et Raoul le dissipé, le fol, le poète, ce jour-là se noya.

Pierrefeu, 7 novembre 1877.

(12) FLOUR-DI-CALANC

A L'ENGENIAIRE V. LECACHEUX.

Mon bèu-fraire

> Es ço qu'apellon lis Antico.
> F. MISTRAL.

Eiçò 's un conte d'àutrifes ;
Me l'an counta souvènti-fes.

Davans li cimo escalabrouso
Di colo bluio e clapeirouso
Dis Aupiho de Sant-Roumié
Bèn couneigu di barrulaire,
Brun coume un pège de poumié,
Un arc rouman s'ausso dins l'aire.

Un caud soulèu a 'nvernissa
Li gravaduro de la porto
Que sus la pèiro van pèr orto...
De fru que pènjon enliassa,
Courron, liga de vòuto à vòuto,
Amount dedins soun archivòuto.

Emé li sen entre-dubert,
De flour de pèiro soun marcado
Eilamoundaut souto l'arcado
De soun arc-vòut ; e dóu limbert —

FLEUR-DES-ROCHERS

A L'INGÉNIEUR V. LECACHEUX
Mon beau-frère.

C'est ce qu'on nomme les Antiques.
F. Mistral.

Ceci est un conte d'autrefois, on me l'a conté bien souvent :

Devant les cimes escarpées des montagnes bleues et rocheuses, des Alpilles de Saint-Remy, — bien connu des touristes — : brun comme le tronc d'un pommier, un arc romain se dresse dans l'air.

Un soleil ardent a bruni les arabesques de sa porte qui sur la pierre se déploient... Des fruits, qui pendent enlacés, courent liés de distance en distance, là-haut dans son archivolte.

Avec leurs fleurons entr'ouverts, des rosaces de pierre sont sculptées, là-haut, sous l'arcade de sa voute. Et du lézard la dite voûte qui vous éblouit

La vouto que vous esbrihaudo
Retrais li placo d'esmeraudo.

En plen azur, dins lou cèu-sin,
Contro éu, uno auturouso toumbo
Ausso soun front dedins la coumbo,
— Soul, li segnour n'avien ansin ! —
Enaurant sa capeladuro
Cencho de fino gravaduro.

E, fieramen, au blound soulèu,
Mostro à si flanc quatre batèsto
De guerrejaire sènso tèsto,
Escrincelado en bas-relèu ,
Que van e vènon sus la pèiro,
Meravihant l'iue que li guèiro.

Servènt d'intrado au sourne cros,
Sus li relèu, quatre pourtique,
Segound lou goust de l'art antique.
Cuerbon un bard d'un soulet tros :
Souto aquéu bard, dins uno baisso,
Di mort repauson li dos caisso.

S'enaurant siavo dins l'èr blu,
'Mé si coulouno griso e drecho,
La toumbo, longo emai estrecho,
Remembrant un tèms que n'ei plu ,
A souto sa capeladuro
Dous generau do pèiro duro.

rappelle, *par sa disposition*, les plaques d'émeraudes.

En plein azur, dans le ciel serein, à côté de lui une tombe altière lève son front dans la vallée, — seuls les seigneurs en avaient ainsi ! — élevant sa coupole ceinte de fines sculptures.

Et fièrement, au blond soleil, elle déroule sur ses flancs quatre batailles de guerriers mutilés... ciselées en bas-reliefs, qui vont et viennent sur la pierre émerveillant l'œil qui les regarde.

Servant d'entrée à la sombre fosse, sur les reliefs quatre portiques, selon le goût de l'art ancien : recouvrent une dalle monolithe. Sous cette dalle, dans un caveau, des morts gisent les deux sépulcres.

S'élevant calme dans l'air bleu, avec ses colonnes droites et grises, la tombe haute et élancée, rappelant un temps qui n'est plus, porte sous sa coupole deux statues de pierre dure.

Entre li nivo, e lis uiau,
Toumbo ufanouso e cremesino,
Vous, bruno porto sa vesino,
Sèmpre dreisses vòsti front siau...
E longo-mai, sus vòsti tèsto,
Moron lou tron e la tempèsto !...

Eiço 's un conte d'autri-fes,
Me l'an counta souvènti-fes :

Dounc, moun istòri fantastico,
Se passè, dison, is Antico.
I'a bèn d'acò cènt an passa...
Se capitavo un jour de plueio...
Deja, i'avié plus gens de fueio
Is aubre. — Vièsti pedassa ;

'Mé soun panié d'óulivarello,
Uno Baussenco sounjarello,
Souleto, liuen de soun oustau,
Afrejoulido e magagnado,
Un vèspre, s'assoustè bagnado
Souto la vouto dóu pourtau.

Large faudau nousa sus l'anco,
Èro estroupado e couifo blanco,
Coume uno flour d'entrevadis ;
Avié d'iue fa coume d'amelo...
Un sant, aurié segur pèr elo
Douna sa part de paradis.

Au milieu des éclairs et des nuages, tombe orgueilleuse et rougeâtre, vous, brune porte, sa voisine, longtemps leviez-vous vos fronts tranquilles... et meurent toujours sur vos têtes et le tonnerre et les orages !...

Ceci est un conte d'autrefois ; on me l'a conté bien souvent.

Donc mon histoire fantastique se passa, dit-on, aux Antiquités. (Il y a bien de cela cent ans passés), c'était, je crois, un jour de pluie... Déjà il n'y avait plus de feuilles aux arbres. — Vêtement rapiécé,

Avec son panier d'oliveuse, une Baussenque pensive, seule, loin de sa maison, grelottante et souffreteuse, un soir, s'abrita mouillée sous la voûte de l'arc.

Large tablier noué sur la taille, casaque retroussée et coiffe blanche, comme une fleur de clématite, elle avait des yeux fendus en amande... Un saint aurait sûrement pour elle donné sa part de Paradis.

Adounc, levant de sa courrejo
Soun panié rous, sus l'erbo frejo,
Semblablamen i parpaioun
Qu'en se pausant plegon lis alo,
S'amaguè, dison, tristo e palo,
Dins li ple de soun coutihoun.

Pièi, s'apielant subre la pèiro
Dóu mounumen, à la fresquièiro
Aqui l'enfant s'endourmiguè...
S'endourmiguè, frejo e malauto :
Pausant dos roso sus si gauto,
Plan-plan, lou jour s'esvaliguè.

Vous l'aviéu di, e l'anas vèire,
— Sèmblo, segur, qu'es pas de crèire —
Alor, li generau quiha,
Li generau en éstatuio
Qu'amount de la coupolo bluio
La regardavon soumiha

De l'auto cimo davalèron,
E vers la chato s'enanèron,
Abandounant soun long repaus...
Pièi uno fes souto la porto,
Davans la jouvo mita morto
S'ageinouièron pau à pau.

Donc, débouclant de sa courroie son panier brun, sur l'herbe humide, semblable aux papillons qui en se posant, plient les ailes : elle s'enveloppa, dit-on, pâle et triste, dans les plis de sa jupe.

Puis, s'adossant à la pierre du monument, à la fraîcheur — *du crépuscule,* — là s'endormit l'enfant... Elle s'endormit froide et malade : posant deux roses sur ses joues, peu à peu le jour disparut.

Je vous l'avais dit et vous allez voir, — ceci ne semble pas croyable, — alors les généraux juchés, les généraux de pierre qui du faîte de leur coupole bleue la regarderait sommeiller,

De leur haute cime descendirent, et vers la fille s'avancèrent, secouant leur long repos ; puis, une fois sous l'arc, devant la fille moitié morte, s'agenouillèrent peu à peu.

Ageinouia quand pièi siguèron,
Veici ço qu'à l'enfant diguèron,
Ni mai ni mens :

Premié generau.

— Aqui, Flour-di-Calanc, autour d'aquésti rouino,
Repauso dins l'óublit, pecaire, morto jouino !
Uno poupulacioun toumbado fieramen...

Segound generau.

— Lou maïstre à la fin cabusso li grand roure !

Premié generau.

— E dóu Rose indoumta fau que l'aigo s'encourre
Eilalin vers la mar !..

Segound generau.

— Sus aquest mounumen,
Nous-àutri, generau, amã de la vitòri,
Manto-fes courouna de brout de lausié flòri,
Aro fatalamen à la toumba sóuda...

Premié generau.

— Vivèn eici soulet, i'a belèu milo annado !...

Segound generau.

— Nosto glòri d'antan aro s'es enanado,
E plus degun counèis nòsti noum óublida.

Puis, lorsqu'ils furent agenouillés, voici ce qu'ils dirent à l'enfant, ni plus ni moins.

Première statue.

— Là, Fleur-des-Rochers, au pied de ces ruines, repose dans l'oubli, hélas! morte jeune ! une population tombée fièrement...

Deuxième statue.

— Le mistral à la fin renverse les grands chênes !...

Première statue.

— Et du Rhône indompté les eaux vont, puis, se perdre là-bas vers la mer !..,

Deuxième statue.

— Sur ce monument, nous autres, généraux aimés de la victoire, maintes fois couronnés de rameaux de laurier fleuri, maintenant fatalement à la tombe soudés...

Première statue.

— Nous vivons ici seuls, il y a peut-être mille ans !..

Deuxième statue.

— Notre gloire d'antan maintenant s'en est allée, et nul ne connaît encore nos noms oubliés.

Premié generau.

— Noste pople pamens à la tèsto dóu mounde
Caminavo davans !...

Segound generau.

— Avian à bèl abounde
D'oubrié renouma !...

Premié generau.

— Encaro m'en souvèn
D'Arle nosto patrìo : èro bello ! èro forto !
Cinquanto an, pèr basti aquelo grando *morto !*
Mourguerian voulountous e lou tron e li vènt !

Segound generau.

— Traçaire e téulissié de-longo travaiavon !

Premié generau.

— Souto li blo pesant li càrri trantaiavon.

Segound generau,

— Alor èro un bèu tèms !...

Premié generau.

— Alor avian poudé !
Nosto nacioun marchavo à la tèsto di pople

Première statue.

— Notre peuple cependant, à la tête du monde, marchait devant !...

Deuxième statue.

— Nous avions quantité d'ouvriers de renom !...

Première statue.

— Encore il me souvient d'Arles, notre patrie, elle était belle ! elle était forte ! Cinquante ans pour bâtir cette grande défunte, nous narguâmes, décidés, le tonnerre et les vents.

Deuxième statue.

— Carriers et briquetiers travaillaient sans cesse !

Première statue.

— Sous les blocs pesants les chariots pliaient.

Deuxième statue.

— Alors, c'était un beau temps !...

Première statue.

— Alors, nous étions tout puissants ! Notre nation marchait à la tête des peuples !

Segound generau

— Eron sorre de la Arle e Counstantinople !
Arle, èrcs tu l'anéu...

Premiè generau

— E ta sorre lou det.

Segound generau.

— Es ansin ! es feni !

Premiè generau.

— Après lou brès, la toumbo !..,

Segound generau.

— Lou jour s'en vai e la niue toumbo ;
« Adiéu, Flour-di-Calanc !...

Ensèm.

— Flour-di-Calanc, adiéu !
Tout n'a qu'un tèms, eiceta Diéu !

Di generau de pèiro duro,
Aqui calé la parladuro...

Deuxième statue.

— Etaient sœurs de lait Arles et Constantinople !
Arles, tu étais l'anneau...

Première statue.

— Et ta sœur le doigt.

Deuxième statue

— C'est ainsi ! c'est fini !

Première statue.

Après le berceau, la tombe !

Deuxième statue.

— Le jour s'en va, et la nuit tombe. Adieu,
Fleur-des-Rochers !...

Ensemble.

— Fleur-des-Rochers, adieu !... Tout n'a qu'un
temps excepté Dieu !

Des généraux de pierre dure, là s'arrêta le discours... — Ceci donne le frisson. — Voici que l'un

— Eiço douno lou frejoulun. —
Veici qu'un d'eli tres cop pico
Dins si dos man de pèiro antico...
Ensèm, à baudre, en revoulun ;

Abandounant li quatre fàci
Dóu mousouléu. — Cèrcant l'espàci :
Femo, pichot, soudard rouman ;
Cubert de mousso e d'eigagnolo ;
Au pèd di bluio mountagnolo ;
S'arrapon tóuti pèr la man.

Pièi, à l'entour de la chatouno,
Estavanido e malautouno ;
Susprés, rampous, vièi, arena...
En longo filo se desplégon,
E fan la rodo, e se boulégon,
Las, susarént, desalena...

Ai ! ai !... la chato se reviho,
Rènjo soun coutihoun, s'abiho,
A pòu... crido... — Li generau :
Di bas relèu, lis estatuio,
Dins la founsour de la niue bluio
Remountèron, póussous e rau.

d'eux, trois fois frappe dans ses deux mains de
pierre antique... Ensemble, au hasard, en tourbillon :

Abandonnant les quatre faces du mausolée. —
Cherchant l'espace : femmes, enfants, soldats romains. couverts de mousse et de rosée, aux pieds
des collines bleues, se prennent tous par la main.

Puis, autour de la fillette, évanouie et maladive,
surpris, perclus, vieux, éreintés... en longue file
ils se déploient, et font le cercle et se trémoussent,
fatigués, tressuants, hors d'haleine.

Aïe ! aïe ! la fille se réveille, arrange sa jupe,
s'habille, a peur... crie... — Les généraux et les
statues des bas-reliefs, dans la profondeur de la
nuit bleue, remontèrent à leur place poudreux et
rauques...

Flour-di-Calanc, l'oulivarello,
Palo, esmougudo, cresarello,
Mouriguè de l'esfrai ! — Anen :
Ami leitour, d'abord qu'es morto,
Aro, adessias !... à nosto porto,
Meten la tanco, e s'enanen.

Paradou, 10 *de jun* 1866.

Fleur-des-Rochers, l'oliveuse, pâle, émue et naïve, mourut de l'effroi ! — Allons : ami lecteur, puisqu'elle n'est plus maintenant, adieu !... à notre porte, nous mettons la barre... et nous nous en allons.

Paradou, 10 *juin* 1866.

NOTES

ET COMMENTAIRES

NOTES
ET COMMENTAIRES

1. *La Crous dis Aubespin*. — Lors de l'apparition de cette légende (couronnée aux jeux floraux de Béziers), nombre de mes amis me demandèrent si cette croix existait réellement, ou bien s'il ne fallait voir dans cette production juvénile qu'une pure fiction de poète.

Voici comment elle fut écrite : Non loin de Saint-Remy au nord des Alpilles bleues, s'élève une modeste croix appelée *Croix des Vertus*.

Par une belle après-midi du mois de mai — c'était, il m'en souvient, la veille de la procession champêtre des Rogations — la terre était en fête, les grillons chantaient dans les blés.

Assis, et rêveur sur un tertre désert, je contemplais avec bonheur à travers le soleil les arbres et les fleurs, le long et vaporeux panorama qui se déroulait devant moi, et au milieu duquel se dressait comme le phare dans la pleine mer, la brune croix isolée,

Tout-à-coup, dans le bleu violacé de l'horizon, vint s'agenouiller, au pied de ce pieux crucifix de pierre une forme svelte de jeune fille qui se découpa sur ce fond comme une ombre chinoise.

O lecteur! jamais imagination poétique ne vit en songe un plus admirable tableau, un spectacle plus attendrissant.

Quelle était cette jeune fille?... Pourquoi venait-elle, à cette heure, prier au pied de cette croix?

Au loin, le jour baissait, le paysan fatigué revenait des champs, les mulets gris et noirs retournaient du labour. Le soleil se couchait dans sa majestueuse splendeur.

Le soir, les nuages d'or précurseurs du crépuscule, le chant des rossignols, le murmure des cascatelles, le bourdonnement des insectes, les senteurs des luzernes fleuries... me firent rêver longtemps à cette place.

Puis, peu à peu, sortit de ma pensée la légende de *La Crous dis Aubespin*, telle qu'elle a été écrite et couronnée.

2. *Entravadis*, clématite. — Herbe aux gueux *(clematis vitalba*, Lin.*)*

3. *Lou Pous dóu Segnour*. — De l'ancien château de Barbentane réparé à différentes époques et aujourd'hui ruiné, il ne reste plus que la tour bâtie en 1364, par Anglicus Grimoald, évêque d'Avignon, frère du pape Urbain V.

Elle coûta, dit-on, 4,000 florins d'or.

Cette tour par sa position et son élévation a servi en différents temps aux opérations astronomiques et géodésiques de la carte de Cassini.

La tour et les remparts du château reposent sur un rocher qui est taillé à sa base, de manière à le rendre inaccessible, à l'exception du côté du nord-ouest.

C'est de ce côté, non loin des remparts, que se trouvent les ruines du puits appelé dans le pays *Puits du Seigneur*. Cette légende un peu oubliée aujourd'hui est bien connue des habitants.

4. *La Baumo de Roco-Rousso*, baume, grotte. — Ce mot s'est peu à peu francisé, on dit : La Sainte-Baume, Baumes-de-Venise ; les Baumettes, etc…

4 bis. *Lamanon*. — Village du canton d'Eyguières, 355 habitants. Pays pauvre et montagneux, célèbre par ses grottes de Calès, bien connues des touristes.

Il a vu naître le naturaliste Paul de Lamanon, qui fut, on se le rappelle, le compagnon infortuné de Lapeyrouse.

Ses principales montagnes sont : *Calés, Roco-Rousso* et le *Defèns*.

5. *Caumo*, du latin *Culmen*, plateau rocheux qui domine une montagne élevée.

6. *Roumanin*, romarin (*Rosmarinus officinalis*, Lin.)

7. *Rassado*. — En Provence, on donne généralement ce nom au lézard vert, c'est un tort, car ce nom là ne s'applique qu'à la Salamandre terrestre qui est connue sous le nom de *Alabreno*.

8. *Lou Roucas de Glèiso-Blanco. Eygalières.* — Dévastée autrefois par les Goths, sa population se réfugia sur les hauteurs où est bâti le village et s'y fortifia.

La seigneurie advint plus tard à l'illustre famille des Porcelets.

C'est au pied du rocher dit : *Lou pichot calanc*, que se trouvent les carrières de marbre connu autrefois sous le nom de marbre de Saint-Remy.

9. *Un Raubatòri*. — Marie-Antoinette Rivière, née à Nimes, le 24 janvier 1840, décédée à Beaucaire le 27 janvier 1865, dans tout l'éclat de sa beauté, de sa jeunesse et de son talent.

10. *Bouscarido, bouscarlo*, fauvettes en général.

11. *Argelas*, ajonc de Provence (*Ulex provincialis*), genêt épineux (*Genista scorpius*, Lin.)

12. *La Font dou merle*. — Petite fontaine bien connue des bûcherons et des bergers Saint-Rémois qui fréquentent les Alpilles aux alentours de Pierredon.

13. *Pourcelet*. — Guillaume de Porcelet, gentilhomme provençal, seigneur de Maillane, fut le seul français qui échappa à l'affreux massacre connu dans l'histoire sous le nom de *Vêpres siciliennes*.

Il ne dut la conservation de ses jours qu'à sa vertu notoire ; les Siciliens eux-mêmes, touchés de son éclatante probité s'entendirent pour le soustraire au carnage.

A. D. T.

14. *Lou Moulin di Baussen* — C'est vis-à-vis le puits appelé dans le pays *Pous di terroun*, que l'on trouve l'amoncellement de roches énormes, qui recouvrent, au dire des habitants, les ruines du vieux moulin à huile des Baussenqs. Cette légende est très-connue.

C'est de la bouche même des vieillards de l'endroit que nous la tenons.

15. *Massugo roso*, ciste cotonneux (*Cistus albidus*, Lin.)

16. *Barjavoun*, aphyllante (*Aphyllantes monspeliensis*, Jussieu.) On l'appelle aussi *Bragoun*.

17, *Mount-Pavoun*, Mont-Pahon, nom d'une des Alpilles où l'on voit encore les ruines d'un manoir des princes des Baux. (F. MISTRAL.)

18. *Aiòli*. — Grand régal des Provençaux. Condiment que l'on fait avec de l'ail pilé dans un mortier, de l'huile d'olive, et un jaune d'œuf ; on le mange habituellement avec des escargots ou de la morue.

19. *Mount-Majour*, Mont-Majour, abbaye célèbre fondée aux environs d'Arles au xme siècle. Il n'en reste plus aujourd'hui que les ruines qui se composent : 1° de l'église du couvent ; 2° du cloître qui est de toute beauté. On y remarque entr'autres tombeaux celui de Geoffroy, comte de Provence, qui donna aux religieux de l'abbaye le cens des poissons qui lui revenait des marais situés aux environs du monastère (*charte de 1060*) ; 3° d'une superbe tour fort bien conservée, édifiée en 1369, par Pons *de Ulmo*, abbé de Montmajour : elle est en pierre de Fontvieille ; sa hauteur est de 26^m00, sa largeur de 12^m00 de l'est à l'ouest, et de 6^m50 du nord au sud.

20. *Fado*, fée. — Femme qui possède une puissance surnaturelle, à laquelle on prête le don d'opérer des prodiges et de lire dans l'avenir ; on ne voit guère figurer les fées que dans les contes, les poèmes et les anciens romans de la chevalerie.

Il y a aux Baux une grotte connue sous le nom de *Trau di Fado*. Dans la montagne de Cordes à Fontvieille, il y a également un *Trau di Fado*. En Provence, on est généralement ami du surnaturel, et le souvenir des fées se rencontre à chaque pas.

21. *La testo dóu Gavot,* Vernègues (Le), village du canton d'Eyguières, *520 habit.* Situé sur le penchant méridional de la colline dite *Lou piue de Valòni* et fort au sommet, il est ceint de remparts et dominé par un château fort dont il reste encore de très-intéressantes ruines.

22. *La Tourre dóu Cardinau.* — De cet édifice qui a dû être une construction importante, il ne reste que peu de choses ; mais assez cependant pour donner au visiteur une idée vague de ce qu'il était jadis.

Le pavillon que l'on voit aujourd'hui est isolé ; il est entouré de chaque côté — à l'exception de celui de la face postérieure — de maisons modernes habitées par des métayers et des cultivateurs.

La face principale du dit pavillon est fort irrégulière.

A droite, sur le même plan, se trouve la tour ; on y pénètre par une porte encadrée par deux pilastres d'ordre dorique surmontés d'une frise portant triglyphes et couronnée d'un fronton. Il y a dans le tympan un écusson détruit, duquel on ne distingue plus rien.

Ce devait être probablement les armoiries papales.

A gauche de la porte, deux fenêtres murées : il reste à la première l'appui, soutenu par deux petites consoles sans importance, à l'autre rien absolument.

Tout au dessus se trouve une corniche qui sert également d'appui à l'une des croisées du premier étage et qui, s'avançant toujours vers la gauche, vient servir de couronnement à un balcon avec balustres en pierre, soutenu par trois consoles d'une grande simplicité.

Les balustres rappellent l'époque de la Renaissance. Ils sont au nombre de *onze ;* trois sont littéralement rongés par le temps, comme certaines parties du château des Baux : ce qui ferait supposer que les matériaux des deux constructions proviennent des mêmes carrières.

Donnant accès de l'intérieur sur le balcon, se trouve une large ouverture en partie murée, qui, mesurée à vue d'œil, paraît avoir 3^m00 de largeur sur 3^m50 de hauteur. Elle prête à l'édifice un caractère particulier ; elle est couronnée par une corniche qui descend verticalement de chaque côté de la baie environ 0^m30 et va se prolongeant alors horizontalement de chacun des côtés de la porte jusqu'à l'angle de la construction.

C'est là, d'ailleurs, un des signes distinctifs de l'architecture de l'époque.

Dans la frise se déroulent des ornements d'une grande simplicité, un peu maigres cependant pour la grosseur du profil qui les encadre.

La tour s'élève à 3^m00 environ au dessus du faîte du pavillon ; les angles du bâtiment sont terminés par des pilastres d'ordre dorique qui font retour sur les faces latérales et portent dans leur fût une seule et large cannelure.

Sous l'appui de la fenêtre du premier étage de la tour, on distingue entre deux consoles en tout semblables à celles que l'on voit déposées dans le vestibule de l'hôtel-de-ville de Saint-Remy et proviennent de l'ancienne maison commune, dite maison de Nostradamus, les restes d'un cartouche historié qui a été brisé par le marteau des démolisseurs de 93 et qui devait porter des armoiries pontificales.

A la partie supérieure de la face principale, des gargouilles, s'élançant brusquement de chacun des angles de la tour, servent à l'écoulement des eaux pluviales et n'offrent rien de particulier. Conçues comme les consoles précitées, l'ornementation en est la même.

La frise qui couronne le tout est aussi ornée d'enroulements, cette fois mieux exécutés et plus en rapport avec l'édifice.

L'appui de la terrasse qui est en même temps le faîte du bâtiment, est surmonté d'une modeste croix de fer très-simple qui a été placée là, il y a une vingtaine d'années par le propriétaire actuel, désireux de conserver au monument son caractère religieux.

On voit encore sur la face principale un vieux cadran solaire dont il ne reste plus que l'aiguille rouillée par l'eau des pluies.

La disposition de la façade à droite, en entrant dans la cour, est la même quant aux lignes ; seulement de ce côté l'édifice saillit en avant de la tour de 2^{m}00 environ.

La corniche qui couronnait le pavillon de ce côté a disparu ainsi que les ornements de la frise semblables à ceux déjà décrits ; les bois de la construction moderne empiétent maintenant sur l'extérieur du mur et font le plus pitoyable effet.

Sur la face de ce côté de la tour et sous la croisée du premier étage, se trouve enchâssé par la corniche, au dessus de deux consoles verticales, l'une à droite, l'autre à gauche, pareilles à celles citées plus haut, un cartouche assez commun tant au point de vue du dessin que de l'exécution. Ce cartouche porte un millésime mal gravé que nous croyons être celui de 1348, Clément VI n'ayant régné comme pape que dix ans, de 1342 à 1352.

Une des particularités saillantes de l'édifice est la

forme étrange des œils-de-bœuf, disposés en entonnoirs renversés présentant à l'extérieur le plus grand côté de leur ouverture ; la disposition qui en a été faite dans les façades n'a rien de régulier, ce qui donne lieu de supposer que ce n'était là que des meurtrières.

De l'inscription peinte sur la porte d'entrée, il ne reste d'à-peu près lisible que les trois premiers mots : RURE TIBI VIVAS AL......

Mais à notre avis, le joyau de la construction est le puits qui se trouve dans la cour sur le devant de la face principale de l'édifice.

Sur une plate-forme d'environ 0^{m}50 cent. de hauteur se dresse la margelle, encadrée par deux colonnes doriques, lesquelles colonnes supportent un entablement du même ordre ; au-dessous est fixée la poulie.

La margelle du puits est échancrée de chaque côté pour donner plus de facilité à la personne chargée de puiser. C'est à la fois coquet et ingénieux.

Ce puits est à voir.

Donnons maintenant un rapide coup d'œil à l'intérieur.

Le rez-de-chaussée se compose d'une .grande pièce — qui tient actuellement lieu de cellier — et de la cage d'escalier, en face en entrant ; celui-ci se déroule en une spirale élancée et fort élégante.

A chacun des angles de la cage sont sculptés des écoinçons de dessins différents, des chérubins aux ailes déployées, des chiffres et des ornements entrelacés, des armoiries diverses, etc.....

Sur la porte d'entrée on peut voir distinctement encore des armoiries détruites en partie par les vandales de la Révolution.

Au premier étage, deux pièces : la première n'offre rien à décrire, elle est vaste, spacieuse, et à vue, sur le devant : c'est la salle à manger. La deuxième, située tout au fond, séparée par une porte, est la cuisine ; ici on remarque en entrant à droite une cheminée immense et un évier de l'époque.

Au deuxième étage, trois pièces : une grande chambre avec cheminée monumentale bâtie sur le mur du fond (de cette pièce on a accès sur le balcon) ; à côté, une chambre, en face aussi. Les deux derniers appartements sont nus et sans caractères ; seules les portes de communication sont encadrées de moulures en style de l'époque.

Tout au haut de l'escalier, une petite porte laisse arriver le touriste jusqu'à la plate-forme de la tour.

Ici, le panorama est tout a fait imposant.

An midi, la longue et majestueuse chaîne des Alpilles Saint-Rémoises, qui vont de Romanin à Saint-Gabriel ; au nord Maillane, Châteaurenard et ses tours démantelées ; au levant la flèche grise et élancée du clocher de Saint-Remy ; au couchant Tarascon, Beaucaire et son château fort en ruines, etc...

Tout cela se détachant sur un ciel bleu, au milieu d'oliviers, de mûriers, de figuiers, de vignobles, à un grand caractère et justifie le choix qui fut fait par le pape Clément VI de cet heureux emplacement.

23. *Clemèns Sièis*, Clément VI. — Le séjour des Papes à Avignon dura depuis 1309 jusqu'en 1377. Dans cet espace de près de 70 ans, que les Romains ont comparé à la captivité de Babylone, Avignon vit siéger dans ses murs sept Souverains-Pontifes : Clément V, qui abolit

l'ordre des Templiers ; Jean XXII, pape savant et administrateur habile, dont on voit encore le tombeau dans la sacristie de Notre-Dame-des-Doms ; Benoît XII, pontife d'une vie exemplaire ; Clément VI, qui, en 1348, acheta de la reine Jeanne, la ville d'Avignon ; Innocent VI, zélé réformateur de la discipline ecclésiastique ; Urbain V, que ses éminentes vertus ont fait placer sur les autels. Ce Pape, après un séjour de trois ans à Rome, revint encore à Avignon ; enfin Grégoire XI, qui sur la fin de son pontificat, rétablit définitivement le Saint-Siége à Rome où il mourut.

Le pape Clément VI affectionnait Saint-Remy d'une manière toute particulière, et venait y passer la saison d'été.

A. D. T.

24. *Bos de Guerro*, bois de Guerre. — Autrefois toute la Vallongue, à partir du voisinage d'Orgon jusqu'à Romanil, et de Romanil jusqu'à Saint-Gabriel. formait une superbe forêt de chênes dans laquelle on prétend 'qu'il y avait un temple de druides. Au XVme siècle, cette forêt existait encore et portait le nom de *Bois de Guerre*.

Aujourd'hui, le sol est presque dépouillé et n'offre à la vue que des chênes kermès et des bois rampants.

25. *Jano de Lavau*, Jeanne de Laval. — Deuxième femme du roi René pour laquelle il eut le plus grand attachement et la plus douce attention ; elle se plaisait beaucoup à Saint-Remy dans sa chère *maison de la Cour*. Son époux l'accompagnait souvent, et ce fut dans un de ses voyages en 1450, qu'il écrivit et signa son premier testament dans le bel hôtel de *Sade*, qui appartient de nos jours à la famille Pellissier.

26. *Sant-Grabiè*, Saint-Gabriel. — Saint-Gabriel était une position romaine connue dans les itinéraires sous le nom d'Ernaginum. Ses environs sont riches en antiquités romaines. La chapelle de ce village est sans contredit l'un des édifices les plus importants que nous ayons pour l'histoire de l'architecture romane de la Provence. L'architecte Révoil, se basant sur les marques des tâcherons et les signatures d'Ugo et de Pontius, gravées sur quelques pierres, dans le caractère des sculptures décoratives, et dans la forme des chapiteaux, attribue cette construction aux temps carlovingiens.

La chapelle, on le sait, renferme un monument d'épigraphie bien connu, relatif aux utriculaires de l'ancien Ernaginum dont l'emplacement se trouve aujourd'hui au bas du coteau et aux bords d'une plaine couverte autrefois par les eaux navigables.

En 1204, Ildephonse, comte et marquis de Provence, remit à Rostang de Sabran le château de Saint-Gabriel à l'occasion d'un traité de paix entre ce prince et Guillaume, comte de Forcalquier, traité pour la sûreté duquel ces deux souverains se donnèrent mutuellement des otages.

27. *Lou Desbalen*, le précipice. On dit aussi : *Lou degoulòu* et *lou caraven*.

Aureille, *Aurelia*, village de l'arrondissement d'Arles, ainsi appelé du chemin aurélien qui y passait ; on peut voir encore, sur un rocher situé au levant du village, les ruines d'un château que la ville d'Arles fit bâtir vers le XIme siècle. Aureille est situé sur la grande chaîne des Alpilles.

28. *Mas de l'aire*, mas de l'Air. — En Provence.

chaque mas ou ferme porte d'ordinaire un nom distinctif et caractéristique. *Mas-Nòu, Mas-Vièi, Mas de la Font, Mas-Crema,*

29. Voir à la note 42.

30. *Pourracho*, asphodèle rameux (*Asphodelus ramosus*, Lin.)

31. *Trebon (Lou)*, Trebon (Le) (*Ager Trebontius*, charte du XIIme siècle), quartier du territoire d'Arles, limité par le Rhône à l'ouest, la Duransole à l'est, et le canal des Vidanges au sud. Il ne présente que des terres à blés et des prairies et luzernes.

32. *Nostradamus*. Michel Nostradamus est né à Saint-Remy, le 14 décembre 1508. Son père était notaire à cette résidence ; mais Michel préféra suivre la profession de ses aïeux ; son aïeul paternel avait été le médecin titré du roi René, et son grand-père maternel le fut de Jean, prince de Calabre, fils de celui-ci. Après de brillantes études à Avignon, puis dans l'université de Montpellier, Michel Nostradamus, à peine âgé de vingt-deux ans, exerça avec beaucoup de succès la médecine à Narbonne, à Toulouse, à Agen et à Bordeaux. En 1546, une peste furieuse ravageant la ville d'Aix, le Parlement réclama le secours de Nostradamus, qui, pendant tout le temps que dura le fléau, donna des soins aussi efficaces qu'assidus aux pestiférés de la capitale de notre bien-aimée Provence.

Puis, comme nul n'est prophète dans son pays, il se retira à Salon où il écrivit et composa ses *Centuries* ; il vécut riche et honoré, et fut peut-être l'homme le plus érudit de son siècle. Le duc de Savoie, Catherine de Médicis, Henri II, François II, Charles IX, le comblèrent de faveurs, et recherchèrent sa compagnie. Ce dernier roi le nomma même son conseiller et son médecin ordinaire.

Jean Nostradamus, frère de Michel, et auteur des vies des anciens poètes provençaux, est né également à Saint-Remy.

Ils étaient issus d'une famille autrefois juive, que Michel prétendait lui-même être de la tribu d'Issachar, ce qui lui faisait s'appliquer ces paroles des Paralipomènes. (Liv, 1, chap. XII, vers 32.) *De filiis quoque Issachar vivi eruditi qui noverant singula tempore.*

Michel Nostradamus mourut à Salon où l'on peut voir encore son tombeau.

La maison qu'il habitait à Saint-Remy et qui portait gravée sur la porte la fameuse inscription : *Soli Deo*, après avoir pendant longtemps servi de maison commune, a été démolie. il y a quelques années, pour le percement d'une rue.

33. *Berigoulo*, champignon. — Les bois de pins situés sur les versants des Alpilles contiennent de nombreuses variétés de champignons, et sont activement fréquentés après les premières pluies d'automne par d'avides chercheurs.

Les espèces les plus connues sont : *La tripeto (clavaria corraloïdes), la bourigo (morchella esculenta), la meringoulo (merulius chanturellus), lou pignen (agaricus deliciosus), la berigoulo (agaricus eryngii.)* Ces deux dernières espèces sont les seules que l'on mange dans les villes, et dont la vente soit autorisée sur les marchés ; aussi arrive-t-il rarement des accidents.

Il y a encore *lis auriheto, li jaune, li rouginas, li vesso de loup*, etc...

34. *L'erbo dou vièi*, l'herbe du vieux. — Herbe du pauvre homme (*Gratiola officinalis*, LIN.) On la nomme aussi *erbo dóu paure ome : erbo de la Palun.*

35. *Escarava que n'an gens d'alo*. — Il s'agit ici des coléoptères mélosomes vulgairement appelés : ténébrions (*akis ajacia, tenebrio obscurus*), etc .. que l'on trouve en quantité dans les grottes humides des Alpilles.

36. *Servano*, Servanes. — Château et propriété magnifique situés dans les environs de Mouriès, et appartenant à l'architecte Révoil.

37. *Bauco*. — On désigne généralement sous ce nom les hautes herbes qui poussent un peu partout le long des fossés, sur les chemins, etc... Il y a parmi elles une espèce de stipe qui est fort curieuse ; on la nomme *Bauco à plumet*, stipe empennée (*stipa pennata*) que l'on trouve communément dans toutes nos montagnes méridionales. Les pauvres femmes de Vaucluse la font teindre de couleurs différentes après l'avoir récoltée, et la vendent aux voyageurs qui viennent voir la fontaine.

38. *Prouvençalo*, provençale, pervenche à grande fleur (*Vinca major*, LIN.) — C'est la fleur que les félibres portent à la boutonnière les jours de grandes réunions ; elle est l'emblême de la persévérance et des amours chastes ; on la nomme aussi *Prouvenco*, *Pervinco* et *Pervenco*.

39. *Gaussié*, le Mont-Gaussié, l'un des points les plus élevés des Alpilles Saint-Rémoises. Les pénitents noirs de la localité avaient érigé autrefois sur son sommet une croix, au pied de laquelle ils venaient toutes les années prier en procession, la seconde fête de Pâques, après avoir préalablement entendu la messe à la chapelle de Saint-Paul.

40. *Roco-Martino*, Roquemartine. — On nomme ainsi une partie du territoire d'Eyguières dont les terres furent érigées en marquisat, par lettres patentes de 1671. Il existe sur ces terres les ruines d'un ancien château connu dans le pays sous le nom de *Castelas* ; ce château était franc et libre par un privilége spécial accordé à la maison d'Aubes, seigneur et possesseur des terres de Roquemartine, de temps immémorial.

Sous le règne de Raymond Bérenger, le château de Roquemartine était un des rendez-vous de la bonne société. Le seigneur du lieu faisait bon accueil aux étrangers et donnait des fêtes brillantes où assistaient toujours quelques troubadours. Nous lisons dans la vie de ces poètes provençaux, que Pierre de Châteauneuf, un des plus beaux esprits de la cour de Raymond et auteur de plusieurs *sirventes* remarquables, en venant de Roquemartine « fut pris par quelques larrons qui brigandaient
« les passants, et après l'avoir démonté et ôté son argent,
« et dépouillé jusqu'à la chemise, le voulaient tuer ; le
« poète les pria de lui faire cette grâce, d'ouïr une chan-
« son qu'il dirait avant de mourir : ce qu'ils firent ; il se
« mit à chanter un chant sur la lyre, qu'il fit prompte-
« ment à la louange de ces brigands, si qu'ils furent-
« contraints de lui rendre son argent, son cheval et ses

« accoutrements, si grand plaisir prirent à la douceur de
« sa poésie. »

41. *Raoux de Gassin.* Raoux de Gassin, né au château de Gassin, sur le golfe de Grimaud, fut célèbre en son temps, comme historien, orateur et poète.

42. *Lis Antico*, les antiques. — Extrait de la *Gazette du Midi*.

Saint-Remy de Provence (*Corresp. partic.*) — La Société Archéologique de Saint-Remy de Provence, sous la présice de M. Gautier, maire, et avec l'assentiment de M. Révoil, architecte-inspecteur des monuments historiques venu sur les lieux le 17 septembre dernier vient de commencer des fouilles qui, nous l'espérons, ne seront pas sans résultat, dans le territoire occupé jadis par le vieux *Glanum*, cet antique marché gallo-romain.

Afin de rendre ces opérations plus intelligibles à vos lecteurs, je crois tout d'abord utile d'entrer dans quelques détails.

Commençons par les monuments romains.

Qu'était-ce que l'Arc ?

On n'en sait trop rien encore, et les archéologues ne sont d'accord ent:'eux que sur un point, à savoir : qu'il a été bâti bien antérieurement au mausolée son voisin.

Cependant, dans un manuscrit que nous possédons dans les archives de la Société Archéologique de Saint-Remy, et qui a été fait par un savant de Berlin, on tend à prouver que ces deux monuments sont de la même époque.

L'auteur de cet écrit se base sur ce que le mot dernier de l'inscription gravée sur la frise de la face levant du mausolée contient un E :

SEX. L. M. JULIEI C. F. PARENTIBUS SUEIS.

au lieu de SUIS.

« A l'époque où fut bâti l'Arc, on écrivait, dit-il, le latin ainsi.

» Exemple. Suétone, etc... »

Laissons, si vous le voulez bien, de côté, cette question de langue, et rapportons-nous en à l'Architecture, qui, vous le savez, ne ment jamais.

C'est, du reste, avec elle que l'on écrit le mieux l'histoire de tous les temps.

Il est évident, pour quiconque est un peu au courant des constructions antiques, que ces deux édifices ont été bâtis à des époques différentes.

D'abord ils ne sont pas sur le même alignement.

En. second lieu, la sculpture de l'Arc est infiniment supérieure à celle du Mausolée.

Les antiquaires experts en la matière, font remonter ce premier monument à Trajan, empereur romain.

Le deuxième, le mausolée, au contraire, paraît être une construction de la décadence, c'est-à-dire de l'époque du Bas-Empire.

Tout porte à croire qu'il a été élevé à la mémoire de quelque riche particulier, et que le hasard seul ou la fantaisie peut-être, l'a placé à côté de l'Arc.

On a beaucoup écrit pour expliquer les bas-reliefs de chacune de ses bases. mais jusqu'ici tout se borne à des conjectures.

Une des appréciations qui, à notre avis, paraît le plus raisonnablement conçue, est celle que l'on trouve à la fin du volume *les Méridionales*, de M. Thévenot ; elle est empruntée au professeur Bissière.

Nous reviendrons plus au long une autre fois sur cette question des Monuments.

Arrivons aux fouilles. Il y a deux ans environ, dans la propriété du sieur A. Michel, qui se trouve au nord de l'Arc, nous découvrîmes un mur, en petits moëllons smillés, parfaitement conservé et fort bien appareillé. Après avoir fait enlever de la terre, sur une assez grande longueur, nous plaçâmes des jalons et il nous fut possible d'établir que ce restant de mur était juste à l'alignement de l'une des parois intérieures de l'Arc, ce qui prouverait une fois de plus que cet édifice avait été élevé sur un chemin ou une rue, comme l'étaient, du reste, à cette époque, toutes les constructions de ce genre.

Un mot maintenant sur nos récentes opérations.

Il y a entre le chemin de Maussanne et la vallée du Mas-de-Gros, dite *li Pèiròu*, un vallon étroit et sans issue appelé dans la localité *lou Vau de la Barro*. D'après le choix de l'emplacement, les nombreuses pierres tumulaires, les urnes, les autels votifs, les ossements que nous y avons trouvés, nous sommes portés naturellement à croire qu'il a dû y avoir là, dans le temps, un cimetière.

Voici, en attendant mieux, ce que nous avons pu nous y procurer : un vieux mortier romain, assez semblable à un bénitier d'église, mesurant environ $0^m 70$ cent. de hauteur totale et $0^m 40$ environ de diamètre à la partie supérieure.

Cet objet, qui paraît avoir fait partie de l'un de ces moulins à bras, fort en usage chez les anciens, n'est pas en parfait état de conservation.

Mais il nous sera facile de remédier à cet inconvénien par la méthode employée, en pareil cas, dans tous les musées. Cette méthode consiste à faire ajouter, en plâtre mêlé d'ocre jaune, la partie manquante, et à séparer l'antique du moderne par une légère ligne de démarcation en rouge.

Nous avons recueilli également : un autel votif applique assez bien conservé, de vieilles briques, de larges morceaux d'enduits peints à la fresque de couleurs différentes, des fragments de poterie brune, fort estimée chez les anciens romains ; un squelette de femme en parfait état de conservation ; et de nombreuses médailles.

Nous sommes, enfin, sur la bonne voie.

Attendons !...

Ma lettre se trouvant déjà fort longue, j'aurai l'honneur, monsieur le rédacteur, de la reprendre, au sujet des fouilles que nous faisons dans l'intérieur du mausolée, à un de vos prochains numéros.

Agréez, etc.

26 *septembre* 1866.

Saint-Remy de Provence *(Corresp. part.)* — La Statistique du département dit, à la page 114 de son deuxième tome :

« Ce monument se compose de trois étages élevés sur un double socle dont le corps inférieur a 6^{m}50 sur chaque face ; le 1er degré de forme carrée est massif ; le second est aussi de forme carrée ; il est percé à jour, chaque face présente une arcade accompagnée de deux colonnes corinthiennes qui occupent les angles ; un fort entablement termine cet étage et porte un soubassement circulaire, sur lequel s'élève un péristyle de dix colonnes corinthiennes, espèce de temple à jour, dans lequel sont placées deux statues de 2 mètres de hauteur.

« L'entablement de cette rotonde soutient une calotte parabolique qui couronne l'édifice. »

Telle est, d'après M. de Villeneuve, la description sommaire de l'édifice, description que nous allons maintenant compléter par quelques détails inédits.

Commençons par l'extérieur.

Il faut sans doute attribuer à l'irrégularité de mon écriture l'erreur qui s'est produite relativement à l'inscription de l'architrave, dans votre reproduction de ma lettre précédente.

La voici donc de nouveau :

SEX. L. M. JULIEI. C. F. PARENTIBUS SUEIS.

Ce qui signifierait, d'après l'inscription de l'abbé Barthélemy :

Sextus. Lucius. Marcus. Julii. Caii. filii. parentibus. suis.

On remarque qu'il a dû y avoir dans chacune des arcades du 2ᵉ étage une galerie découpée à jour. Il est facile de s'en convaincre, à première vue, par des traces visibles encore, et par les socles intérieurs des piédroits de chaque portique, qui n'arrivent pas jusques aux retours des faces principales.

D'autre part, quelques antiquaires ont pensé qu'il devait y avoir sur la cime de la calotte un ornement pyramidal, une pomme de pin, par exemple, comme au mausolée d'Adrien à Rome.

Cette supposition ne nous paraît pas fondée.

Enfin, soit fantaisie d'artiste, soit manque de temps, bien des pierres ne sont pas entièrement taillées.

Passons maintenant à l'intérieur.

M. de Villeneuve s'est trompé lorsqu'il a prétendu que le 1er étage était massif, et, depuis lors, bien d'autres ont erré de même.

Quand on est arrivé là-haut, sous les portiques, on voit une dalle de forte dimension, mais qui paraît toute moderne. Elle recouvre un orifice étroit, par lequel nous avons dû pénétrer, pour avoir accès dans l'intérieur du monument. Après avoir fait soigneusement enlever cette dalle, nous sommes descendus, non sans quelques difficultés, dans une première pièce, mesurant 4m50 de hauteur sur l'axe et 1m20 de largeur de tous côtés. Cette espèce de caveau qui paraît n'être autre chose qu'un vide intérieur, sans destination première, était rempli d'une assez grande quantité de moëllons de toutes dimensions, jetés et entassés pêle-mêle, sans mortier ni ciment. Nous avons pu constater qu'il y avait, parmi ces débris de pierres, des quartiers de roche vive.

Pourquoi ces pierres dans l'intérieur du monument ?

Nous sommes portés à croire que ces moëllons ont été placés là pour arrêter la pioche des envahisseurs, en leur laissant ainsi supposer que le dessous était entièrement mssaif.

Quoiqu'il en soit, nous avons pu nous assurer à la clarté d'une bougie :

1º Que le sol sur lequel reposent toutes ces ruines était en beton, mêlé çà et là de quelques rares moëllons :

2º Que les anciens se servaient, pour extraire la pierre

de son lit de carrière, de l'instrument appelé *escoudo*, que les traceurs méridionaux emploient encore de nos jours ;

3° Enfin, que les explorateurs étaient descendus déjà dans cette première pièce. Voici, en effet, ce que nous avons pu lire sur la face de l'un des murs intérieurs, celui du midi, 1 F. 1777. et plus bas E. R. 1783.

Rappelons, en passant, que c'est en février 1777 que M. l'abbé Lamy grava et fit éditer sa vue des deux monuments.

Dès que nous eûmes acquis la conviction que ce premier compartiment avait été déjà visité, nous nous décidâmes à aller plus loin. Après de pénibles efforts, nous sommes enfin arrivés, au bout de deux jours de travaux, à un deuxième caveau situé à 1^{m}50 en contrebas du plafond du premier. Cette nouvelle pièce qui mesure 2^{m}00 de long, 0^{m}60 de hauteur et 0^{m}90 de largeur, était également emplie de pierres et de mortier.

Nous y avons cependant trouvé des morceaux d'ossements et nous avons pu constater que ce mortier, quoique friable, était de date fort vieille. Ce mortier, *materia*, se composait de chaux vive, mêlée de sable et de tuileaux pulvérisés, *testœ tusœ*.

Ici se présente un fait très-curieux et digne de remarque.

Les joints extérieurs qui sont admirables et qui ne laissent rien à désirer sont, dans l'intérieur, fort mal soignés et ne semblent en rien avoir été faits par les mêmes mains. « Les anciens, dit M. Batissier, le célèbre « archéologue, pour arriver à cette étonnante perfection « promenaient sur une assise déjà établie, les pierres

« destinées à être placées sur cette même assise, jusqu'à
« ce que le frottement eut rendu polies les deux surfaces
« en contact ; le joint était alors parfait (*Art monu-*
« *mental.*) »

Une chose certaine, c'est qu'on a de la peine à s'expliquer l'irrégularité intérieure de cette construction. Les assises mesurent 0 mètre 50 de longueur et pas un bloc n'est de la même longueur ; les murs qui mesurent également 1m60 d'épaisseur, paraissent et doivent être doublés. On ne pourrait s'expliquer sans cela ce singulier appareil.

Nous attendons M. Révoil tous les jours. Les travaux continuent.

Agréez, etc.

6 *octobre* 1866.

SAINT-REMY DE PROVENCE (*Corr. part.*) — Nos fouilles, dans l'intérieur du Mausolée romain, sont définitivement terminées ; voici, monsieur le rédacteur, le compte-rendu exact de ces dernières opérations :

Arrivés au plafond du 2e caveau, dont je vous ai entretenu dans ma lettre du 6 octobre dernier, nous avons dû faire sonder le terrain pour nous rendre bien compte de la situation.

Un de nos ouvriers est allé chercher une barre à mine et s'est mis à pratiquer immédiatement, d'après nos ordres, un trou au milieu du dit caveau ; après quelques heures de travail l'instrument qui avait d'abord trouvé une résistance semblable à celle occasionnée par la rencontre d'un corps très-dur, pénétra tout d'un coup à une profondeur de 10 centimètres environ. Il devenait dès lors, pour nous, presque évident qu'il y avait un vide, qui devait être, cette fois-ci, le gisement définitif, c'est-à-dire la chambre sépulcrale.

Impatients de voir nos suppositions devenir des réalités, nous fîmes forer en aval, du côté du couchant, une 2e sonde à 60 centimètres de profondeur. Ces opérations terminées, nous avons ensuite déblayé à la profondeur ci-dessus tout le plafond circonscrit par les proportions qui vous ont été données exactement dans ma lettre du 6 octobre dernier.

Ici se présente un fait digne d'intérêt, qui mérite d'être relaté : nous avons pu nous convaincre que, au centre du Mausolée, il avait été creusé un puisard dont nous n'avons pu mesurer toute la profondeur parce qu'il était littéralement empli de terre. Ce puisard, creusé dans le sol, mesure environ 1m50 de diamètre ; la terre dont il était comblé est molle et paraît être rapportée. Nous en avons extrait jusqu'à une assez grande profondeur sans qu'il nous ait été possible d'y découvrir le moindre objet.

Le tassement produit par l'édifice construit depuis si longtemps avait tellement durci le terrain autour du puisard, que nous avions cru un moment rencontrer de la solide maçonnerie ; voilà ce qui explique parfaitement la résistance que nous avions éprouvée lors de notre première sonde. Maintenant qu'était-ce que ce puisard ? La nature du terrain contenu à l'intérieur n'est pas la même de celui extérieur. Pourquoi ? Les explorateurs de 1783 seraient-ils descendus à cette profondeur ? Nous ne le pensons pas.

Cependant, notre opinion à nous, c'est que dans des temps antérieurs à cette date, ce monumeut a été fouillé comme vous le verrez tout-à-l'heure. Arrivons maintenant au résultat, un moment inespéré, de nos opérations :

Sur le mur du couchant, et tout-à-fait au dessus de la partie supérieure du 2e caveau que nous appellerons désormais la chambre sépulcrale, car ce l'était assurément, se trouvaient deux grandes pièces d'appareil, encastrées fortement dans le mur et présentant leur tête seulement à l'intérieur ; ces deux pierres qui font partie de la doublure du mur, semblables à deux jambages, étaient séparées entr'elles par un espace de 0m35 de largeur, elles saillissaient de 0m60 environ et mesuraient 0m45 de hauteur de tête ; elles se trouvaient recouvertes par une grande pièce d'appareil qui mesure 1m20 de longueur, 0m40 d'épaisseur et 1m00 de largeur. Il résulte de cette disposition un petit enfoncement qui se termine au nu de la paroi intérieure de la première partie du mur et qui a de la profondeur tout juste la saillie des deux pièces de la doublure du couchant.

Ce vide, que nous ne pouvons mieux comparer qu'à un petit ponceau sans une issue extérieure, mesure donc 0m45 de hauteur, 0m60 de profondeur et 0m35 de largeur ; il a pour fond inférieur les deux énormes pièces d'appareil qui recouvrent la chambre sépulcrale, fermée à l'extérieur au moyen d'un placage de forts moëllons que nous avons dû faire desceller avec un levier. Cette opération terminée, nous avons enfin trouvé les débris assez bien conservés d'un squelette humain, qui ont nécessairement souffert, le levier ne pouvant manœuvrer qu'avec beaucoup de peine ; nous avons conservé la partie du crâne jusqu'à la mâchoire supérieure pourvue de toutes ses dents en parfait état de conservation, les deux tibias et les deux os des avants-bras, tout le reste était en poussière. Ces ossements paraissent être ceux d'un homme mort entre 30 et 40 ans.

Nous avons minutieusement visité tous les débris enfermés avec et nous n'avons rien pu y trouver. Il aurait dû, ce nous semble, y avoir là quelque chose, car l'usage de meubler les tombes, commun en Égypte, en Perse, en Grèce, était à cette époque en pleine activité chez les Romains ; on avait l'habitude d'inhumer chaque mort avec les instruments de sa profession : ainsi les enfants reposaient avec leurs jouets en os, en ivoire, en terre cuite ; les hommes avec leurs armes, lances, épées, flèches, casques, cnémides, boucliers ; les femmes avec leurs bijoux, anneaux, colliers, fibules, bracelets, médaillons, chaînes d'or, couronnes du même métal en épis de blé, en feuilles de laurier, d'olivier, de chênes, épingles, etc. On mettait aussi des vases dans les sépultures romaines ; les plus communs étaient en terre cuite, ceux en verre étaient plus rares et ne servaient que pour les riches particuliers ; on y mettait également des figurines en bronze représentant les dieux pénates, etc... Du reste, tous les objets de ce genre que nous possédons dans nos musées, proviennent de tombeaux grecs ou romains.

Nous n'avons cependant rien trouvé de tout cela, et ceci confirme en tous points notre manière de voir. Ce monument a été déjà fouillé. En effet, comment expliquer ce deuxième caveau, disposé pour recevoir le défunt, comme tel parfaitement construit, et qui n'est autre chose que la chambre sépulcrale vide, tandis que cette espèce d'enfoncement sans destination première, il est facile de le voir, contenait les débris du squelette!

Cet enfoncement est-il un ossuaire? Non, très-certainement.

Voici donc quelle serait, suivant nous, la vérité : à une époque déjà fort reculée, soit par cupidité, soit par curiosité, ce tombeau a été fouillé ; on a alors pris ce qu'il devait y avoir de précieux dans la chambre sépulcrale où gisait le mort, et l'on a ensuite comblé l'intérieur avec les moëllons et les débris que nous y avons trouvés, après avoir préalablement mis les ossements dans ce vide supérieur que nous avons trouvé muré avec un placage de forts moëllons.

Il n'est pas possible que cet enfoncement, qui ne mesure que 0^{m}60 de profondeur et 0^{m}40 de hauteur, ait eu à son intérieur le squelette d'un homme même de taille moyenne ; il n'en contenait que les restes.

Nos fouilles autour de l'Arc n'ont donné aucun résultat.
Tout à vous.

25 *Novembre* 1866.

MARIUS GIRARD,
Architecte, membre de la Société.

FIN DU LIVRE II.

ENSIGNADOU

Avant-Propos.................................. VIII
A moun Paire.................................. XX

LIBRE I^{en}

SOUTO LI PIN

Pouesio

	Paj
A mi coumpan dóu Felibrige..................	26
Prouvènço.....................................	28
Counvidacioun.................................	36
L'Aubo...	38
L'Errour.......................................	40
Lou Bè-de-Passeroun..........................	42
Miouneto.......................................	44
L'Esmeraudo...................................	46
A Moussu M***................................	48
A Madamisello X***...........................	50
Counfidènci....................................	52
Jan de Vilassolo...............................	54
Martoun de Roumanin..........................	56
Ai las !..	60
L'Espèro.......................................	64
Souvenènço....................................	68
Gramaci.......................................	72
A V. Balaguer.................................	74

INDEX

Avant-Propos...	VIII
A mon Père...	XXI

LIVRE Ier

SOUS LES PINS

Poésies

	Pages
A mes collègues du Felibrige...	27
Provence...	29
Invitation...	37
L'Aube...	39
Le Crépuscule...	41
La Globulaire...	43
Mionette...	45
La Cétoine...	47
A Monsieur M*** ...	49
A Mademoiselle X*** ...	51
Confidence...	53
Jean de Villassolle...	55
Marthe de Romanin...	57
Hélas !...	61
L'Attente...	65
Souvenance...	69
Merci...	73
A. V. Balaguer...	75

	Pajo
A P. Piquet	76
Autri-fes	78
Bonur	84
Remember!	88
Amaresso	90
L'Amour	92
La Cabano	96
Vène!	100
Ai fam!	104
Regrèt	108
Li Vendemio	112
I novie J. P.	116
Roso de Pie-redoun	118
A moun ami B.	122
Au rèi Reinié	124
Li Bouscatié	132
Antan	138
Venès	142
Catalougno e Prouvènço	146
L'Eco dis Aupiho	150
Lou Blavet	158
Sounet	162
Li Coupaire de bouis	164
Li Bouscairis de cacalaus	168
Lou Flahutèu	172
La Guerro de 1870. — La Partènço	176
— — Lou Chaple	180
— — La Desfacho	182
L'Escarava negre	188
Notes et Commentaires	193
A tèms passa	238

	Pages
A. P. Piquet	77
Autrefois	79
Bonheur	85
Remember !	89
Amertume	91
L'amour	93
La Cabane	97
Viens !	101
J'ai faim !	105
Regret	109
Les Vendanges	113
Aux nouveaux mariés J. B.	117
Rose de Pierredon	119
A mon ami B.	123
Au roi Réné	125
Les Bûcherons	133
Jadis	139
Venez	143
Catalogne et Provence	147
L'Echo des Alpilles	151
Le Bluet	159
Sonnet	163
Les Coupeurs de buis	165
Les Chercheuses d'escargots	169
Le Flutteau	173
La Guerre de 1870. — Le Départ	177
— — La Mêlée	181
— — La Défaite	183
Le Scarabée noir	189
Notes et Commentaires	193
Au temps passé	239

LIBRE II

SUS LI MOURE

Legèndo e Balado

	Pajo
La Crous dis Aubespin	250
Lou Pous dóu Segnour	258
La Baumo de Roco-Rousso	264
Lou Roucas de Glèiso-blanco	272
Un Raubatòri	278
La Font dóu Merle	284
Lou Moulin di Baussen	290
La Tèsto dóu Gavot	298
La Tourre dóu Cardinau	308
Lou Desbalen	320
Lou Comte de Mount-frin. — Lou Pacan	330
— — Lou Noble	358
Uno Chato di bord dóu Rose	386
La Coulobro	392
La Pervenco	408
Lou Trau de la Cabro d'Or	418
L'Ermitan de Gaussié	426
Lou Rabassaire	442
Lou Tèume	450
Flour-di-Calanc	458
Notes et Commentaires	470

FIN.

BAGNOLS — IMP. V. ALBAN BROCHE.

LIVRE II

SUR LES MORNES

Légendes et Ballades.

	Pages
La Croix des Aubépines	251
Le Puits du Seigneur	259
La Grotte de Roque-Rousse	265
Le Rocher de Blanche-église	273
Un Rapt	279
La Fontaine du Merle	285
Le Moulin des Baussencs	291
La Tête du Gavot	299
La Tour du Cardinal	309
Le Précipice	321
Le Comte de Montfrin. — Le Manant	331
— — Le Noble	356
Une fille des bords du Rhône	387
La Couleuvre	393
La Pervenche	409
Le Trou de la Chèvre-d'Or	419
L'Ermite de Gaussié	427
Le Chercheur de truffes	433
La Tonnelle	451
Fleur-des-Rochers	459
Notes et Commentaires	477

FIN.

www.ingramcontent.com/pod-product-compliance
Lightning Source LLC
Chambersburg PA
CBHW070947240426
43669CB00036B/1953